PRÉLIMINAIRE

PAR Marc Dubuisson

Les auteurs qui ont participé à ce numéro

JEAN-FRANÇOIS ACHILLI

Journaliste politique, éditorialiste, il présente chaque soir l'émission *Les Informés de France Info*, à la radio et à la télévision sur le canal 27. Passé par RCFM (Radio Corsica Frequenza Mora), France Inter et RMC/BFMTV, il a notamment publié *La Firme Sarkozy, carnets de campagne* (Robert Laffont, 2006) et *Le Serment de Bastia* (Fayard, 2016), l'ultime autobiographie de Charles Pasqua.

FRANÇOIS BEAUNE

Il est écrivain, lauréat du prix du Livre du réel en 2019 pour *Omar et Greg* (Le Nouvel Attila).

BÉRENGÈRE BONTE

Journaliste, auteure et réalisatrice. Tout commence à *Nord Éclair*, journal de son Roubaix natal. Son dernier ouvrage, *Le Sioux*, première biographie d'Édouard Philippe (L'Archipel, 2021) fait suite à d'autres enquêtes publiées sur Nicolas Hulot, le Conseil des ministres, le Qatar ou les conjoints de femmes politiques. Elle a aussi passé vingt-cinq ans à Europe 1, dont trois ans à la tête de la rédaction.

JULIEN CHABROUT

Journaliste à *L'Express*, il arpente les meetings politiques depuis une bonne dizaine d'années avec un intérêt prononcé pour la gauche, notamment le Parti socialiste, qu'il continue de suivre inlassablement.

JOHANN CHAPOUTOT

Professeur d'histoire contemporaine à la Sorbonne. Il est l'auteur d'une dizaine d'ouvrages portant sur l'histoire de l'Occident, de l'Allemagne et du nazisme, traduits dans une dizaine de langues – comme *Libres d'obéir. Le management, du nazisme à aujourd'hui* (Gallimard, 2020) et *Le Grand Récit. Introduction à l'histoire de notre temps* (PUF, 2021).

JEAN-CHARLES CHAPUZET

Journaliste et scénariste de BD. Ses deux récits de non-fiction, *Mauvais plan sur la comète* (2018) et *Du bleu dans la nuit* (2020), sont parus aux Éditions Marchialy. Son roman, *Le Cri de la cigogne*, inspiré d'un fait divers, a été publié chez Robert Laffont (2021).

PAUL DEUTSCHMANN

Journaliste d'investigation. Spécialiste de l'Afrique, il couvre l'actualité politique du continent, où il se rend régulièrement. En 2018, Paul Deutschmann a rejoint le quotidien *Africa Intelligence* (ex-*La Lettre du Continent*). Responsable de l'Afrique de l'Ouest et de l'Afrique centrale, il s'intéresse particulièrement aux réseaux de pouvoir politiques et économiques. Il enquête également sur l'industrie musicale et le monde du sport.

YANN DIENER

Psychanalyste à Paris, il a publié *On agite un enfant* (La Fabrique, 2011) et *Des histoires chiffonnées* (Gallimard, 2019). Il est chroniqueur à *Charlie Hebdo*.

MARC DUBUISSON

Marc Dubuisson est Belge et dessine pour la presse. Il est également l'auteur de plusieurs bandes dessinées. La dernière, *Le président est une noix de coco*, vient de paraître aux Éditions Delcourt.

ALEXANDRE DUYCK

Auteur de reportages, d'enquêtes et de portraits, il est journaliste (pour *M le magazine du Monde, Le Monde, Le JDD, Marie Claire, Le Temps*...), auteur d'une douzaine d'ouvrages (publiés chez Fayard, JC Lattès, Flammarion...) et professeur dans une école de journalisme.

CLÉMENT FAYOL

Journaliste d'investigation, spécialiste des réseaux d'influence et du monde des intermédiaires, il collabore avec les cellules d'investigation des plus grandes rédactions en France et à l'étranger. Il a écrit plusieurs ouvrages dont *Ces Français au service de l'étranger* (Plon, 2020).

JACQUES FOLLOROU

Journaliste d'investigation au *Monde*, spécialiste de la Corse et du renseignement, il est l'auteur de nombreux ouvrages dont Les *Parrains corses* (Fayard, 2004), *La Guerre des parrains corses* (Flammarion, 2013) et *La Guerre secrète des espions* (Plon, 2020).

SYLVAIN FORT

Normalien, germaniste, traducteur, essayiste, il est conseiller en communication. Il a exercé auprès du président Emmanuel Macron en tant que chargé des discours et de la mémoire, puis comme responsable du pôle communication de l'Élysée jusqu'en janvier 2019. Il est également l'auteur de nombreux livres dont *Verdi l'insoumis* (Robert Laffont, 2020).

LUCAS JAKUBOWICZ

Rédacteur en chef adjoint de *Décideurs Magazine*, il est l'auteur d'*Un animal pour les gouverner tous. Comment les dirigeants politiques exploitent les bêtes pour nous manipuler* (Arkhê, 2021).

ALEXIS JENNI

Professeur agrégé de sciences naturelles, il entame une carrière littéraire en publiant en 2011 un premier roman qui rafle le prix Goncourt, *L'Art français de la guerre* (Gallimard). Depuis, il publie régulièrement des romans et des essais. *Parmi les arbres, essai de vie commune*, est paru en 2021 chez Actes Sud.

BRENDAN KEMMET

Journaliste, auteur et réalisateur, spécialisé dans les domaines judiciaire et policier, il a notamment publié *La Traque du grêlé* (Robert Laffont, 2022), *Maghreb Connection* (avec Stéphane Sellami, 2021) et *Les Parrains du foot* (avec Mathieu Grégoire et Stéphane Sellami, 2018) aux Éditions Robert Laffont. Il collabore à différents médias nationaux (de Paris Match à Mediapart) et travaille pour la télévision (série *Dolorès, la malédiction du pull-over rouge*, diffusée récemment sur Canal+).

RAPHAËL LLORCA

Communicant, il est expert associé à la Fondation Jean-Jaurès. Il est l'auteur du livre *Les Nouveaux Masques de l'extrême droite* (Éditions de l'Aube, 2022).

MARYLOU MAGAL

Journaliste politique, elle a travaillé au *Point* et au *Figaro* avant de rejoindre le service politique de *L'Express*, où elle est en charge de l'extrême droite.

FRANÇOIS-XAVIER MÉNAGE

Grand reporter, coréalisateur de *La Bataille de L'Élysée* sur TF1. Son dernier ouvrage paru est *Les Têtes baissées* (Robert Laffont, 2022).

MICHAËL MOREAU

Journaliste et auteur de plusieurs livres d'enquêtes sur les coulisses de la politique, dont *Les Plumes du pouvoir* (Plon, 2020).

CHLOÉ MORIN

Ancienne conseillère en charge de l'opinion publique au sein du cabinet du Premier ministre Jean-Marc Ayrault puis Manuel Valls (2012 à 2016), experte associée à la Fondation Jean-Jaurès, elle a cofondé Societing. Après *Les Inamovibles de la République* (Éditions de l'Aube, 2020) et *Le populisme au secours de la démocratie ?* (Gallimard, 2021), elle vient de publier *On a les politiques qu'on mérite* (Fayard, 2022).

HÉLOÏSE DE NEUVILLE

Héloïse de Neuville est journaliste au quotidien *La Croix*. Après des études de lettres à la Sorbonne, elle intègre l'École supérieure de journalisme à Lille. Elle consacre ses premières années professionnelles à la radio où elle réalise des reportages (France Culture, France Inter...). En 2016, elle se dirige vers la presse écrite et rejoint l'hebdomadaire économique *Challenges*.

CLÉMENT OSÉ

Passionné de photographie, de voyage et d'écriture, il mène une enfance paisible de bon élève en banlieue parisienne. Après des études à Sciences Po et des années de bureau en France et à l'étranger, il part un an sur les routes du monde. À son retour, il s'installe dans un village du Béarn à la recherche d'une alternative à l'écocide capitaliste. *De la neige pour Suzanne* (Tana, 2021) est son premier roman.

ALEXANDRA PROFIZI

Alexandra Profizi est docteure en littérature comparée, spécialisée dans la notion de fiction sur les réseaux sociaux. Elle a publié *Le Temps de l'ironie. Comment Internet a réinventé l'authenticité* (Éditions de l'Aube, 2020), à propos de notre rapport à l'ambivalence et au second degré.

PHILIPPE PUJOL

Il est journaliste et écrivain, lauréat du prix Albert-Londres en 2014 pour « Quartiers shit », sa série d'articles sur les quartiers nord de Marseille parus dans La Marseillaise.

IBAN RAÏS

Journaliste indépendant, il a notamment travaillé pour Canal+ avant de collaborer régulièrement avec Mediapart. Il est reporter pour *C à vous* sur France 5 et a publié *La fabrique des élites déraille* aux Éditions Robert Laffont (2021).

TIMOTHÉE DE RAUGLAUDRE

Journaliste pour *Témoignage chrétien* et *Le Monde diplomatique*. Il est également l'auteur, avec Jean-Loup Adénor, de *Dieu est amour* (Flammarion, 2019), finaliste du prix Albert-Londres du livre en 2020, et du *Nouveau Péril sectaire* (Robert Laffont, 2021).

DAVID ROUSSET

D'abord pigiste, il est, depuis 2010, journaliste spécialisé dans le domaine économique et social. En complément, à ses heures perdues, il opère parfois quelques détours du côté de l'enquête et de la politique. Il privilégie les faits et l'analyse au détriment des éléments de langage et du storytelling. Sa boussole ? Les bonnes sources font les bons papiers.

PATRICIA DE SAGAZAN

Patricia de Sagazan est journaliste politique chez *Valeurs actuelles*.

FRANÇOIS SALAÜN

Athlète complet, il consacre l'essentiel de son temps libre à arpenter les forêts berrichonnes et à jouer au foot dans un gymnase. On ne s'étonnera donc pas qu'il soit l'auteur du *Guide de l'échec sentimental* (JC Lattès, 2020), fruit de vingt ans d'une enquête approfondie et néanmoins toujours en cours. Si, comme c'est à craindre, sa carrière sportive peinait à prendre son essor, il n'exclut pas d'en faire le thème d'un nouvel ouvrage tant la désillusion l'inspire.

FRÉDÉRIC SAYS

Il est journaliste au service politique de la rédaction de France Culture. Il est l'auteur du livre *Dans l'enfer de Bercy*, publié chez JC Lattès (2017).

Illustrations

ÉLODIE BOUÉDEC

CAMILLE DESCHIENS

LUCIEN GURBERT

LULU LA NANTAISE

CHARLES MONNIER

ÉRIC VANDERHAEGEN

Photoreportage

THOMAS CECCHELANI

Au sommaire

ENQUÊTE

MARSEILLE, PETITS ARRANGEMENTS ENTRE AMIS

PAR

Philippe Pujol

Un reste d'électorat populaire qui s'achète avec des miettes : le clientélisme structurel installé depuis des décennies dans la capitale de la province impose aux candidats de faire un grand écart. À Marseille, les stratégies pour la présidentielle sont aussi déchiquetées que les camps en présence. Les « agents électoraux », comme Fouad, se rangent du côté du plus offrant pour apporter leurs réseaux et leur savoir-faire. Des mercenaires du vote.

Page précédente : Les quartiers nord de Marseille (Bouches-du-Rhône), janvier 2012.

Photo de Lionel Urman.

Personne ne comprend vraiment Marseille. Et le mystère attire. Fascine. Marseille a commencé à accrocher les regards il y a quelques années seulement. En 1998, avec l'arrivée du TGV qui permettait de rallier Paris en trois heures ; puis en 2013, quand l'année « Capitale européenne de la culture » a déringardisé cette ville populaire, souvent perçue comme populeuse ; enfin, avec le premier confinement et la grande fuite parisienne vers des zones moins autocentrées, Marseille est devenue à la mode. C'est le temps de la « hype marseillaise ». Et la hype, les personnalités politiques en sont toujours friandes. À l'automne dernier, le président Macron, fin politicien plus encore qu'aficionado de l'OM, annonce « Marseille en grand », un projet de plusieurs milliards d'euros sur cinq ans pour venir en aide à cette ville rongée par les vingt-cinq années du règne de Jean-Claude Gaudin, un homme d'un autre temps. Mélenchon s'y est parachuté en 2017 en tant que député dans une circonscription imperdable ; le jeune maire de Marseille, Benoît Payan, donne aujourd'hui son parrainage à la candidate Christiane Taubira ; Éric Zemmour y est venu quelques heures, juste le temps de faire un doigt d'honneur à la ville qu'il considère comme une sorte de capitale du malheur français...

Bourrer les urnes

Marseille est un concentré de France, pour le pire comme pour le meilleur. C'est un grand nulle part, rien et tout à la fois. Marseille est un laboratoire politique. Immigration, sécurité, vivre-ensemble, écologie et ville de demain... Tous les thèmes sont développés ici avec le théâtral qu'affectionne notre époque. Mais la France d'antan, celle du monde d'avant, y est encore très présente, avec ce fonctionnement électoral tenace : le clientélisme.

« Mon rôle est simple : bourrer les urnes pour mon candidat et compliquer les campagnes de ses adversaires. » Fouad est un mercenaire, un agent électoraliste, il bosse dans l'ombre pour des politiques en leur apportant ses « réseaux et savoir-faire », comme il aime le raconter avec un clin d'œil accompagné d'un claquement de langue. Et pendant tout le trajet à travers la portion des quartiers nord qu'il présente comme son territoire, ce sont par ricochet tous ses faits d'armes électoraux qu'il remue dans l'habitacle de son Audi pour se persuader qu'il pourra encore « faire avancer les choses dans le sens des gens d'ici ». Le clientélisme est pour lui un mode de redistribution des richesses comme un autre. « Y a pas de raisons que nous aussi, on n'croque pas. »

La présidentielle, Fouad s'en balance, « ça rapporte que dalle sinon une bonne mise en orbite pour mon client aux législatives ». Mais une élection locale, « ça nous permet d'en vivre et de nourrir beaucoup de petits ». On l'oublie trop souvent, mais un député, c'est un élu local. De proximité. Avec des moyens concrets pour se constituer une armée de ce que l'on appelait avant de façon bien réductrice des « colleurs d'affiches ». Un job occasionnel, un peu de liquide, un passe-droit, un avantage, une simple reconnaissance ou quelques subventions pour une association : un candidat n'a pas toujours besoin de posséder de quoi récompenser. Pas toujours besoin d'être puissant. Avoir l'air... cela suffit. Le temps d'une élection.

« J'ai largement contribué à en faire élire et réélire un, de député, au début des années 2000, ici, quand c'était un fief socialiste. » Fouad avait rameuté les trois quarts des jeunes d'un club de sport dont il s'occupait pour faire voter des gens qui ne savaient même pas tous s'inscrire sur les listes électorales. « Ces démarches administratives, je m'en étais chargé avant, c'est ce qui demande le plus de temps et de la proximité avec les gens. » Ce sont ces listings qui font la valeur clientéliste. Les minots suivaient ses ordres pour faire descendre des tours les gens paumés à qui ils remettaient le bon bulletin, déjà sous enveloppe, avec, s'il le fallait, un accompagnement jusque dans le bureau de vote. La méthode existe toujours même si « l'isolement toujours plus grand des gens des

cités fait qu'on ne les connaît malheureusement même plus». Ni pour les aider, ni pour leur demander de l'aide. Lui ne rameute pas des électeurs de force. « D'autres ne s'imposent pas de tels cas de conscience. »
Après 2008, Fouad a changé de crémerie pour travailler pour la droite locale, maîtresse par définition des bureaux de vote. « Les présidents des bureaux sont validés par la ville, et la ville était à droite. » Si l'objectif de certains présidents était de maintenir un ordre zélé afin de nuire à la concurrence, son rôle à lui était de semer le désordre. « Dans un bureau qui est défavorable à ton candidat, tu mets la misère : tu envoies des gars à toi s'engueuler, se bousculer, hurler... Tu fous la trouille à ceux qui pensaient venir voter tranquille et qui ne se sentent pas assez impliqués pour rester faire leur devoir civique dans un tel bordel. » Ce n'est pas arrivé dans la « juridiction » de Fouad, mais lors des dernières élections municipales, des encapuchés sont soudain venus tirer au paintball sur l'urne d'un bureau du 3e arrondissement de la ville. Le but n'était pas de la voler, mais d'en obtenir la nullité avant le dépouillement. Une urne qui avait dû être considérée comme défavorable au commanditaire de l'action d'éclat. Annulation avait été demandée. Mais cette escarmouche n'était rien en comparaison des soupçons de fraude massive à la fausse procuration qui ont fini par faire perdre la droite à une élection pourtant gagnée d'avance.
Le député Les Républicains (LR) de cette circonscription, Julien Ravier, déclaré inéligible pour cinq ans, le voilà remplacé par Sarah Boualem, désignée oratrice régionale pour la campagne présidentielle par Valérie Pécresse. Cette petite-fille du bachaga Boualem, une figure éminente de la communauté harkie, est aussi cheffe de cabinet du président de 13 Habitat, la société qui gère pour le département les précieux HLM. Elle est la compagne de Julien Aubert, LR tendance dure, de ceux qui sont opposés à la politique migratoire actuelle. Il avait espéré voir Éric Zemmour s'intégrer dans la primaire à droite, « car il a une réelle capacité de nuisance », estimait-il. Il est aussi un camarade de promotion d'Emmanuel Macron, avec qui il s'entend toujours bien et déjeune de temps en temps. Sa compagne prend donc la candidature d'une circonscription en réalité toujours tenue d'une main ferme par Valérie Boyer, ex-porte-parole de François Fillon en 2017,

« Mon rôle est simple : bourrer les urnes pour mon candidat et compliquer les campagnes de ses adversaires. »

qu'elle avait alors défendu avec rage contre vents et marées. Celle qui est désormais sénatrice vient de promettre ses forces et réseaux marseillais à Valérie Pécresse. Plus que jamais, une attention particulière sera portée par les autorités sur les procurations effectuées dans la circonscription. On n'y avait pas fait voter des morts, mais des malades d'Alzheimer dans des Ehpad, entre autres.
Fouad ne fait pas dans la fausse procuration : « C'est un truc de notables. » Il préfère les tours de passe-passe ; pendant le dépouillement, remplacer discrètement les bulletins en attente d'être comptabilisés et rassemblés dans des enveloppes par paquets de 100 par une autre enveloppe, plus avantageuse, préparée à l'avance par ses soins (« Là aussi, un petit bordel organisé devant ou dans le bureau de dépouillement facilite les choses ») ; ou encore se gratter l'oreille dans laquelle il aura mis de l'encre pour ensuite, d'un coup de doigt désormais chargé de bleu, mettre un trait qui annule le bulletin adverse. C'est jouer avec le feu, le petit frisson en plus de l'argent liquide qu'il a touché pour en redistribuer une partie à ses jeunes complices.
Un clientélisme du pauvre dont la monnaie d'échange peut être des obtentions de logements sociaux, des embauches dans des institutions ou des aides associatives. Certaines associations se plaignent de la baisse drastique des subventions. « Le moment voulu, on achète toujours mieux ceux qui n'ont rien », se désole Fouad.
Il y a assez de misère, de manques, d'inégalités, de cynisme dans les quartiers populaires de Marseille pour alimenter à chaque scrutin n'importe quel candidat en « chair à élection ». Pour eux, gagner une élection n'a pas de lien avec un quelconque programme. Elle se gagne sur le terrain, en faisant campagne. On mobilise,

La politique politicienne peut s'évertuer à ne pas voir ces tristes réalités, elles transforment néanmoins en profondeur les comportements électoraux. Les quartiers populaires ne votent plus, ou votent pour ceux qui paient.

on recrute, on racole, on embrigade. Ça, c'est pour se constituer une base. En même temps, on divise, on segmente, on fragmente. Ça, c'est pour désagréger le socle de l'adversaire. Tout ça, c'est comme à la guerre : il faut bien définir quel est son camp et parfaitement intégrer les frontières qui désignent l'opposant. Mais désormais, à Marseille plus qu'ailleurs, les clans politiques sont totalement éparpillés. Et les agents clientélistes s'impatientent.

En 2020, la gauche marseillaise s'est refait une beauté. Même s'il est évident qu'aux dernières municipales, c'est plus la droite qui a perdu par péché d'orgueil que le Printemps marseillais qui a emporté les foules, cette unique réussite en France d'une union des gauches reste la clé de cette victoire improbable. « La situation catastrophique de la gestion de la ville nous a regroupés, explique Sophie Camard, maire du premier secteur de Marseille. Le logement en péril, des écoles insalubres, la destruction du patrimoine, l'abandon de quartiers entiers... Nous ne pouvions qu'être d'accord entre nous. Les petites différences arriveront bien plus tard. » Celle qui a pris ses distances avec Mélenchon reconnaît que la première année a été particulièrement difficile : « Nous avons subi d'incessantes malveillances de la part de quelques cadres de notre administration. » Les grouillements mesquins des clientélismes profonds font toujours du mal. Un clientélisme administratif dont une partie s'explique par la toute-puissance syndicale qui choisit bien souvent des cadres de l'administration, à la ville comme à la métropole. Un bien commun peut toujours pourrir et, dans les rues, la misère attendra. Confrontés à une administration clientéliste pour le moins passive, les services publics ont depuis longtemps été confiés à des associations plus ou moins maquées avec des élus. Un système politique d'un grand cynisme qui a détruit jusqu'aux prémices de ce qui fait un citoyen : l'école.

Mistral fétide et chaleur humaine

Le vent souffle fort, un vent glacial qui éparpille les vomissures de poubelles adipeuses vautrées dans toutes les rues de la ville, jusque devant les écoles. Les rats engraissés par une troisième grève des éboueurs en quelques mois ne prennent même plus la peine de s'enfuir à l'approche des élèves, dont ils sont devenus comme des compagnons de classe. Les écoles marseillaises sont dans un état de délabrement renforcé par vingt-cinq années de délaissement de la part de la mairie sortante. Un quart de siècle à laisser s'ouvrir les fissures, s'infiltrer l'eau dans les classes, s'écrouler les faux plafonds, s'accumuler plusieurs années d'excréments dans un collecteur mal relié au tout-à-l'égout de l'école La Busserine, dans le nord de la ville.

« Y'a comme une mauvaise odeur.

– Une mauvaise odeur ? Ça doit être un rat crevé. »

Un rat qui n'en finissait pas de crever, avant qu'on ne le découvre, alors qu'il s'était certainement noyé dans la merde accumulée depuis cinq ans juste sous la maternelle d'une cité. Une situation pas des plus faciles pour ses habitants : chômage, enclavement et stigmatisations laissant le champ libre aux réseaux de stups. Dénoncer les réseaux de stups marseillais comme le résultat d'une immigration galopante est la matière première de l'extrême droite. D'ailleurs, les Zemmour et Le Pen se saisissent du film *BAC Nord* pour dénoncer une sorte de séparatisme qui est aussi bien ethnique que le fait de bandits. Pourtant, ce film d'action a le réalisme d'un *Inspecteur Harry*.

En effet, Marseille est à la mode. Et particulièrement pour les « shiteux ». La ville est tellement perçue comme la capitale française du shit que des petits jeunes ambitieux descendent de toute la France pour venir faire ici une carrière de dealer. Dans leur tête, ça embauche, avec promotion possible pour devenir un caïd comme dans les films. Dans la réalité, ça exploite, ça s'enfonce dans les problèmes avec l'endettement comme prétexte à toutes les maltraitances. Frédérique Camilleri, la préfète de police des Bouches-du-Rhône, l'observe de plus en plus : « Il arrive désormais souvent que des jeunes dealers se précipitent sur nos patrouilles de police pour demander à être interpellés et ainsi libérés du réseau de stupéfiants qui les séquestre. » Fini le *kalachnikov dream*. Ces jeunes se font plutôt lumpenprolétariat. Un prolétariat en haillons, criblé de piqûres des punaises de lit qui les accueillent dans les squats dégueulasses qui leur sont laissés par leurs patrons, dans des caves ou des immeubles abandonnés. « Ces employés attirés par la réputation de Marseille sont séquestrés, parfois torturés, et dealent sous la menace de leurs employeurs marseillais », se désole Dominique Laurens, la procureure de Marseille. La méthode est classique : on les accueille bien, on les fait monter à des postes à responsabilités et, au premier foiré, on leur demande de rembourser ou on ne les paie pas. L'endettement oblige puis justifie les pires sévices. « Le pire est arrivé dans la cité Félix Pyat à un adolescent de 16 ans, échappé d'un foyer de Chartres pour venir vendre de la drogue ici, se souvient un flic. Ils lui ont brûlé les couilles au chalumeau. » On commence aussi à compter des « dealers extérieurs », comme les appelle parfois la police, parmi les victimes de règlements de comptes. La politique politicienne peut s'évertuer à ne pas voir ces tristes réalités, elles transforment néanmoins en profondeur les comportements électoraux. Les quartiers populaires ne votent plus, ou votent pour ceux qui paient.

Pourtant, Marseille, si elle ne manque pas de défauts – cette propension à l'arrangement, cette culture gagne-petit, ce vague à l'âme démocratique –, se rattrape en un clin d'œil. C'est une ville dans laquelle on peut te sourire pour rien, comme ça, juste parce qu'on croise ton regard. Il faut réaliser ce que cela peut représenter ! Pour qui vient d'arriver, c'est exotique, comme un bond dans le passé, celui de sa jeunesse. Marseille est insouciante ; un dôme urbain de chaleur humaine. Une tendresse non feinte, dépourvue de ce besoin moderne de tout faire entrer dans une stratégie marketing. Le marketing, ici, n'est que territorial, il est faux, comme tous les marketings. C'est un storytelling politique dont

Michèle Rubirola, candidate à la mairie, et Yannick Jadot visitent la ferme urbaine Le Talus. Marseille, juin 2020.

Photo de Julien Poupart.

Le mercato des agents clientélistes fermera quand tous les candidats aux législatives auront été désignés.

s'est saisi Emmanuel Macron. Il a compris que Marseille était un concentré de France. Un million d'habitants pour raconter le pays. La capitale de la province. Et faire ce qu'il faut pour sauver cette ville, c'est se montrer capable de sauver le pays.

Avec son plan « Marseille en grand », Emmanuel Macron ne se contente pas de venir aider sa dame de cœur. Il a vu, lors des dernières élections locales, La République en marche se faire laminer. Pour réaliser une bonne campagne de proximité, il faut une monnaie d'échange. Mais pour la présidentielle, on peut faire sans réserve de HLM. Il faut les bonnes alliances et quelques pactes de non-agression. Pour les alliances, Emmanuel Macron consulte régulièrement l'ancien maire de Marseille, Jean-Claude Gaudin, qui plus que jamais veut rester dans les combinaisons. Il a connu le président quand il n'était que ministre de François Hollande et Marseille les a rapprochés autant qu'un amour certain pour la manigance politique. Dans sa maison de Mazargues, au sud de Marseille, ou dans sa villa de Saint-Zacharie, dans le Var, Jean-Claude Gaudin reçoit et fait passer des messages. Il veut discrètement aider le président mais aussi nuire encore et toujours à Renaud Muselier, son ancien premier adjoint et désormais meilleur ennemi. Il a entendu dire que Renaud Muselier, le président de la région PACA qui vient de quitter LR, se verrait bien ministre de la Défense d'un second mandat de Macron. « Les alliances du premier tour valent mieux que celles du second », glisse régulièrement au président le roublard Gaudin, suffisamment peu discrètement pour que Renaud Muselier choisisse entre Macron et Horizons. D'autres hésitent à faire un « coming out macroniste ». Samia Ghali, ex-socialiste, est passée par la fenêtre des dernières municipales pour se retrouver adjointe au maire socialiste de Marseille. Dans son secteur, elle avait gagné de justesse contre un communiste du Printemps marseillais avec qui elle travaille désormais au sein d'une même mandature. Elle aussi a été soupçonnée de « fausses procurations », ce qu'elle conteste, et le dossier reste aujourd'hui encore à l'instruction. Confiante, elle se verrait bien ministre ou secrétaire d'État. Celle qui vient de recevoir le grade de chevalier de l'ordre national de la Légion d'honneur va devoir choisir de soutenir explicitement le candidat Macron. Mais, fine politicienne, elle connaît bien son électorat très ancré localement dans le nord des quartiers nord de Marseille, populaire, souvent antisystème, parfois un peu populiste, plutôt anti-pass vaccinal et fan de Raoult plus que du président de la République. « Il va falloir qu'elle se prononce assez vite », avertit Emmanuel Macron à ses relais marseillais, lui qui veut quadriller Marseille rapidement avant d'entrer en campagne. « Les accords du premier tour valent mieux que ceux du second. » Si Gaudin le dit, c'est que c'est vrai. Des anciens républicains déçus, une repentie du socialisme et un maire de gauche qui ne pourra faire sans lui. Car Benoît Payan, le maire socialiste de la ville, a besoin d'argent pour rénover les écoles. Le programme, doté de 1,2 milliard d'euros et prévu sur neuf ans, doit traiter en profondeur les problèmes structurels de 174 écoles sur les 470 que compte la ville : déconstructions, reconstructions, rénovations lourdes et remises à niveau. L'État a déjà donné 400 millions et Benoît Payan n'est pas certain que le prochain président de la République, s'il change, reconduira ce soutien. D'autant que les chances de Christiane Taubira, à qui il a apporté son parrainage, restent infimes. Benoît Payan, au sein d'une administration dont tant de cadres ont été mis là avant lui par voies clientélistes, veut transformer la ville et y rester aux commandes. Marseille sort doucement de nombreuses années d'aseptisation – quand les îlots villageois laissés à l'abandon sont remplacés par de peu coûteux immeubles sans vie, des parkings au rez-de-chaussée pour s'éviter des commerces de proximité et une vie de quartier définitivement annihilée par la fibre optique dans les étages pour être certain que les gens ne sortent plus de chez eux. Avec la hype marseillaise

L'ancien maire de Marseille Jean-Claude Gaudin. Marseille, juin 2020.

Photo de Julien Poupart.

accentuée par la crise du Covid s'accélère un autre phénomène : la gentrification. Pas seulement de certains quartiers villageois. Mais aussi un pillage des cultures populaires pour en faire commerce. Cette faculté énorme à s'accaparer les traditions populaires pour en faire un produit hors de prix. Quand arrivent les premières ratatouilles « déstructurées », les premiers pieds paquets « revisités », les accents mal imités, les commerces « monoproduit » et les premières fêtes branchées dans les quartiers nord où l'on se rend en Uber, c'est alors l'étape de la gentrification des cultures. Un électorat pour le moment peu sensible au clientélisme local et qui se divise entre les « *start-up nation* » et les « bobos ». Les premiers remplacent doucement la bourgeoisie marseillaise construite sur les clientélismes immobiliers, les seconds absorbant les quartiers laissés jusque-là aux intellos précaires, survivant pour certains grâce à l'aumône de quelques subventions.

La droite locale, vieillissante et plus que jamais déchirée, ne sait pas comment s'y prendre avec cet électorat qui regarde les programmes des candidats sans en attendre une aide personnelle. Martine Vassal est anesthésiée par une répétitive grève des éboueurs au sein de la métropole qu'elle préside, et terrifiée par le contrôle en cours de la chambre régionale des comptes dans les services du conseil départemental dont elle est la patronne. Outre la dette énorme qui s'est creusée, c'est la masse des embauches qui surprend. Elle n'est clairement pas dans les petits papiers d'Emmanuel Macron, qui en la regardant parle de « problème de gouvernance ». Mais c'est de son propre camp que vient la plus grande menace. Dans un courrier, Maryse Joissains, la toujours puissante ex-maire d'Aix-en-Provence, lui reproche ses multiples trahisons.

« Tu dois ta carrière à Jean-Claude Gaudin. Il a été ton maître. [...] Tu as été élue des années dans l'ombre de Jean-Claude, tu as lamentablement perdu la ville de Marseille après avoir fait une campagne dispendieuse, même les cartons à pizza étaient décorés à ton effigie. [...] En termes de légitimité au suffrage direct, tu as celui de ton canton, soit moins de 50 000 votants et deux suffrages indirects au département et à la métropole. [...] L'ivresse du pouvoir est une chose qui peut être fatale. Martine reste empêtrée dans son double jeu avec d'un côté « Pécresse, c'est ma copine » et de l'autre l'envie de rejoindre Horizons.

Fouad attend de savoir pour qui il travaillera. Le mercato des agents clientélistes fermera quand tous les candidats aux législatives auront été désignés. « Les choses se compliquent », souffle-t-il quand il apprend que Benoît Gilles, le dissident de la droite aux dernières municipales, celui qui a fait perdre Vassal, vient d'être nommé responsable d'Horizons à Marseille. Ceux pour qui il bosse peuvent demain devenir ses ennemis. En attendant, Fouad organise des maraudes pour venir en aide aux gens les plus précaires des quartiers nord. Tout autant par empathie que par pragmatisme, pour les garder dans son offre de clientèle. « On achète plus facilement ceux qui n'ont pas grand-chose. Mais on n'a plus rien à attendre de ceux qui n'attendent plus rien. » Fouad ne sait pas plus que les élus pour qui il travaille, ce que deviendra la politique à Marseille. On entre dans le grand nulle part. ■

LA MARQUE POLITIQUE

À l'épreuve du réel

Face à Baba, **Magali Berdah, Livre Noir, mais aussi Cluster17 et la Primaire populaire… cette campagne présidentielle est façonnée par de nouveaux espaces qui entendent jouer un rôle dans la fabrique de l'opinion.**

PAR

Raphaël Llorca

« Drôle de guerre », « campagne gazeuse », « campagne fuyante »… les qualificatifs abondent, sans qu'aucun arrive tout à fait à définir la drôle d'atmosphère de cette campagne présidentielle. Sur France Inter, le 31 janvier dernier, le sondeur Brice Teinturier a tenté une métaphore en parlant de « campagne Tefal » : « Les projets, les propositions, ça n'accroche pas, tout glisse auprès des Français, il n'y a pas d'éléments forts et structurants. [...] C'est une campagne qui ne parvient pas à intéresser les Français. » De fait, selon un sondage IFOP réalisé fin janvier, seul un Français sur deux a récemment évoqué la campagne présidentielle avec ses proches. Mais où diable est passée la campagne ? Démarrera-t-elle seulement un jour ? se demande Gilles Finchelstein, directeur de la Fondation Jean-Jaurès.

Une autre question essentielle pourrait être : où se déroule la campagne ? En effet, il faut bien saisir qu'une campagne présidentielle, ce n'est pas seulement un rendez-vous électoral ou un acte d'enregistrement des rapports de force politiques : c'est d'abord un moment démocratique qui voit, pendant quelques semaines, tout un ensemble de débats et d'enjeux se cristalliser et se décanter pour les années à venir. D'où la nécessité de raisonner non pas seulement en historien, avec ses acteurs et sa chronologie, mais en géographe, avec ses différents espaces où se forge l'opinion publique. Jusqu'ici, force est de constater que les espaces traditionnels de la campagne (les sondages, les *mass media*, les meetings) n'ont pas le même rôle structurant qu'ils ont eu par le passé. Tout se passe comme si, dans la méfiance croissante des Français vis-à-vis de toute forme d'intermédiation, se jouait quelque chose autour de leur incapacité perçue à rendre compte de la réalité de leur vie, du pays, de la campagne. À l'inverse, d'autres espaces émergent avec un discours revendiquant une meilleure compréhension du réel. Et s'il fallait voir, dans cette nouvelle géographie de la fabrique de l'opinion, le signe d'une crise de la représentation ?

Rase campagne

Les sondages, d'abord : alors que le nombre de sondages publiés a explosé – dans un livre récent [1], le politologue Alexandre Dézé note que leur nombre a été multiplié par 40 entre 1965 et 2017 –, leur capacité d'éclairage du

1 – Alexandre Dézé, *10 Leçons sur les sondages politiques*, Paris, De Boeck Supérieur, 2022.

On a le sentiment d'une campagne présidentielle déserte, étrangement évidée, d'une campagne qui sonne creux, d'une campagne sans élan, sans écho.

Éric Zemmour organise son premier meeting politique au parc des expositions de Villepinte (Seine-Saint-Denis), décembre 2021.

Photo d'Eliot Blondet.
© Eliot Blondet/ABACA

temps présent n'a jamais été aussi contestée. Non seulement par les acteurs politiques – le *sondage bashing* est une longue tradition –, mais, nouveauté, par la sphère journalistique elle-même. Dans une longue enquête [2], Luc Bronner, grand reporter au *Monde*, a soulevé le capot des méthodes et techniques des différents instituts pour pointer leurs failles, leurs limites et surtout leur grande fragilité à accoucher de résultats qui collent à la situation du pays à un instant donné. En octobre, *Ouest-France* annonçait sa décision de renoncer à toute commande et à toute publication de sondage jusqu'à l'élection présidentielle : « L'obsession sondagière empêche les uns et les autres d'écouter la diversité du pays [...]. Il est urgent de rebâtir un espace politique au contact immédiat des citoyennes et des citoyens [3]. » Longtemps conspué, mais représentant une part importante du storytelling classique d'une campagne, c'est le principe même de la « course de petits chevaux », avec ses effets artificiels, qui est directement visé. Plus encore, la sphère intellectuelle a récemment renoué avec la longue tradition critique des sondages, en se fondant cette fois-ci sur de nouveaux arguments sociologiques. Ainsi de Pierre Rosanvallon, qui fait le sévère constat de l'incapacité des sondages à raconter la « vraie vie des Français », aujourd'hui largement façonnée par leur ressenti émotionnel : « [Les sondages] ont certes bien documenté la réorganisation des clivages politiques avec la montée en puissance des populismes et l'instauration d'un climat de défiance généralisée. Mais ils n'ont pas déchiffré la boîte noire des attentes, des colères et des peurs qui les fondaient [4]. »

Les médias, ensuite : pour l'heure, les grandes émissions politiques traditionnelles peinent à être l'incontournable espace de débats qu'elles ont été dans les campagnes précédentes. Pour ne prendre qu'un seul exemple, le rendez-vous proposé par France 2, *Élysée 2022*, est un bien pâle descendant de ses illustres prédécesseurs : le premier numéro, diffusé en septembre 2021, n'a pas été à la hauteur des attentes, avec seulement 1,05 million de téléspectateurs (5 % de part d'audience). L'ultime débat de la primaire de la droite a fait un peu mieux (1,7 million pour 8,9 % de PDA), mais reste loin, très loin des scores de l'émission *Des paroles et des actes* (France 2), qui parvenait à réunir 5,9 millions de téléspectateurs (21,9 % de PDA) lors du dernier débat de la primaire socialiste en octobre 2011, et plus de 5,1 millions de téléspectateurs (23,1 % de PDA) pour la primaire de la droite en novembre 2016. Cette érosion est la conséquence d'une fragmentation des audiences de multiples chaînes (hertziennes ou digitales) : chaque semaine, c'est entre vingt-cinq et trente rendez-vous télé et radio qui sont proposés aux candidats à la présidentielle, sans même compter les nouveaux *pure players* digitaux (Popcorn, Backseat ou Mashup sur Twitch). Du côté des spectateurs, impossible de tout suivre – d'où le sentiment que la campagne est à la fois partout et nulle part. « Le résultat, observe la journaliste Sonia Devillers [5], c'est qu'il n'y a pas grand-chose qui imprime réellement, alors qu'ils sont partout, tout le temps. La parole ne fait que se démonétiser. » Surtout, pour reprendre l'analyse de Jérôme Fourquet, l'« archipelisation » médiatique entraîne la disparition d'un même réel partagé par tous : avec des citoyens qui « ne sont plus réceptifs ni exposés aux grilles de lecture et aux visions du monde véhiculées par les grands médias [6] », le conflit se déplace non plus sur l'interprétation du réel, mais sur les formes mêmes du réel. D'où, pour paraphraser Kundera, cette tentation de lâcher la rampe médiatique : et si la vie était ailleurs – comprendre hors des médias ? Au lendemain du deuxième confinement, l'Observatoire Société et Consommation (ObSoCo) relevait que 7,8 millions de Français avaient décidé de cesser de consulter l'actualité [7]. Si l'on y ajoute la disparition des meetings (pandémie oblige), vrais espaces de rassemblement essentiels pour souder et galvaniser les troupes des différents candidats, on a le sentiment d'une campagne présidentielle déserte, étrangement

2 – Luc Bronner, « Dans la fabrique opaque des sondages », *Le Monde*, 4 novembre 2021.
3 – François-Xavier Lefranc, « Présidentielle 2022 : les sondages, inquiétantes dérives », *Ouest-France*, 23 octobre 2021.
4 – Pierre Rosanvallon, *Les Épreuves de la vie. Comprendre autrement les Français*, Seuil, 2021.
5 – « La campagne en mode télé-réalité ? », *C ce soir*, France 5, 1er février 2022.
6 – Jérôme Fourquet, *L'Archipel français. Naissance d'une nation multiple et divisée*, Seuil, 2019.
7 – Étude « Nouvelle(s) Vie(s) française », Observatoire Société et Consommation, mai 2021.

évidée, d'une campagne qui sonne creux, d'une campagne sans élan, sans écho, comme privée de toute caisse de résonance. Pour autant, on aurait tort de conclure à l'absence de campagne. Derrière cette apparente « diagonale du vide », la campagne se fait – à plus bas bruit peut-être, mais elle se fait. Simplement, la campagne se joue… ailleurs.

Les nouveaux espaces du réel

Ce qui frappe, c'est que tous les nouveaux espaces qui ont émergé ces derniers mois ont un même mot à la bouche : le « réel ». Prenant des formes complètement différentes, chacun d'entre eux s'est donné pour mission de mieux rendre compte de ce qu'il considère comme étant la réalité des candidats, du pays et des gens. Prenons Cyril Hanouna, pour commencer. Pour justifier sa mue d'animateur d'émissions de divertissement en animateur de débats politiques, avec la création de son rendez-vous *Face à Baba* sur C8, il est tout à fait révélateur qu'il revendique être le meilleur porte-voix des Français. Durant la promotion de son livre opportunément intitulé *Ce que m'ont dit les Français*[8], il déclare : « Nous avons accueilli des politiques, des médecins, des "Gilets jaunes"… J'ai vu se succéder des personnes de toutes les catégories socioprofessionnelles et aux convictions très diverses. Ils ont pu s'exprimer, se lâcher et être écoutés comme nulle part ailleurs à la télévision ! […] Nous voulons donner toutes les clés aux téléspectateurs pour bien comprendre cette campagne[9]. »

Magali Berdah, influenceuse et agente de stars de la téléréalité récemment « entrée par effraction dans la campagne[10] » en réalisant des vidéos en immersion avec différents candidats, le revendique crânement : « Je représente la personne qui ne vote pas. » « J'ai envie de vulgariser la politique, j'ai envie de la rendre plus accessible », explique-t-elle dans la courte vidéo qui présente son projet, clamant sa volonté de « faire entrer le monde virtuel dans le monde réel ».

La chaîne YouTube Livre Noir, quant à elle, semble assumer de mener la bataille culturelle du camp identitaire. Interviewé par Martin Weill sur les raisons pour lesquelles il questionne souvent les gens sur l'insécurité et l'immigration dans ses reportages, Jordan Florentin, rédacteur en chef du service politique de Livre Noir, répond : « Ah, vous n'avez pas l'habitude de parler du réel, vous, dans les médias ! Bah voilà, c'est l'objectif de Livre Noir : parler de la réalité[11]. »

À cette liste de nouveaux acteurs revendiquant un meilleur accès au réel, on pourrait ajouter Cluster17, nouvel institut de sondage dont la méthode de « clusterisation » (c'est-à-dire la division de la population en 17 « grands systèmes d'opinion »), part du principe que « les catégories traditionnelles ne fonctionnaient plus pour comprendre les préférences électorales » et que « les grandes classes sociales ou le clivage gauche-droite ont largement perdu le pouvoir explicatif qui était le leur dans le cadre de l'ancien ordre électoral[12] ». De même, l'une des forces de la Primaire populaire est d'avoir fait connaître un nouveau système de départage – le jugement majoritaire – capable, selon ses concepteurs, de pallier les failles du traditionnel suffrage uninominal majoritaire, accusé de mal saisir les aspirations réelles de l'électeur. « Si 50 % de la population vous rejette, il n'y a pas de raison que vous soyez élu ![13] » déclare Chloé Ridel, présidente de l'association Mieux Voter.

À chaque fois, on peut y voir l'expression non pas d'une « crise de la réalité », mais d'une bataille pour sa représentation. Autrement dit, la crise de la représentation politique se double d'une crise de la représentation du réel. C'était la merveilleuse intuition du philosophe et médiologue Daniel Bougnoux, qui notait qu'à la racine de toute révolution, artistique comme politique, se trouve toujours une lutte du contrôle et de la représentation du réel. Il y a crise de la représentation, écrit-il, chaque fois qu'un « code établi de "mise en présence" et d'ordonnance des signes rompt avec la bienséance, et se trouve échangé contre un autre, généralement jugé plus conforme au réel[14] ». En plus de la traditionnelle bataille d'image, le citoyen doit aujourd'hui s'habituer à être confronté à une bataille du réel qui, elle aussi, comporte son lot de procédés pour en biaiser la perception… ■

8 – Cyril Hanouna, *Ce que m'ont dit les Français*, Fayard, 2021.
9 – Damien Mercereau, « Cyril Hanouna : "Éric Zemmour est en train de devenir le vote contestataire" », *TV Magazine*, 7 octobre 2021.
10 – Lucie Alexandre et Magali Moulinet, « Magali Berdah, l'influenceuse et les candidats à la présidentielle », *L'Obs*, 2 février 2022.
11 – *Les Reportages de Martin Weill. Les nouveaux réacs attaquent*, TMC, 23 novembre 2021.
12 – Hadrien Mathoux, « Présidentielle 2022 : une nouvelle méthode pour sonder le cœur des électeurs », *Marianne*, 4 janvier 2022.
13 – Théo Moy, « Jugement majoritaire : "Si 50 % de la population vous rejette, il n'y a pas de raison que vous soyez élu !" », *La Croix*, 27 janvier 2022.
14 – Daniel Bougnoux, *La Crise de la représentation*, La Découverte, 2006.

ENQUÊTE

LE ROYALISTE QUI SE RÊVAIT FAISEUR DE PRÉSIDENT

PAR
François-Xavier Ménage

Philippe de Villiers a rejoint Éric Zemmour car, dit-il, la France est « en péril ». Nous l'avons suivi en coulisse, dans son rôle de conseiller de l'ombre. Son carnet d'adresses, son désir d'union des droites… et ses coups de poignard.

Page précédente: Vœux d'Éric Zemmour à la presse pour la nouvelle année, en compagnie de Philippe de Villiers. Paris, janvier 2022.

Photo de Raphaël Lafargue. © Raphaël Lafargue/ABACA

Meeting d'Éric Zemmour accompagné de Philippe de Villiers. Sables-d'Olonne (Vendée), janvier 2022.

Photo de Mathieu Pattier. © Mathieu Pattier/SIPA

À quoi reconnaît-on une réunion stratégique de campagne ? Aux silences et aux tensions qu'elle dégage. Ce matin de janvier, dans le QG d'Éric Zemmour, au milieu d'une salle immaculée où les chaises et le mobilier sentent encore le neuf, trois personnes occupent une large table de travail. Se font face : le directeur de campagne, le responsable des parrainages et... Philippe de Villiers. « On part de zéro, c'est dur », admet le général Bertrand de La Chesnais, l'ex-numéro deux de l'armée de terre, pilote en chef de l'opération « Zemmour 2022 ». « Il y a encore quelques semaines, nous n'avions ni parti ni militants », s'excuse presque Dénis Cieslik, dont la mission est de recueillir 500 signatures fermes d'élus pour valider la candidature du polémiste.

Philippe de Villiers écoute mais, sous la table, ses jambes bougent déjà. Le militaire pose l'enjeu : « Nous devons engranger 700 promesses, car il y aura des désistements de dernière minute. »

Le général finit à peine sa phrase que le fondateur du Puy du Fou expose sa tactique pour draguer les élus. « En appelant les maires, je vais leur dire : "Peu importe ce que vous pensez de Zemmour. Je sais que vous êtes profondément démocrate. Vous devez jouer votre rôle de filtre pour écarter les rigolos de kermesse ! Zemmour n'est pas un rigolo de kermesse ! Soyez un parrain de la démocratie." »

Le général de La Chesnais, qui s'y connaît en terrain miné – trente-six ans dans l'armée, avec un passage par le Kosovo, la Bosnie et le Tchad –, applaudit. « Parfaite, cette formulation, parfaite. » De l'autre côté de la table, lunettes cerclées, veste noire et cravate orange, Dénis Cieslik ajoute : « Grâce à votre soutien, nous avons déjà spontanément recueilli une dizaine de signatures de maires. Merci donc de vive voix. »

Tout à son aise, Philippe de Villiers s'engage à rappeler personnellement des douzaines d'élus locaux encore hésitants. « J'ai longtemps été président du conseil général de la Vendée, je les connais tous. » La porte du fond s'ouvre. Sarah Knafo devance de quelques mètres Éric Zemmour. Le duo est tout bronzé. Les traces d'un réveillon à Saint-Martin, dans les Caraïbes. Knafo salue Villiers par le biais d'un poing à poing. Zemmour – au diable les gestes barrières – tombe dans les bras de son « ami de trente ans ».

La réunion reprend. Zemmour : « Je voudrais comprendre ce qui motive les maires qui nous soutiennent... » Villiers : « Je t'arrête tout de suite ! Ce sera un travail de fourmi de les convaincre. Les élus locaux sont accablés de soucis, ils n'ont pas de temps. Quand on leur parle, il faut tout de suite aller à l'essentiel. Et surtout, beaucoup ont peur d'être sanctionnés s'ils s'affichent à tes côtés. » Knafo : « Un élu m'appelle hier. Il me dit : "J'ai une audience judiciaire le 15 mars. Je suis sûr que la juge est de gauche. Elle va voir mon nom publié par le Conseil constitutionnel. J'ai peur de perdre mon procès en raison de mon parrainage." » Zemmour : « Il faut dénoncer ce scandale, cette pression. » Villiers : « Ah ! l'énorme cohorte des zemmouriens clandestins ! »

Débit professoral, l'ancien patron de la Vendée insiste. Les maires ne sont plus libres, ils dépendent des agglomérations, il y a des consignes, des menaces. Sur le terrain, les grands partis dictent leur loi. Prière d'en prendre bonne note.

Alors comment séduire les élus ? Avec quel argumentaire ? « Éric et moi, en qualité d'essayistes, avons été couverts de lauriers. Désormais, Éric choisit la couronne d'épines, la piscine sanguinolente où s'affrontent crocodiles et caïmans. Faut vraiment en vouloir. » Pause. Tous, autour de la table, attendent la suite. « Davantage encore que du dévouement, c'est de l'amour charnel. Péguy parle de patrie charnelle. Eh bien les maires ressentent la même chose. »

Depuis plusieurs minutes, Philippe de Villiers s'adresse directement à Sarah Knafo, oubliant ses autres interlocuteurs. « Éric est un homme qui a tout quitté, la télé, la presse écrite. Il plonge dans l'arène. Voilà l'histoire à raconter aux maires. » L'influente conseillère hoche la tête. Philippe de Villiers jubile. Il est au centre du jeu. Pour le tout jeune parti Reconquête, Villiers est une prise de guerre, une « particule élémentaire », dirait Houellebecq. Dans cette campagne, il nous confie être celui qu'on appelle quand ça ne va pas, quand une solution doit être trouvée, un enjeu posé. Avec le candidat, ils échangent par téléphone tout le temps, déjeunent souvent ensemble. Un rôle nodal qu'il affectionne tant. Cependant, si l'on regarde un peu en arrière, ce ralliement – pour naturel qu'il paraisse – a mis bien du temps à être officialisé.

L'influente conseillère hoche la tête. Philippe de Villiers jubile. Il est au centre du jeu.

Le pacte de La Rotonde

Depuis de longues années, les « conscrits de Maastricht » partagent la même idée d'une France qui s'effondre. « Éric est le seul à parler ouvertement de grand remplacement. Il a raison. » Que le terme même fasse polémique les arrange. Ce qui cristallise rend service.

En 2015, La Rotonde (ce lieu également chéri par un certain… Emmanuel Macron) devient la base arrière des deux polémistes. Ensemble, ils théorisent sur la « droite hors les murs ». Pour les accompagner dans leurs interminables discussions, un autre larron : Patrick Buisson. Tous les trois sont auteurs à succès chez Albin Michel. « La droite qu'on aimerait voir au pouvoir n'est pas incarnée », tonne Philippe de Villiers. Les déjeuners s'enchaînent, au premier étage de la brasserie du boulevard du Montparnasse. Ça parle fort, ça s'anime. Mais au moment du café, tous prennent soin de ne jamais sortir en même temps, afin d'éviter les regards. Des scénarios sont élaborés. Un jour, Villiers (dans le récit qu'il en fait) se tourne vers Éric Zemmour et dit : « Am, stram, gram, pic et pic et colégram, tu n'as qu'à te lancer ! » Réponse de l'intéressé : « T'es fou. »

Cinq ans plus tard, et bien qu'ils se côtoient toujours, l'ambiance entre les deux hommes est devenue beaucoup plus tendue. Philippe de Villiers distille des mots pas toujours tendres sur Zemmour et sa « compagne » Sarah Knafo. Le premier n'a pas de réseau, pas de parti. La seconde est trop jeune, pas assez expérimentée. « Ils se fascinent l'un l'autre, ça finira mal [1]. »

Pourtant, quand Philippe de Villiers rencontre la haut fonctionnaire dans le décor du Cirque d'Hiver un mois avant les élections européennes de 2019, il tombe sous le charme. La soirée est organisée par *Valeurs actuelles*. Michel Houellebecq, François-Xavier Bellamy et Jacques Attali prennent la parole pour un « dialogue » sur l'Europe. Derrière le rideau, Villiers boit des coupes de champagne avec le duo Zemmour-Knafo. Il qualifie cette dernière de « subtile, remarquable et intellectuellement vive ». N'en jetez plus.

Durant l'été 2021, les échanges reprennent, avec en toile de fond la présidentielle. Plusieurs déjeuners. Plusieurs œillades. La course à l'Élysée ? Zemmour est de plus en plus confiant. Philippe de Villiers interroge. Le paysage, les parts de marché, les potentiels concurrents du polémiste. « Es-tu certain que Wauquiez ne se lancera pas ? »

1 – Cité par Étienne Girard, *Le Radicalisé*, Seuil, 2021.

Voyage en Arménie

Le polémiste prépare sa mue. Il boucle *La France n'a pas dit son dernier mot* [2], qu'il va bientôt auto-éditer. « À cet instant, ma décision est prise de le soutenir dans son nouveau combat », livre l'ancien président de la Vendée, qui laisse filer de longues semaines avant de sortir du bois. Reste à scénariser ce ralliement. Le grand meeting de Villepinte, début décembre ? Zemmour pousse cette option. Philippe de Villiers refuse. A-t-il soudainement peur des retombées négatives pour le Puy du Fou, deuxième parc à thèmes de France avec plus de 2 millions de visiteurs annuels – son bébé qu'il a fondé en 1978 ? La thèse est évoquée avec insistance par son entourage. L'intéressé nie. Toujours est-il que le meeting de Villepinte se déroule sans lui. Malgré le siège réservé à son nom.
Le ralliement s'opère quelques jours plus tard. Par le biais d'un coup de fil d'Éric Zemmour. Le désormais candidat part en Arménie. Demain ! Il a un billet d'avion pour lui. Il suffit de dire oui. Philippe de Villiers accepte. « Banco. » Aéroport Charles-de-Gaulle, les caméras sont convoquées. L'instant est lyrique. « Ce que défend mon ami Éric Zemmour, c'est ce pour quoi je vis : la civilisation. Cet homme est courageux. Je préfère soutenir le courage que la lâcheté. »
Quelle place accorder alors à l'expérimenté Philippe de Villiers, « neuf campagnes dans la vue », dont deux présidentielles (2002 et 2007) ? Il refuse d'être en première ligne. Pas de porte-parolat. Pas de titre ronflant. « Pas d'organigramme. » Fournisseur de « matière grise » il sera. « Un peu comme Charasse avec Mitterrand, qui conseillait le président après une séance de pêche au brochet. »
« Je vais mouiller la chemise jusqu'au bout », assène-t-il. Quelques interviews, au compte-goutte. Mais surtout des appuis sur le terrain. Notamment quand le candidat se rend, en janvier dernier, aux Sables-d'Olonne pour dénoncer la décision du tribunal administratif de Nantes qui ordonne le déboulonnage de la statue de saint Michel, installée depuis 2018, afin de respecter la loi de 1905 sur la séparation des Églises et de l'État. Devant la statue, pour acclamer Zemmour, Villiers a sonné le rappel parmi ses fidèles. Six cents partisans ont répondu présent, des drapeaux tricolores dans les mains. S'avance alors devant les micros Patrick Buisson. L'ancien conseiller de Nicolas Sarkozy officialise à son tour son ralliement. Le triumvirat à l'œuvre. De la brasserie au terrain électoral.

Les lettres secrètes de Macron

De la sorte, Philippe de Villiers clôt un quinquennat entamé… au sein de la majorité présidentielle. En 2017, l'écrivain à succès conseille en effet, officieusement, Emmanuel Macron. « Il est intelligent, rapide et possède un très bon professeur de théâtre », dit l'ancien fonctionnaire en référence à l'épouse du chef de l'État. « C'est important, le théâtre, en politique. »
L'essayiste s'active, fournit des notes, notamment sur Notre-Dame-des-Landes. Durant la crise des Gilets jaunes, il glisse l'idée d'un « référendum sur l'immigration ». À l'époque, Éric Zemmour engueule son comparse. « Mais qu'est-ce que tu lui trouves ? » Réponse de Philippe de Villiers : « Il faut sauver le pays et pour le moment il semble m'entendre. » Celui qu'on soupçonne souvent de mentir en rajouterait-il concernant sa proximité avec le locataire de l'Élysée ? Des lettres manuscrites d'Emmanuel Macron, envoyées personnellement à Villiers, fuitent. Notamment ce courrier du 4 juillet 2019, où le président évoque l'affaire Vincent Lambert et la question de l'euthanasie. Encre bleue. Écriture penchée. Il y a une rature. Et plusieurs marques ostensibles d'affection. « Mon cher Philippe. » Bien que sur le fond – la fin de vie –, le chef de l'État refuse d'aller dans le sens de son interlocuteur, Philippe de Villiers exulte devant pareils signes de considération.
Aujourd'hui questionné sur sa relation avec Emmanuel Macron, les mots sont baignés dans l'acide. « C'est l'enfant de Davos, le Young Global Leader servant les intérêts de Bruxelles. La première fois que je l'ai rencontré, je lui ai dit : "Faites attention, vous paraissez très jeune." » Philippe de Villiers jure avoir, assez vite, interpellé le chef de l'État sur son manque de maturité. « Les gens risquent de reprendre, à votre sujet, la phrase de l'Ecclésiaste : "Malheur au royaume dont le prince est un enfant." » Il poursuit : « Désormais, l'enfant qu'il est casse son jouet. Quel destin ! Un président devrait

2– Éric Zemmour, *La France n'a pas dit son dernier mot*, Éditions Rubempré, 2021.

3 – Nicolas Sarkozy, *Le Temps des Tempêtes*, L'Observatoire, 2020.

offrir une vision à trente ans. Macron joue avec l'instant, incapable qu'il est de dépasser le temps présent. »

Assis dans une petite pièce jouxtant le bureau d'Éric Zemmour, Philippe de Villiers adopte parfaitement son rôle de porte-flingue. « Il ose "emmerder" les non-vaccinés, dit-il en parlant du président. Quel mot ! La citation a pourtant bien été relue par son service de presse avant publication. Un conseiller lui a sûrement rappelé qu'un président ne peut pas dire ça. Mais lui, il laisse cette phrase ! Macron est un garçon qui n'est pas fini. Il n'a pas mûri. C'est le passage du chef d'État au chef de bande, au chef de traque. Il n'est plus dans la fonction mais dans la névrose, la vindicte, la recherche du bouc émissaire ! "Emmerder" une catégorie de Français ? C'est la phrase de trop. Un tournant. Je cherche dans l'histoire un équivalent, sans réussir à trouver. » S'adressant directement au chef de l'État comme s'il était face à lui, Philippe de Villiers conclut, fier de son petit effet : « Emmanuel, en avril, il conviendra de prendre du repos. »

À l'Élysée, on s'étrangle devant pareils propos. L'un des plus proches conseillers d'Emmanuel Macron refuse de s'étendre sur le cas Philippe de Villiers. « Il a rejoint Zemmour. Et livre des récits falsifiés. On constate, on ne disserte pas. » Trois phrases. Basta.

« Talent gâché de la République »

Tactiques, ruses, artifices. Philippe de Villiers connaît la musique. Il sait que son image est plus clivante que jamais. Ses saillies sur le vaccin, ses théories du complot achèvent de convaincre une bonne partie de la classe politique... À son sujet, Nicolas Sarkozy écrit qu'il est « l'un des plus beaux exemples de talents gâchés pour la République [3] ».

Chez Marine Le Pen, qui, en 2017, s'était nourrie des ouvrages déclinistes du fondateur du Puy du Fou, un cadre soupire : « Il nous aurait soutenus pour cette présidentielle, nous aurions été ravis. Mais il ne représente plus rien. Il a longtemps incarné nos valeurs mais il est désormais bon pour l'Ehpad. »

Dans le cercle intime de Nicolas Dupont-Aignan, on se rappelle une réunion stratégique de l'entre-deux-tours, en 2017, juste avant le ralliement du candidat à Marine Le Pen. Bureau politique au sein du QG, face à l'Assemblée nationale. Les cadres dirigeants de Debout la France observent Dupont-Aignan prendre son téléphone et appeler Villiers. « Si tu la soutiens publiquement, je te suivrai », promet le fondateur du Puy du Fou. Nicolas Dupont-Aignan saute le pas. Philippe de Villiers jamais.

En 2022, le « dernier roi de Vendée » ne joue plus au poker menteur. Mais à la bataille. Et il dit à qui veut l'entendre qu'il a un très bon jeu de cartes. ■

> « Macron n'est plus dans la fonction mais dans la névrose, la vindicte, la recherche du bouc émissaire ! "Emmerder" une catégorie de Français ? C'est la phrase de trop. Un tournant. »

Visite du Puy du Fou avec Philippe de Villiers, Emmanuel Macron et Brigitte Macron. Les Epesses (Vendée), août 2016.

Photo de Sébastien Salom-Gomis.

RÉCIT

JEAN-MICHEL FAUVERGUE, L'INVISIBLE M. SÉCURITÉ DU PRÉSIDENT

PAR

Jacques Follorou

Ex-commissaire de police et chef du RAID au moment des attaques terroristes de 2015, Jean-Michel Fauvergue se rêvait en M. Sécurité du quinquennat d'Emmanuel Macron. Rare spécialiste de la sécurité au sein de la majorité présidentielle, il aura surtout incarné le vide de la pensée sécuritaire de la Macronie.

Jean-Michel Fauvergue à l'Assemblée nationale. Paris, mars 2019.

Photo d'Eliot Blondet.
© Eliot Blondet/ABACA

Jean-Michel Fauvergue, député La République en marche (LREM) de Seine-et-Marne, ex-commissaire de police, à la tête de l'unité d'intervention du RAID lors des attaques terroristes de 2015, avait fait partie des nombreux élus à l'Assemblée nationale dans la foulée de l'élection de M. Macron à l'Élysée, en 2017. Étant l'un des rares profils estampillés sécurité, il fut mis en avant par LREM. Il n'était pas dupe, tout en sachant en jouer, d'une notoriété liée aux interventions du RAID contre l'épicerie Hyper Cacher, en janvier 2015, puis au Bataclan en novembre de la même année. Fin 2020, à défaut d'avoir vu d'autres figures de la majorité s'investir dans les sujets de sécurité, c'est lui qui monte au créneau quand vient l'heure de montrer les muscles à l'aube d'une année pré-présidentielle. Il porte avec sa collègue Alice Thourot (LREM, Drôme) la future loi « sécurité globale » qui doit venir relayer la publication par Beauvau, en novembre 2020, du « Livre blanc de la sécurité intérieure », un texte qu'il qualifie de « nouvelle vision » et de base pour un futur « plan Marshall ». L'idée est de répondre à la menace terroriste, aux risques de divorce entre police et population, aux défis

technologiques, et de rassurer les Français. Mais, contrairement aux attentes du gouvernement et de la majorité, rien ne va se passer comme prévu. Mal préparée et mal pensée, cette offensive doctrinale et législative va connaître, en 2021, de nombreux déboires : vives polémiques sur les atteintes aux libertés, notamment de la presse, guérilla législative et censures par le Conseil d'État et le Conseil constitutionnel. Le député Fauvergue va vite passer la main au ministre de l'Intérieur, Gérald Darmanin, au Premier ministre, Jean Castex, et au chef de l'État lui-même. Ce qui frappe alors, c'est que la promesse de « nouvelle philosophie » en matière de sécurité ou de « grand soir » se résume, en fait, à un catalogue de moyens réclamés par les agents sur le terrain. C'est l'urgence qui commande et non la réflexion sur ce qu'est la force en démocratie, son usage et son contrôle. Plusieurs articles de la loi « sécurité globale » illustrent même le vide inquiétant de cette pensée.

C'est l'urgence qui commande et non la réflexion sur ce qu'est la force en démocratie, son usage et son contrôle.

Le concept central du texte défendu par M. Fauvergue, le « continuum de sécurité », est présenté par l'intéressé comme le cœur de sa nouvelle doctrine. Il s'agit surtout, en réalité, d'une logique comptable. Cette terminologie recouvre l'idée de réunir policiers, gendarmes, forces municipales et agents privés de sécurité dans un seul ensemble sécuritaire en rapprochant leurs statuts. Les policiers municipaux se voient, par exemple, mobilisés dans la lutte contre le terrorisme et les pouvoirs des agents privés sont élargis en matière de fouille ou d'armement.

En contrepartie, le législateur augmente le niveau de sanction en cas de dérapage et confie aux procureurs et aux préfets la mission de surveiller une véritable petite armée de 250 000 policiers et gendarmes auxquels s'ajoutent 21 500 policiers municipaux et 170 000 agents privés de sécurité. Début octobre 2021, le député Fauvergue s'en félicitait : « En additionnant policiers et gendarmes – et leur réserve –, la France est l'un des pays d'Europe qui disposent du plus grand nombre d'agents des forces de l'ordre par habitant. »

Pour la Macronie, réformer le système actuel permet de récupérer des milliers d'effectifs pour les redistribuer sur la voie publique, de « mettre du bleu dans la rue », comme aime à le dire Jean-Michel Fauvergue, propos repris par le chef de l'État début janvier 2022. « Ces forces échangent et coopèrent entre elles, justifie l'ancien commissaire. Or ce sont leur articulation et les conditions de leur collaboration qui font une partie importante de la qualité de la coproduction de sécurité dans notre pays. »

La louable intention de professionnaliser les policiers municipaux et les agents privés ou d'alléger la police nationale de tâches éloignées de ses missions essentielles n'enchante pas tout le monde au sein de l'État. L'actuel déontologue du ministère de l'Intérieur, conseiller d'État et ex-directeur de cabinet de ministères régaliens, Christian Vigouroux, écrivait, en 2017, dans son ouvrage *Du juste exercice de la force*[1] : « L'uniformisation [des métiers de sécurité] à marche forcée est artificielle, elle reste une facilité qui montre que la force n'est pas pensée. »

Ce défaut de pensée est également apparu au détour d'un article peu évoqué lors des débats sur la loi « sécurité globale » alors qu'il touche au contrôle même de la force. Le texte a étendu le droit des policiers et des gendarmes à conserver leur arme hors service dans les espaces publics, concerts, bars, musées, etc. Auparavant, ils pouvaient théoriquement le faire mais ils restaient tributaires de l'accord des propriétaires de ces lieux. Désormais, ce verrou a disparu. Ce n'est pas qu'un détail. Ce grignotage vient mordre sur un principe fondamental de la force républicaine : la maîtrise absolue de l'ouverture du feu.

L'alerte est venue des organisateurs de festivals de musique, comme les Vieilles Charrues, à Carhaix (Finistère), pour qui la liberté totale accordée aux policiers de venir armés dans une foule de milliers de personnes accentue les dangers davantage qu'il ne les réduit. Cela multiplie, selon eux, le risque de bavures : algarade alcoolisée qui se termine en drame, course poursuite qui tourne mal après une incivilité ou un manque d'informations qui fait prendre la mauvaise décision.

Cela revient à accorder à un seul individu, sans aucun filtre institutionnel, un droit élargi de vie ou de mort.

Pour M. Fauvergue, c'est bien le moyen d'anticiper un « nouveau Bataclan », car, d'après lui, si les trois policiers venus ce soir-là au concert, à titre personnel, avaient été armés, l'issue en aurait été changée. Outre le fait que convoquer un tel épisode traumatique interdit toute discussion, cette idée reste hypothétique et ne peut, à elle seule, modifier les conditions de l'ouverture du feu.

Le glissement peut paraître subtil, mais il interroge les fondements d'une démocratie. Cela revient à accorder à un seul individu, sans aucun filtre institutionnel, un droit élargi de vie ou de mort. Or, cette personne peut-elle être juge et partie d'une telle force ? En réaction à un événement traumatique, le Bataclan, on crée les conditions d'une justice privée en acceptant de faire reposer une norme collective sur la confiance *a priori* en l'initiative d'un seul individu. Une pente dangereuse et contraire au pacte républicain. La force est au service du droit qui garantit le strict principe de proportionnalité face à la menace. Le diable est dans les détails.

L'absence de débat sur ces questions faisait écho au silence de Christophe Castaner, alors ministre de l'Intérieur, après certaines déclarations de syndicalistes policiers sur l'ouverture du feu lors des manifestations de Gilets jaunes. Le 8 décembre 2018, les syndicats Unité SGP Police-FO et France Police arguaient du risque réel de « voir leurs collègues, dans un état de légitime défense, vouloir sauver leur peau » en utilisant leur arme. Aucun membre du gouvernement ne condamnait des propos qui venaient fragiliser, voire menacer, les règles de l'ouverture du feu. Une semaine plus tôt, le secrétaire national du syndicat Alliance Police nationale avait réclamé le renfort de l'armée face aux Gilets jaunes, comme si le droit et le pouvoir civil ne pouvaient gérer un danger sans s'en remettre aux militaires.

Cette inquiétante dérive n'est pas née avec l'arrivée d'Emmanuel Macron au pouvoir. Le terrorisme a laissé des traces chez les dirigeants comme au sein de l'opinion. La militarisation des esprits et l'illusion du risque zéro ont durablement atteint la confiance en la force civile et républicaine. Et les bonnes intentions résistent mal à la pression qui pèse sur le ministère de l'Intérieur, souvent appelé le « ministère de l'Urgence ».

En 2016, Emmanuel Macron s'inscrivait contre les « gouvernements de l'anecdote ». Il ajoutait : « Si à chaque événement nous devons changer de politique, cela signifie que nous ne sommes pas sûrs de la politique que nous menons. » Six ans plus tard, il se réclame du « pragmatisme ». Venu à Nice, le 10 janvier 2022, pour parler sécurité, il ne s'est pas attardé sur la notion de force républicaine. Il a préféré, comme ses prédécesseurs, égrener une liste d'épicier ou un inventaire à la Prévert, au choix : 3,5 milliards d'euros supplémentaires pour le ministère de l'Intérieur en cinq ans et 15 milliards d'euros pour la police et la gendarmerie au cours d'un éventuel prochain quinquennat... ■

1 – Christian Vigouroux, *Du juste exercice de la force*, Odile Jacob, 2017.

CARNETS SECRETS

L'ART DE LA MEUTE

PAR
Iban Raïs

**Meute : nom féminin.
Bande, troupe (de gens acharnés à la poursuite, à la perte de quelqu'un).**

SAME

Page précédente : Des journalistes parqués sur une remorque filment Nicolas Sarkozy, alors candidat à l'élection présidentielle. Camargue, avril 2007.

Photo de Dominique Faget.

Quand je pense à la meute, il y a d'abord une scène du *Roi lion*, le dessin animé de Walt Disney, qui me vient en tête. Celle où Mufasa, roi de la savane, tombe dans le ravin et finit piétiné à mort par un troupeau de gnous… Toutes proportions gardées, en année présidentielle, une meute, c'est à peu près ça. Des dizaines de journalistes, de caméras, de photographes, de perches à son qui avancent, reculent, s'arrêtent d'un coup pour mieux repartir et balaient tout sur leur passage… Pour suivre au plus près une personnalité politique et ne rien rater de ses déclarations.

Pendant mon enquête sur cet exercice journalistique brûlant, j'ai entendu toutes sortes de métaphores. Les meutes, c'est un *sport*, c'est la *guerre*, il n'y a *aucune règle*, c'est une *corrida*… Elles se sont toutes vérifiées. La meute est d'abord un phénomène français : dans aucun autre pays les journalistes ne travaillent dans un tel chaos. Aux États-Unis, par exemple, les politiques parlent autant, voire plus, aux journalistes, mais de manière plus organisée, plus posée. Finalement, quoi de plus français que cet amour du boxon politique ? Pour toutes ces raisons, ma première meute, pendant cette campagne, a été un désastre.

Qui parle de meute en année présidentielle peut facilement filer la métaphore de la chasse, et ce jour-là… je suis rentré bredouille, micro sur l'épaule. La proie que j'ai ratée ? Anne Hidalgo.

Ce mardi 31 août 2021, les équipes d'Anne Hidalgo, pas encore candidate, donnent rendez-vous aux journalistes sur les quais de Seine, pour l'inauguration de la promenade Gisèle-Halimi, en hommage à la grande avocate féministe. Rapidement, toute la presse est là. Il s'agit de dizaines de caméras, de micros de radios et de journalistes de presse écrite qui attendent la maire de Paris.

Et si l'inauguration est symboliquement importante, l'intérêt pour la meute de journalistes est ailleurs : les rumeurs sur la candidature d'Anne Hidalgo se font de plus en plus pressantes et, forcément, les questions tourneront autour du sujet. Ça y est, elle arrive. Accompagnée d'un aréopage de conseillers et d'officiers de sécurité. Une foule compacte se forme autour d'elle. Elle a un sourire crispé, cela s'annonce déjà compliqué. Premier essai, timide, de ma part. Loupé. Pas même un regard ou un revers de main : elle m'ignore ostensiblement. Ce qui me rassure, c'est que la horde de journalistes qui l'entoure est aussi en réussite que moi. Deuxième essai : sa sécurité m'écarte, et toujours pas de regard de la part de la presque candidate. Elle a gagné, elle ne me répondra pas ce jour-là.

J'aperçois dans l'assemblée Rachida Dati, et décide de tenter ma chance avec une ou deux questions piquantes. Elle va m'avoir comme un bleu. Je m'approche d'elle avec ma camérawoman, tendant mon micro : « Madame Dati, pour *C à vous*… » Je n'ai pas le temps de finir ma question qu'elle me coupe : Oui, bien sûr, je finis mon coup de téléphone et j'arrive », me lance-t-elle, enjouée. Sauf qu'elle n'était pas au téléphone… Elle fait mine de pianoter sur son écran, rentre dans sa berline avec chauffeur, qui démarre en faisant crisser les pneus. Chou blanc, donc. J'ai dû expliquer à mes chefs ce qui s'était passé, et que personne n'avait réussi à avoir une déclaration d'Anne Hidalgo ce jour-là.

Encercler sa proie

Heureusement, journalistiquement, je suis bien entouré. Je prends donc conseil auprès de l'un de mes meilleurs amis, Antoine M., un habitué des meutes, qui m'a littéralement envoyé un tuto expliquant comment performer pendant cet exercice politique périlleux. « Tu es grand, donc déjà, tu as un avantage. Ensuite, quand tu poses ta question, tu la finis, quoi qu'il arrive, même si quelqu'un essaie de te couper. Et tu regardes le politique droit dans les yeux, tu ne le lâches pas ! » m'avait-il recommandé, comme un coach sportif avant un match important.

Des conseils qui m'auront fait grandir, parce qu'après tout, la meute… c'est un sport à part entière. Et ce n'est pas moi qui le dis, mais l'homme qui en a couvert le plus en France, depuis 2014 : j'ai nommé Paul Larrouturou. Pendant des années, pour *Le Petit Journal*, *Quotidien* ensuite, et LCI plus récemment, le reporter a côtoyé les meutes et sait tout d'elles. Depuis le début de la saison, fin août, il en couvre une par jour.

Il en parle quasi scientifiquement, les décrit presque comme des tableaux de maîtres, en détaillant les forces en présence, les enjeux, les mouvements… « Pour que ce soit une bonne meute, il faut qu'il y ait de tout : des caméras, des rédacteurs, des photographes, des perches… Sinon, c'est pas marrant ! » me lâche-t-il, en expert avisé.

Il me raconte ses tactiques, ses déboires. M'avoue avoir mis près de deux ans à comprendre le *game* qui se déroulait sous ses yeux. Aujourd'hui, son analyse est fine : « La meute, c'est

« Ensuite, quand tu poses ta question, tu la finis, quoi qu'il arrive, même si quelqu'un essaie de te couper. Et tu regardes le politique droit dans les yeux, tu ne le lâches pas ! »

un sport de combat, mais aussi une science du placement. » À l'écouter, il y a plusieurs règles simples en meute pour s'en sortir en tant que journaliste. S'habiller chaudement d'abord, parce qu'une meute, « c'est 90 % d'attente pour 10 % d'action ». Ne pas porter de baskets blanches – logique : les meutes, c'est du hors-piste, il faut être accroché et accepter de ne pas tout maîtriser.

De l'autre côté de la barrière, la meute peut aussi être oppressante, comme me le raconte Christophe Castaner, qui préfère parler de « mur » de journalistes. « C'est comme une joute, une corrida, vous êtes le taureau, les questions les banderilles, et les journalistes sont l'arène à dompter », s'amuse-t-il. Il me confirme qu'il faut assumer physiquement de se retrouver devant des dizaines de reporters parfois agressifs, qui souvent vous interrogent sur un sujet dont vous ne voulez pas parler.

Exemple marquant : en février 2020, il se rend à Strasbourg pour un déplacement sur l'immigration. Sauf que la veille, la vidéo intime de Benjamin Griveaux a été révélée, et voilà le ministre de l'Intérieur obligé de travailler en vitesse à une réponse avec ses équipes pour calmer la meute. Le sujet de son déplacement tombe aux oubliettes.

Mais, pour l'actuel député des Alpes-de-Haute-Provence, la meute, c'est d'abord la fameuse salle des Quatre-Colonnes à l'Assemblée nationale, celle par laquelle entrent et sortent les députés de l'hémicycle. C'est tout un théâtre qui prend place dans cette élégante pièce au sol en marbre, avec vue sur le jardin de l'Assemblée...

Bien conscients du poids de l'image, certains députés se cachent, et attendent que la meute ait fini d'interviewer un collègue avant de débouler dans la pièce, dossiers sous le bras, le pas décidé et l'air pressé, juste pour se faire tendre le micro ! « Dans la salle des Quatre-Colonnes, il y a un jeu de séduction, certains tournent et retournent car la meute est qualifiante. En tant que personnalité, elle vous donne une idée de votre place sur l'échiquier politique », ajoute Christophe Castaner. En fouillant dans sa mémoire, il se souvient d'une meute particulièrement violente à laquelle il a assisté, avec Emmanuel Macron, en 2017. Le président n'était encore que candidat, il s'était rendu à Bagnères-de-Bigorre, dans les Hautes-Pyrénées, là où il avait l'habitude de passer ses vacances, enfant. « C'était horrible. Le pire bain de foule que j'aie jamais vu, un mélange de reporters, de caméras et de citoyens, ça s'est bousculé pendant des heures, je suis sorti de cette journée exténué. »

Faire fuir les charognards

Cette idée d'intensité physique, je l'ai comprise lors de ma deuxième meute cette année, pendant la primaire d'Europe Écologie Les Verts (EELV) – l'une des meutes les plus violentes que j'aie couvertes cette année.

Dans un restaurant du centre de Pantin, la journée avait pourtant bien commencé, et j'avais négocié avec les équipes de Sandrine Rousseau un accès privilégié à la candidate, juste avant l'annonce des résultats. Sous l'œil un peu jaloux de la dizaine de chaînes télé présentes ce jour-là, je monte au premier étage pour interviewer la candidate à la primaire des Verts et redescends ensuite pour avoir un mot après les résultats. Elle perd et met donc un peu de temps à descendre. En bas, la grappe de journalistes est compacte, physique. Sandrine Rousseau s'en souvient très bien lorsque j'en parle avec elle quelques mois plus tard : « C'était dur, car la meute m'attendait, et malgré la défaite, je me devais de garder une *poker face* devant ces dizaines de caméras et de micro braqués sur moi. » La finaliste commence alors à répondre aux questions, immobile, encerclée par une forêt de journalistes aux

> « Une fois la meute calmée, j'ai pris une minute pour lui expliquer quelques règles. Ferme, mais correct. »

désirs divers : certaines chaînes comme BFMTV ou CNews sont en direct, et se sentent donc, à raison sûrement, prioritaires sur les autres pour recueillir la réaction la plus fraîche possible. D'autres chaînes ont besoin de ces images pour le soir-même – c'est mon cas pour France 5 et *C à vous*, ce qui ne veut pas dire qu'il faut lâcher un seul centimètre carré si durement gagné pour rester au plus près de la candidate.
Ce jour-là, un média en particulier avait tendu les autres journalistes et l'équipe de la candidate. Le reporter de *Livre Noir*, l'une des rampes de lancement de la candidature d'Éric Zemmour sur Internet, s'était très mal comporté, ajoutant de l'électricité à la défaite. Il poussait les caméramans, et baladait son micro siglé devant les caméras des chaînes télé, quitte à gâcher les plans. Une fois la meute calmée, j'ai pris une minute pour lui expliquer quelques règles. Ferme, mais correct.
S'il était absent ce jour-là, Paul Larrouturou connaît très bien ce genre de meutes. « Il faut être malin, me glisse-t-il. Tu dois comprendre à l'avance le déplacement du politique pour anticiper, avoir un coup d'avance sur les autres. Soit parce que tu t'entends bien avec les attachés de presse et que tu as l'info, soit parce que tu filoutes. Une fois que tu sais où te placer et que ton JRI [journaliste reporter d'images, caméraman dans le jargon télévisuel] t'a bien à l'image, il faut garder ta place, te créer de l'espace avec les épaules, et parfois les coudes. Ça peut être très physique. »
De l'extérieur, le public a peut-être l'impression que c'est le chaos le plus total ; mais il existe des règles tacites, dans une meute. Paul m'explique que, si tous les reporters sont sous la pression de leur rédaction en chef et se doivent d'avoir leurs propres images et questions, c'est la solidarité qui prévaut. « On prend les micros des collègues qui sont un peu loin du politique, on se met à genoux pour ne pas gâcher les photos… C'est un écosystème qui tente de bien se comporter, même si, dans leur forme actuelle, les meutes sont une dérive du journalisme d'aujourd'hui. »
Après son discours de défaite, Sandrine Rousseau a rendez-vous au Dock B, une péniche sur les quais de Pantin, à quelque huit minutes à pied. Huit minutes… en temps normal. Car ce jour-là, la meute ne la lâchera pas. Une grappe informe se met donc à marcher à reculons sur les quais de Pantin, sans regarder derrière elle. Certains journalistes ont vraiment failli tomber dans le canal, et la candidate écolo sauvera même une maman et sa poussette, qui avaient le malheur de se trouver sur la route de ces zombis de l'info.
Le calvaire aura duré une trentaine de minutes, pendant lesquelles Sandrine Rousseau ne sait même plus à qui elle répond, et finalement pourquoi. « Pendant les meutes, on distingue au début les “bonnettes” des micros, donc on sait à peu près à qui on répond. Sauf que, si un journaliste pose une question, tous tendent leurs micros pour avoir ma réponse, donc elle ne nous appartient plus ! » explique l'économiste, bien consciente pourtant que la meute est un passage obligé de la vie politique.
Christophe Castaner a, quant à lui, une autre tactique pendant les grosses meutes. « C'est simple, je choisis les journalistes auxquels je réponds ! Il y a toujours deux ou trois questions qui sont posées en même temps, j'écoute et je vais rapidement vers celle qui m'arrange le plus… » concède-t-il en souriant.
Lorsque je discute avec Sandrine Rousseau, elle aborde rapidement une question finalement évidente de ces mêlées journalistiques : « Vous avez déjà réfléchi à la place des femmes dans ces meutes ? » me demande-t-elle. C'est vrai qu'on voit peu de femmes, dans les meutes. Les hommes prennent toute la place, et la blessure est vite arrivée. Il y a quelques années, j'ai vu un rédacteur se faire ouvrir l'arcade sourcilière par un photographe trop brusque avec son objectif…
Paul Larrouturou m'explique qu'il choisit ses JRI en fonction de la nature des meutes. Aussi, quand il faudra être mobile et se faufiler auprès du candidat, il partira avec une JRI, plus apte à trouver le bon angle et à bouger rapidement. Alors que, pour les grosses meutes violentes, en manifestation, par exemple, il préférera être accompagné par un golgoth, bien costaud sur ses appuis. L'actuel patron de La République en marche (LREM) à l'Assemblée confirme : s'il est plus gaillard que Sandrine Rousseau, il m'explique que dans une meute, il faut être prêt à en découdre, et surtout faire preuve de contrôle, car la meute avance toujours vers sa proie.

Sandrine Rousseau arrive au meeting de la réunion des gauches. Paris, avril 2021.

Photo de Raphaël Lafargue.

Le goût du gibier

Parmi ces différentes mêlées, il y en a une qui déchaîne les passions, la « mère de toutes les batailles », comme la surnomme Paul Larrouturou avec un sourire satisfait : le Salon de l'Agriculture en année présidentielle. Passage obligé des candidats et des candidates pour prouver leur rapport au terroir, le Salon de l'Agriculture attire chaque année près de 700 000 personnes en seulement une semaine. Sur le papier, c'est un cauchemar pour les journalistes. Un perpétuel match de rugby, où tous les coups sont permis. « Je suis souvent ressorti avec des bleus sur les cuisses, j'ai aussi ruiné plusieurs paires de chaussures au Salon ! » s'amuse Paul Larrouturou. Certains candidats peuvent passer plus de dix heures d'affilée à serrer des mains, manger du fromage et boire des coups, avec aux basques des dizaines de reporters en quête d'un bon mot, d'un échange décalé à diffuser.

Si les meutes peuvent avoir des airs de vénerie cette année, il faut bien comprendre que les politiques en raffolent pourtant. Ils les utilisent, s'en servent. Sinon comment expliquer qu'à l'annonce des résultats du premier tour de la primaire des Républicains, Xavier Bertrand se soit fait déposer à 100 mètres du QG de Valérie Pécresse, si ce n'est pour attirer l'attention sur lui ? Le trottoir de la rue de Turin était étroit, et la terrasse du restaurant Le Percolateur doit encore se souvenir du passage du tourbillon : les tables et les chaises avaient volé au passage des journalistes...

Mais les meutes, c'est aussi de l'attention. De l'attention nationale, en direct. Il y a quelque chose de christique, les journalistes attendent la bonne parole... « C'est une question d'ego, les meutes, aussi, tranche Castaner. Salle des Quatre-Colonnes, je ne m'arrête que très rarement devant le mur de journalistes qui m'attend, ma parole est recherchée, c'est un jeu avec ses codes. Un jeu dont il ne faut jamais oublier qu'il peut s'arrêter du jour au lendemain », conclut-il.

Sandrine Rousseau le concède : « C'est parfois grisant. » Elle se souvient que, l'été dernier, avant le premier tour de la primaire EELV, elle n'était pas dans la *hype* médiatique. À l'époque, elle avait failli se faire écraser par une meute qui suivait Éric Piolle, le maire de Grenoble, lui aussi candidat. Mais c'est elle qui sera finaliste, et donc le centre de l'attention des meutes suivantes. « C'est une belle revanche. Il y a bien sûr une part d'ego qui entre en jeu, aussi », admet-elle, rejoignant ainsi le propos de Christophe Castaner.

Celui-ci finit d'ailleurs notre entretien sur une confession. En presque deux années à la tête du ministère de l'Intérieur, jamais le GSMI (le groupe de sécurité du ministre de l'Intérieur, soit une dizaine de policiers spécialisés entourant constamment le ministre) n'a émis la moindre réserve ou consigne à propos d'une meute.

Preuve que les journalistes sont trop sages ?

PAR
Patricia
de Sagazan

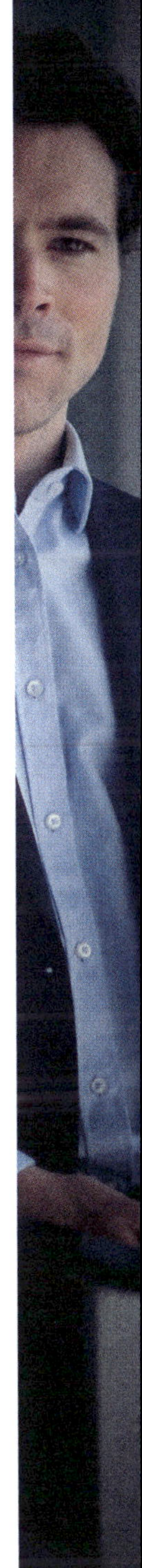

PORTRAIT

Geoffroy Didier, la victoire en changeant

De Sarkozy à Pécresse en passant par Wauquiez et Bellamy, il maîtrise l'art du zigzag permanent. Ses convictions, qui varient, sont au service d'une vocation, qui fleurit. Un parcours entre stratégie et destinée.

Un long silence accueille ses confidences. Le sachet de sucre, à force d'être trituré, a fini par se déchirer. Les grains se répandent sur la table en marbre de l'arrière-salle d'un bistrot jouxtant l'Assemblée nationale. Leurs cafés refroidissent. Deux jours plus tôt, Valérie Pécresse a remporté la primaire de la droite. L'heure est au choix pour Guillaume Peltier. « Avant de prendre la moindre décision définitive, je veux que tu rencontres Valérie », fait promettre Geoffroy Didier à son vieux complice de La Droite forte. Il opine du chef, bien que son regard soit déjà secrètement rivé vers sa droite. Vers Éric Zemmour.

Le rendez-vous a lieu le lendemain, rue de Turin, au siège de Libres !, le mouvement de Valérie Pécresse. La candidate jauge celui qui a été démis de ses fonctions de vice-président du parti Les Républicains (LR) en raison de sa proximité affichée avec Zemmour. Elle craint qu'au moindre sondage défavorable, Peltier ne tourne casaque. Mais elle connaît son talent, la force de ses réseaux. Après une heure d'entretien, Peltier l'interrompt : « Valérie, je n'ai qu'une seule question : me promets-tu de ne jamais rallier Macron ? » À cette question binaire, il n'obtient aucune réponse assez claire à son goût. Il referme la porte du bureau. Croise son ancien compère de La Droite forte dans le couloir. Leurs chemins politiques se séparent là.

Le fils prodigue

L'un est aussi sanguin que l'autre est placide. L'impétuosité de Peltier, pressé d'y « arriver », contraste avec la patience de Didier, qui construit son ambition dans la durée. Le premier, issu d'un terreau familial simple, a comme terrain de jeu politique la ruralité quand le second est un pur produit de la haute bourgeoisie parisienne et des cabinets ministériels. Quand l'un débroussaille à la tronçonneuse chaque haie freinant son parcours, l'autre

Geoffroy Didier à Paris, mai 2014.

Photo de Nicolas Gouhier.

Sous couvert d'anonymat, un autre membre de la garde rapprochée nous assure pourtant qu'« elle s'en méfie comme de la peste et préfère le garder à l'œil que de le savoir évaporé dans le cloud ».

pousse à l'ombre de grands chênes qu'il étêtera le moment venu pour capter à lui la lumière. La complémentarité du tandem fit le succès de La Droite forte, mouvement qu'ils échafaudèrent au lendemain de la défaite de Nicolas Sarkozy. Unis par leur sarkolâtrie, les « enfants terribles », comme aimait à les appeler leur ex-idole, ont essuyé ensemble l'algarade des barons furibonds s'offusquant que des « petits cons sans morale » et « jamais élus sur leurs pommes », s'accaparent l'héritage sarkozyste. Ensemble, leur insolente jeunesse a conquis les urnes militantes, plaçant La Droite forte en tête des motions. Maniant habilement les buzz et les clashs que provoquent leurs sorties très droitières visant à heurter la bien-pensance, ils deviennent la chair à canon des chaînes d'information. Un accélérateur de carrière plus efficace encore que l'exercice périlleux du suffrage direct. « On avait en nous cette même furieuse envie de troubler le système, de transgresser », se rappelle Didier. De cette aventure est né un lien indéfectible. Après avoir cheminé épaule contre épaule, ils se retrouvent aujourd'hui face à face, l'un porte-parole de Zemmour, l'autre directeur de la communication de Pécresse. « On s'est promis de ne pas se faire de mal. Il y a une solidarité qui existe heureusement parfois dans la vie politique », explique-t-il. « Cette complicité, ces souvenirs, ça compte, on ne peut pas faire table rase », acquiesce Peltier. Tous deux ont tacitement scellé un pacte de non-agression qu'ils s'imposeront tout au long de la campagne.

À La Fabrique, ancien siège d'Endemol situé dans le 17ᵉ arrondissement et transformé en QG de campagne de Valérie Pécresse, Geoffroy Didier partage son bureau avec le conseiller en communication Jean-Marc Zakhia et la plume Igor Mitrofanoff. Au mur est placardée l'affiche du film *Le Retour du Jedi*, offerte par la « cinévore » Pécresse au fils prodigue lorsqu'il a réintégré ses équipes pour la dernière campagne des régionales, après quelques aventures personnelles au côté de Laurent Wauquiez. « Il s'agissait d'un clin d'œil pour marquer son retour de Bruxelles ! » se défend de toute ironie Pécresse. En veut-elle à celui qu'elle avait nommé vice-président de la région Île-de-France de l'avoir abandonnée pour diriger la campagne de Wauquiez, son ennemi juré, à la tête des Républicains ? « C'est une élection à laquelle je n'étais pas candidate. Ce n'est en rien une trahison. Puis j'ai compris qu'il avait son chemin à faire pour retrouver celui de la politique nationale », l'absout Pécresse. Si, sous couvert d'anonymat, un autre membre de la garde rapprochée nous assure pourtant qu'« elle s'en méfie comme de la peste et préfère le garder à l'œil que de le savoir évaporé dans le cloud », le directeur de campagne Patrick Stefanini clôt le débat : « Quand vous êtes un grand fauve politique, vous ne faites plus attention aux cicatrices. Valérie est une chiraquienne, une pragmatique. Et elle a besoin de Geoffroy », louant au passage son intelligence vive, son sens de la formule, son imagination débordante qui en font un collaborateur très « précieux » pour la candidate.

Traduire en slogans un programme pour marquer les esprits. Trouver la formule qui tue. L'une de celle qui fait mouche, imprime et change la trajectoire d'une campagne. L'épigramme, en somme, qu'on accole au blason de la victoire. « Il a cette obsession et se rêve en Josh Lyman, le conseiller politique *deus ex machina* du président dans la série *À la Maison-Blanche* », raille un proche de Pécresse de la même génération que Didier, s'agaçant de son côté courtisan cherchant à flatter le monarque d'un bon mot. Ce vendredi de janvier où nous poursuivons notre entretien en flânant dans le quartier de La Fabrique, Geoffroy Didier nous raconte le café qu'il a pris le matin même avec Manuel Valls.

On s'étonne. « Je l'ai consulté comme ancien directeur de la communication d'une campagne présidentielle victorieuse, voilà tout », feint-il de se justifier. L'ancien Premier ministre lui a confié l'un des ingrédients de la recette miracle qui porta Hollande au pouvoir : la surprise. Ses yeux brillent et ses fossettes se creusent à l'évocation de cette fameuse taxation à 75 % des hauts revenus. La mesure, totalement absente du programme du Parti socialiste, est sortie du chapeau de Hollande sur un plateau télé alors que la campagne patinait. Qu'importe si quelques mois plus tard la promesse se mue en farce après sa censure par le Conseil constitutionnel : véritable marqueur de la campagne, « l'annonce leur permit de sortir d'un faux plat », s'enthousiasme Didier. Et d'entamer une ascension vers l'Élysée.

Tu tueras le père

« Depuis que j'ai la taille de cette table, j'ai envie de faire de la politique. C'est en moi », nous confie-t-il en frappant du plat de la main le guéridon auquel nous sommes attablés. Chez les Didier, pas de grand-père député dans les yeux duquel on cherche à briller. Pas de blessures, non plus, ni de brisures personnelles desquelles jaillissent une ambition à tous crins ou un furieux besoin de revanche. « C'est comme ça, c'est là. » Son père, Michel Didier, polytechnicien et brillant économiste a travaillé pour plusieurs cabinets ministériels gaullistes. « Mais il me déconseillait plutôt de faire de la politique. Il considère que ce n'est pas dans ce milieu que les compétences sont les plus valorisées. » S'il faut trouver une origine à son rêve de gosse, c'est du côté de sa mère qu'il faut se tourner. À l'âge où les enfants tirent la manche de leur maman pour réclamer un autre tour de manège, c'est aux meetings de Chirac que sa militante de mère le traîne, et il en est enchanté. Le jeune tribun fait des discours dans sa chambre sous les regards circonspects de ses deux grands frères. Au pied de son lit s'accumulent des livres politiques et des collages de Mitterrand et de Chirac pour alimenter la revue de la cohabitation qu'il a créée. Lorsqu'il s'endort, c'est en président de la République qu'il se rêve. « J'ai osé dire sur le plateau de Ruquier quelle était mon ambition. Je me suis pris un tel tollé sur les réseaux sociaux que je tais désormais mon rêve d'enfant. »

Il avoue volontiers sa fascination pour « ceux qui parviennent à transformer leur parcours en destin ». Chaque année, il s'offre un curieux pèlerinage : il loue la chambre numéro 15 de l'hôtel Au Vieux Morvan à Château-Chinon, sanctuaire où Mitterrand apprit sa victoire à la présidentielle de 1981. Il aime randonner vers le sommet du mont Beuvray et se promener dans le petit village de Sermages où Tonton posa pour l'affiche « La force tranquille », après avoir pris soin de décoiffer le clocher de sa croix.

Pour favoriser l'alchimie qui transforme une trajectoire en destinée, Geoffroy Didier va cumuler les diplômes. « Je ne voulais pas dépendre psychologiquement, statutairement et financièrement de la politique. Mes études m'ont permis ce coussin de sécurité et de liberté qu'offre un métier. Désormais, je peux prendre mon risque en politique », analyse celui qui est encore associé au cabinet Carbonnier Lamaze Rasle & Associés. Après un DEA en droit des affaires à Assas, Sciences Po puis l'Essec, il s'envole vers son autre rêve de gosse : les USA. Direction Columbia, puis Harvard, avant de passer le barreau de New York. Une fascination nourrie par des *road trips* familiaux dans l'Ouest américain et des *summer camps* dans des campus où il allait, ado, pendant que son économiste de père faisait des recherches au MIT à Cambridge. Après deux ans passés dans les fusions-acquisitions au sein du prestigieux cabinet Skadden Arps, qui a inspiré le roman *La Firme* de John Grisham, Didier rentre en France. « Non pas que la politique m'attendait, mais je voulais tenter le coup. » Et puis, de l'autre côté de l'Atlantique, Nicolas Sarkozy émerge.

Il intègre le cabinet de Jean Veil, ami de ses parents à l'île de Ré, pour faire du pénal des affaires. Il travaille sur le dossier Robert-Louis Dreyfus dans l'affaire des comptes de l'Olympique de Marseille. Croise dans les couloirs Dominique Strauss-Kahn, ami et client de Veil. Pour atteindre la cible Sarkozy, il écrit une lettre à Brice Hortefeux, qu'il identifie comme l'homme le plus proche de celui qui est alors ministre de l'Intérieur. Son employeur connaissait son dessein politique. « Alors quand Hortefeux m'a proposé d'entrer dans son cabinet, il m'a dit de laisser mes dossiers et de filer vivre mon aventure ! » se rappelle Didier. Du ministère des Collectivités territoriales à l'Intérieur en passant par le Travail et l'Immigration, Geoffroy Didier suivra Hortefeux comme son

Guillaume Peltier et Geoffroy Didier à Montmartre après que leur motion La Droite forte a été annoncée grande gagnante du congrès de l'UMP. Paris, décembre 2012.

Photo de Thierry Esch. © Thierry Esch/*Paris Match*

ombre. Dans la cabine de pilotage que sont les cabinets ministériels, il s'arme politiquement ; minutieusement, il apprend, absorbe, décortique les psychologies humaines, met à l'épreuve l'agilité que requiert la gestion de crise. Hortefeux ne pourra bientôt plus se passer de ce collaborateur dont il loue encore « l'éducation, l'intelligence, le travail et la loyauté ». Leur relation quasi filiale durera près de dix ans. « Puis j'ai voulu m'émanciper, exister par moi-même. Cesser de n'être identifié que comme simple collaborateur », nous confie Didier. Et pour cela, il lui faudra tuer le père.

Novembre 2016, rue de Vaugirard. « Pour qui te prends-tu ?! » l'interpelle Hortefeux en le saisissant par le col et en lui « parlant dans la gorge », comme aurait dit Charles Pasqua. Sa fureur est à la mesure de l'offense. Après une tentative avortée de se présenter lui-même à la primaire de la droite, Geoffroy Didier vient d'annoncer à son parrain qu'il soutiendra *in fine* Alain Juppé. « Au vu de son âge, c'était pour moi le seul candidat susceptible de mettre en avant la jeune génération », analyse Didier. Pour Hortefeux, c'est une blessure profonde. « Visiblement, mon influence a été très modeste en termes de fidélité », souffle Hortefeux, qui regrette depuis 2012 le parcours en zigzag de son ex-collaborateur, de Sarkozy à Juppé, de Wauquiez à Pécresse en passant par Bellamy pour revenir de nouveau dans le giron de Pécresse. « On peut faire carrière en politique sans coup de dague ni trahison. Il est parfois plus simple et confortable d'être loyal », l'avait pourtant averti Hortefeux. « J'avais prévenu Brice de faire attention à lui et de veiller à ce qu'il soit traité par Sarkozy, notamment au moment des régionales de 2015. Quand on a du talent, ça finit toujours par se voir et on n'a rapidement plus besoin de personne », observe Alain Carignon, l'autre parrain sarkozyste rencontré dans les couloirs de Beauvau d'où il pilotait le groupe Fourtou, cercle informel de chefs d'entreprise et de personnalités des médias œuvrant à la réélection de Sarkozy. Après l'altercation, Geoffroy Didier envoie une longue lettre à Hortefeux pour s'expliquer. Il l'évitera soigneusement pendant quelques années jusqu'à leurs retrouvailles dans un bar d'hôtel, non loin du *Figaro*.

Il en est un qui n'a rien oublié. Dans son bureau de la rue de Miromesnil, la seule évocation de son nom déclenche encore des tics nerveux à Nicolas Sarkozy. Hortefeux n'a pas su tenir ses troupes et a laissé par mégarde entrer un traître au sein de sa garde rapprochée. « Je n'ai trahi personne ! Je n'ai jamais été le collaborateur de Sarko ! Puis j'estime avoir fait amplement mon devoir et conquis le droit de m'autonomiser

Novembre 2016, rue de Vaugirard. « Pour qui te prends-tu ?! » l'interpelle Hortefeux en le saisissant par le col et en lui « parlant dans la gorge », comme aurait dit Charles Pasqua.

après avoir avivé la flamme sarkozyste aux côtés de Guillaume pendant toute la période de La Droite forte ! » se défend Didier.
Impitoyable, Sarkozy donne l'ordre de placer en septième position sur la liste aux européennes de 2019 son ami Frédéric Péchenard, en lieu et place de Geoffroy Didier. Wauquiez, pour qui Didier avait mené deux ans plus tôt la campagne pour la tête du parti et à qui il vient tout juste de confier la direction de cette bataille conduite par Bellamy, tient face aux injonctions de Sarkozy.
Geoffroy Didier sait parer les coups. « C'est un type hyper sympa, mais qui peut se révéler scorpion si on l'attaque. Ce n'est pas un tordu mais il sait parfaitement se défendre », le décrit son complice Peltier. Comme tirer les ficelles dans la coulisse, façon *Baron noir*. Jugez plutôt. Alors qu'elle était donnée perdante lors des législatives de 2017 dans les Hauts-de-Seine, Constance Le Grip fait partie de ces miraculés du tsunami LREM. À la faveur d'une plainte accusant son concurrent de « violences conjugales », largement relayée dans la presse et coincée dans les essuie-glaces de toutes les voitures de Puteaux et de Neuilly, elle remporte haut la main la circonscription. Un coup de billard à trois bandes pour un Didier œuvrant largement à la diffusion de l'affaire… Constance Le Grip rejoint alors la chambre basse et laisse sa place au Parlement européen à… Geoffroy Didier, le suivant sur la liste de 2014.
De la droite décomplexée de Sarkozy à celle, centriste, de Pécresse en passant par celle, conservatrice, d'un Wauquiez et d'un Bellamy, Geoffroy Didier s'étonne que l'on puisse s'interroger sur ses convictions. « La droite n'est pas un théorème, elle n'est pas définie par une abscisse et une ordonnée. Je ne suis pas un idéologue, prisonnier de ma pensée. La société évolue, chacun est influencé par pointillisme et a le droit de changer », se défend Geoffroy Didier. Après tout, l'impressionnisme est un art… ■

RÉSEAUX

OMBRES CHINOISES

PAR

Timothée de Rauglaudre

Dans les réseaux d'influence franco-chinois, il n'est pas rare de croiser des politiques. Alors que chercheurs et parlementaires alertent sur le poids croissant de Pékin, la question demeure désespérément absente de la campagne présidentielle.

À quelques pas du parc Monceau, dans le 8e arrondissement de Paris, l'Hôtel du Collectionneur fait face à une pagode rouge brique, érigée dans les années 1920 sur l'ordre du marchand d'art chinois Ching Tsai Loo. Au sous-sol de l'hôtel de luxe, en ce jeudi de la mi-décembre 2021, deux bonnes centaines de personnes discutent dans un brouhaha étouffant, autour d'un verre de vin et de quelques huîtres. On y croise principalement des patrons d'entreprises françaises, mais aussi des journalistes, des sportifs ou des influenceurs célèbres. Parmi les invités de marque, Laurent Dassault, fils de Serge et petit-fils de Marcel, l'ancienne présidente de la SNCF et secrétaire d'État Anne-Marie Idrac, le communicant Stéphane Fouks, l'ex-directeur du renseignement intérieur Bernard Squarcini, Guillaume Sarkozy, frère aîné de l'ancien président de la République, mais également des hauts dirigeants de Huawei France et des journalistes de la télévision d'État chinoise.

Vers midi, la véritable star de l'événement fait son entrée. Vêtu d'un col roulé et d'une veste de costume bleu marine, Jacques Séguéla paraît en pleine forme du haut de ses 87 ans. Le publicitaire, qui a assuré la communication de nombreuses campagnes politiques, dont celles de François Mitterrand et Lionel Jospin, s'est aussi fait remarquer pour ses phrases chocs : il affirmait en 2009 que « si à 50 ans on n'a pas une Rolex, on a quand même raté sa vie » ou encore, deux ans plus tard, que « le salaire moyen d'un Chinois, c'est 10 % du SMIC, et ils sont heureux ». Une nuée de photographes l'encercle soudain pour l'immortaliser aux côtés de convives chinois, devant un *photocall* où figure le logo du Chinese Business Club. Il l'ignore encore – officiellement, du moins –, mais c'est pour célébrer son anniversaire, avec deux mois d'avance, que se sont rassemblés le gratin de l'élite parisienne et quelques personnalités chinoises d'influence.

Harold Parisot ne connaissait pratiquement rien à la Chine lorsqu'il a lancé ce club, qui fêtera cette année ses 10 ans d'existence. Jeune diplômé de l'École supérieure des sciences économiques et commerciales (Essec), il a travaillé dans les télécoms avant de se mettre à son compte en 2010. « J'ai commencé par faire de l'intermédiation pour de riches étrangers qui voulaient acheter en France, raconte le jeune premier rasé de près, les jambes croisées, au bar de l'Hôtel Barrière Le Fouquet's, où il a ses habitudes. Rapidement, je suis entré en contact avec de riches Chinois qui, systématiquement, voulaient rencontrer des politiques français, des chefs d'entreprise français, des marques françaises à vendre. C'est vraiment les Chinois qui m'ont donné l'idée de créer ce club. »

Emmanuel Macron et Xi Jinping quittent l'Arc de Triomphe après avoir déposé une gerbe sur la tombe du soldat inconnu. Paris, mars 2019.

Photo de Francois Mori.

S'il assure à qui veut l'entendre ne pas être un agent d'influence de Pékin, Jean-Pierre Raffarin véhicule régulièrement les éléments de langage du régime.

Une décennie plus tard, le succès est indéniable. Une centaine d'entreprises et organismes sont membres du club, de BNP Paribas Banque privée à Disneyland Paris en passant par Dassault. Côté chinois, quelques géants comme Huawei, Alibaba, Comac, et même l'ambassade de Chine. Le *membership*, qui ne coûte pas moins de 9 500 euros par an, permet d'accéder aux événements organisés tout au long de l'année : conférences, cocktails, mais surtout les fameux déjeuners qui se déroulent dans les hôtels les plus huppés de la capitale. « Désormais, c'est le premier réseau d'affaires franco-chinois », pavoise Harold Parisot. Pour y parvenir, il a visé un « positionnement le plus premium et le plus haut de gamme possible ». Les « invités d'honneur » servent de vitrine. En juin 2015, c'était Emmanuel Macron, alors ministre de l'Économie. Six mois plus tard, il décorait le fondateur du Chinese Business Club de l'ordre national du Mérite. En novembre dernier, Nicolas Sarkozy était présent, accompagné de son frère Guillaume et de son fils Jean. Au mois de juillet prochain, l'homme d'affaires l'espère, ce sera au tour de l'ancien Premier ministre Édouard Philippe. Résultat, neuf sociétés sur dix renouvellent chaque année leur adhésion au club. Mais attention : « C'est vraiment un réseau d'affaires, on ne parle pas politique. »

Ce qui n'empêche pas Harold Parisot d'avoir sa propre vision des relations franco-chinoises, préférant la « coopération » à la « confrontation », balayant toute esquisse de critique en renvoyant aux méfaits des États-Unis, ne tarissant pas d'éloges à l'égard des Chinois, des « bosseurs », des « entrepreneurs dans l'âme » qui « ne font pas trop de bruit » : « Il n'y a pas de Chinois dans les prisons françaises, par exemple », ose-t-il. Avant la pandémie, il se rendait en Chine deux fois par an, rencontrait des expatriés français, des patrons et des officiels chinois. Et les Chinois le lui rendent bien, en envoyant à ses déjeuners les plus grands noms de l'économie et de la politique du pays, deux domaines particulièrement imbriqués dans l'empire du Milieu. « Pour les officiels chinois, le protocole est essentiel et donc la fonction des gens qu'ils voient est importante, explique le journaliste Clément Fayol, auteur du livre *Ces Français au service de l'étranger*[1]. C'est pour ça que, ces dernières années, on a vu apparaître de plus en plus de think tanks, de fondations, de soirées avec des officiels français, des anciens ministres, des gens en exercice. Réussir à atteindre des hautes personnalités françaises est au cœur de leur stratégie d'influence et de leur communication officielle. »

Au sous-sol de l'Hôtel du Collectionneur, le discours inaugural de Jacques Séguéla se termine et les convives peuvent entamer un déjeuner de choix : foie gras, canard et l'incontournable tarte au citron meringuée. À notre table, une cadre haut placée de Disneyland Paris, une journaliste ou encore une jeune businesswoman chinoise qui s'agite d'une table à l'autre pour récupérer des cartes de visite. D'après Harold Parisot, les Chinois accordent beaucoup d'importance au *guanxi*, c'est-à-dire les relations interpersonnelles. « Vous devriez parler à Jean-Pierre Raffarin », nous glisse un voisin, qui a choisi de faire passer son activité, naguère sous la bannière étasunienne, entre les mains d'un investisseur chinois, plus fiable et moins court-termiste d'après lui. L'ancien Premier ministre est un habitué des déjeuners du Chinese Business Club, au même titre que Laurent Dassault, le médecin et homme politique Philippe Douste-Blazy ou l'ancienne ministre Michèle Alliot-Marie. « Raffarin, il fait partie des murs, c'est M. Chine, s'amuse Harold Parisot. Il m'a fait venir des gens importants au Chinese. »

Ce cadre historique de la droite française a mis les pieds en Chine pour la première fois de sa vie en 1976, au sein d'une délégation de jeunes giscardiens. En mars 2003, alors que l'épidémie du syndrome respiratoire aigu sévère (SRAS), apparue en Chine, bat son plein, la plupart des dirigeants européens refusent de s'y déplacer. Mais Jean-Pierre Raffarin, incité par Jacques Chirac et contre l'avis du médecin de Matignon, décide de s'y rendre. Cette poussée d'héroïsme lui vaudra d'être qualifié de « vieil ami du peuple chinois » par l'agence de presse officielle du régime. En 2019, il se

1 – Clément Fayol, *Ces Français au service de l'étranger. Affairisme, mélange des genres ou naïveté : quand notre élite oublie la France*, Plon, 2020.

Jean-Pierre Raffarin au palais de l'Assemblée du Peuple. Pékin, Chine, avril 2013.

Photo de Nicolas Gouhier.

voit remettre devant 6 000 dignitaires chinois la plus haute distinction du pays, la médaille de l'Ordre de l'Amitié. « Quand l'ambassade de Chine m'a demandé si j'accepterais de recevoir cette décoration, j'ai tout de suite demandé au Quai d'Orsay quelle devait être ma réponse, raconte l'ex-Premier ministre. La réponse fut sans appel : "Acceptez, c'est une belle et bonne manière pour la France." Notre diplomatie a toujours été associée à mon action. » Jusqu'alors, un seul Français avait eu droit à cet honneur, l'industriel de la biologie et milliardaire Alain Mérieux, proche du président Xi Jinping. « Les Chinois ont besoin de s'appuyer sur des personnalités étrangères, pour donner l'impression qu'ils ont une vocation pour le monde, décrypte Clément Fayol. Ils vont chercher des ministres, d'anciens ministres, des hauts fonctionnaires qui vont relayer leur discours. Pour eux, c'est précieux. »

Devenu l'homme des réseaux franco-chinois, Jean-Pierre Raffarin a réussi à jouer un rôle diplomatique auprès de tous les présidents de la République depuis Jacques Chirac, ne manquant aucun déplacement élyséen. En 2018, il est devenu représentant spécial du ministère des Affaires étrangères pour la Chine. « En Chine, il est reçu comme un chef d'État », observe le sénateur La République en marche (LREM) André Gattolin, critique de longue date de la politique chinoise et membre de l'Alliance interparlementaire sur la Chine, financée par des fondations proches des intérêts de Washington. S'il assure à qui veut l'entendre ne pas être un agent d'influence de Pékin, Jean-Pierre Raffarin véhicule régulièrement les éléments de langage du régime, que ce soit à la télévision d'État ou dans son livre écrit avec son épouse Anne-Marie, uniquement publié en chinois, en 2011, intitulé *Ce que la Chine nous a appris*[2]. Dans ces pages, il assure que « les dirigeants chinois sont tous d'une grande qualité », que l'absence d'opposition politique a son utilité et milite pour un nouvel axe « Eurochine » face à l'hégémonie étasunienne. En février 2020, à l'aube de la pandémie de Covid-19, il écrivait encore dans *Le Quotidien du peuple*, l'organe de propagande officiel du Parti communiste chinois : « J'ai été impressionné par les mesures fortes et efficaces et les capacités d'organisation et de mobilisation du gouvernement chinois démontrées lors de la lutte contre le coronavirus, et qui représentent vraiment les atouts du système chinois ! » Un discours qui avait déjà alerté les renseignements français, qui l'avaient convoqué en 2018 à un « entretien de

2 – Anne-Marie Raffarin, Jean-Pierre Raffarin, *Ce que la Chine nous a appris*, Shijie Zhishi Chubanshe, 2010.

Chaque événement de l'association fait l'objet de photos et de discours largement relayés en Chine. « Un ancien patron de la DGSE m'a dit que tout était envoyé à Pékin », glisse un parlementaire, sous couvert d'anonymat.

sensibilisation », comme l'avait révélé *Le Canard enchaîné*. « Si ma mission auprès du Quai a de l'influence, c'est en Chine et au bénéfice des entreprises françaises », se défend l'homme politique. Pour l'élection présidentielle qui s'annonce, son cœur balance entre Emmanuel Macron et Valérie Pécresse – il imaginerait bien une cohabitation. L'ancien Premier ministre n'est cependant pas le seul homme politique proche du pouvoir à fréquenter les cercles d'influence franco-chinois.

Dans un café chic du centre de Paris, Nicolas Macquin paraît méfiant. Il préfère que notre entretien ne soit pas enregistré. Ce directeur d'un fonds d'investissement a « découvert la Chine en faisant un petit investissement à Hong Kong ». En 2012, il a cofondé la France China Foundation, une organisation à but non lucratif qui vise à « encourager les relations franco-chinoises », aux côtés de l'écrivaine française d'origine chinoise Shan Sa, d'Arnaud Ventura, cofondateur avec Jacques Attali de l'organisation Positive Planet, qui vise à lutter contre l'exclusion par le biais de l'entrepreneuriat, et d'Emmanuel Lenain, qui a été conseiller diplomatique d'Édouard Philippe lors de son passage à Matignon. L'association s'inspire explicitement de la French-American Foundation, créée en 1976 sous l'impulsion de Valéry Giscard d'Estaing et de Gerald Ford pour « favoriser les relations au moment où il y avait beaucoup d'*American bashing* », explique Nicolas Macquin. Lui-même a fait partie de la promotion 2010-2011 des Young Leaders, ce qui lui a permis de répliquer aisément le modèle dans sa version franco-chinoise. Chaque année depuis 2013, une quinzaine de personnalités françaises du monde des affaires, de la culture ou de la politique fréquentent leurs homologues chinois lors de voyages organisés en France et en Chine. Si les profils politiques « représentent une extrême minorité » des promotions, leur gabarit a tout de même de quoi étonner : Édouard Philippe la première année, puis l'ancien ministre de la Culture Franck Riester, la députée LREM Coralie Dubost, compagne jusqu'à récemment d'Olivier Véran, ministre de la Santé, mais aussi le ministre des Transports Jean-Baptiste Djebbari. En 2021, Philippe Englebert, conseiller entreprises, services financiers, attractivité et export du président de la République et du Premier ministre, figure parmi les heureux élus de la nouvelle promotion.

Il faut dire que, parmi la centaine de candidatures reçues chaque année, seuls les « profils d'excellence » sont retenus. « Il ne faut pas aller chercher d'intention plus politique », plaide Nicolas Macquin. Côté chinois, les Young Leaders sont sélectionnés par une organisation dépendant directement du ministère des Affaires étrangères. « C'est vraiment l'État chinois qui est l'organisateur pour proposer les candidats, organiser les voyages. » Si le cofondateur de l'association affirme que le financement des événements ne provient que de groupes français qui « peuvent avoir la Chine comme territoire de prospection », le journaliste Antoine Izambard révélait dans son livre *France-Chine, les liaisons dangereuses* [3] que le gala organisé en 2018 au château de Versailles comptait parmi ses principaux sponsors la multinationale chinoise Huawei. On y croisait, là encore, Jean-Pierre Raffarin, qui fait partie du conseil stratégique de la France China Foundation. « Quand on débutait, on l'a vu, raconte Nicolas Macquin. Il était incontournable dans les relations franco-chinoises, on a voulu avoir son blanc-seing. » Chaque événement de l'association fait l'objet de photos et de discours largement relayés en Chine. « Un ancien patron de la DGSE m'a dit que tout était envoyé à Pékin », glisse un parlementaire, sous couvert d'anonymat.

Le cercle d'influence a toujours évité les « éléments clivants », observant une « neutralité bienveillante qui permet de parler à tout le monde », souligne Nicolas Macquin. Autrement

3 – Antoine Izambard, *France-Chine, les liaisons dangereuses. Espionnage, business... Révélations sur une guerre secrète*, Stock, 2019.

dit, exit le sort des Ouïghours – qualifié fin janvier 2022 de « génocide » par une résolution votée à la quasi-unanimité à l'Assemblée nationale, le seul vote « contre » étant celui de Buon Tan, député LREM d'origine chinoise –, la gestion de la pandémie ou l'autoritarisme grimpant de Xi Jinping, désormais président à vie. Cependant, l'atmosphère des relations franco-chinoises a changé ces derniers temps, relève l'investisseur : « Aujourd'hui, le climat s'est un peu tendu, à cause du Covid-19 et des atermoiements américains. » En effet, des chercheurs et des personnalités politiques de tout bord alertent depuis des années sur la naïveté des élites françaises face à l'influence chinoise, et il semblerait que leur lobbying commence à produire ses effets. En septembre 2021, le Sénat a adopté un rapport d'information sur les « influences étatiques extra-européennes dans le monde universitaire et académique français et leurs incidences ». Si d'autres pays, comme la Turquie ou la Russie, sont mentionnés, c'est surtout la Chine qui est pointée du doigt pour ses instituts Confucius et ses partenariats avec des établissements d'enseignement français, qui lui serviraient à faire avancer ses intérêts stratégiques.

La Pagode rouge, bâtiment inspiré d'une pagode chinoise. Elle a été construite en 1926 pour abriter la galerie d'art d'Extrême-Orient de Ching Tsai Loo. Paris, septembre 2011.

Photo de Moonik. © Wikimedia Commons

Parallèlement, l'Institut de recherche stratégique de l'École militaire (Irsem), rattaché au ministère des Armées, rendait public un rapport de plus 600 pages sur les « opérations d'influence chinoise », mettant en exergue un « moment machiavélien » et une « diplomatie du loup guerrier ». Le jeune chercheur Antoine Bondaz, chargé de recherche à la Fondation pour la recherche stratégique et enseignant à Sciences Po Paris, en a fait la malheureuse expérience en mars 2021. Alors qu'il dénonçait publiquement les pressions visant à empêcher un groupe de sénateurs de se rendre à Taïwan, l'ambassadeur de Chine en France l'a traité sur Twitter de « petite frappe », de « hyène folle » et de « troll idéologique ». Malgré cette prise de conscience, la question des relations franco-chinoises demeure désespérément absente du débat présidentiel, malgré l'envergure de l'enjeu géopolitique. « L'intérêt de la Chine, c'est qu'on n'en parle pas, estime Antoine Bondaz. D'où l'intérêt pour nous que ce soit l'un des sujets de l'élection, même si je suis suffisamment réaliste pour savoir que ce ne sera pas vraiment le cas. »

Et les débuts de la course à la présidentielle ne font que confirmer son analyse. Emmanuel Macron entend profiter de la présidence française de l'UE pour faire peser la puissance européenne sur la scène internationale, en sortant de la naïveté vis-à-vis de l'influence chinoise. Sans vraiment détailler les moyens qu'il compte employer. Valérie Pécresse, qui s'était déplacée en Chine en 2018 pour attirer les investisseurs et les touristes en Île-de-France, n'a pas réellement abordé la question, mais il est probable qu'elle défende une ligne similaire. En octobre dernier, Michel Barnier, devenu depuis son conseiller sur la « place de la France et de l'Europe dans le monde », déclarait sur Europe 1 : « Je ne me suis pas engagé en politique pour que la France soit sous-traitante des Chinois et sous influence des Américains. » Les candidats de l'extrême droite, Marine Le Pen et Éric Zemmour, s'en désintéressent, tandis que l'Insoumis Jean-Luc Mélenchon, en tête à gauche dans les sondages, veut avant tout éviter d'embarquer la France dans une nouvelle « guerre froide » entre la Chine et les États-Unis. À l'opposé, l'écologiste Yannick Jadot défend une position de fermeté, appelant notamment, comme l'envisageait Joe Biden, au boycott des Jeux olympiques d'hiver de Pékin en février 2022. ■

DÉCRYPTAGE

LE SPLEEN DES *SPIN DOCTORS*

Quatre des meilleurs communicants politiques, Stéphane Fouks, Franck Louvrier, Véronique Reille-Soult et Jacques Séguéla, portent un regard croisé sur cette campagne présidentielle empêchée, entre défiance et crise du Covid.

PAR

Jean-François Achilli et Chloé Morin

Les rencontres se déroulent fin janvier 2022, tantôt en présence, tantôt à distance. À ce moment précis, la France est sous pass vaccinal et Emmanuel Macron n'est pas descendu dans l'arène.

Jacques Séguéla nous reçoit dans son bureau d'angle, vitré, au sommet de l'immeuble Havas de Puteaux (Hauts-de-Seine). Celui qui fut le directeur de la communication de la campagne de François Mitterrand en 1981 – au mémorable slogan, « La force tranquille » –, est assis derrière son bureau soigneusement rangé, entouré de trophées à son effigie qui racontent un demi-siècle de succès dans le monde de la communication. Il semble scruter l'horizon. Lequel est à couper le souffle : le panorama s'étend de la tour Eiffel au mont Valérien, large morceau de capitale prisonnier de la grisaille et de la froideur hivernale.

Véronique Reille-Soult, présidente de Backbone Consulting, est installée avec un café devant ses écrans, dans ses bureaux modernes de la rue Saint-Dominique, à Paris. L'endroit est relativement dépouillé. Sa jeune société, à la croissance très dynamique, est en plein essor.

Franck Louvrier, maire Les Républicains (LR) de La Baule-Escoublac, nous répond depuis le canapé de son bureau de l'avenue Olivier-Guichard, avec une vue plongeante sur la masse sombre de l'océan Atlantique, entre deux immeubles surplombant la plage. L'ancien communicant de Nicolas Sarkozy, passé par Publicis Events, est désormais un élu local très investi, amoureux de sa ville qu'il gère avec passion.

Stéphane Fouks, vice-président de Havas, nous parle tout sourire en visio, épidémie oblige, devant sa vaste bibliothèque blanche aux rayonnages bien garnis. La vie « distancielle » n'altère en rien sa vivacité d'esprit, lui qui semble bondir à chaque instant de l'écran, rythmant ainsi ses réponses passionnées.

Le débat télévisé ne fera pas l'élection

Jacques Séguéla a connu l'avènement du débat télévisé. Sera-t-il effacé par le numérique pour cette élection présidentielle ? Réponse catégorique du fils de pub : « Non. Du tout. Le numérique, par essence, perd toute flamme, tout cœur, toute chaleur, même s'il joue un rôle central, il s'avère plus ravageur que constructif. Il ne supplantera pas le contact humain. »

Franck Louvrier partage cette méfiance envers le tout-numérique. « Il y a encore vingt ans, il fallait dépenser des fortunes pour les panneaux d'affichage 4 x 3. Un compte Twitter ou Instagram coûte aujourd'hui beaucoup moins cher. Imaginez, il y a un siècle, Aristide Briand aurait touché très peu de monde, au vu des moyens de communication de l'époque. Le revers de la médaille est que l'homme ou la femme politique

Emmanuel Macron et Jacques Séguéla lors du combat de boxe entre Tony Yoka et Petar Milas au stade Roland-Garros. Paris, septembre 2021.

Photo de Jérôme Dominé.

de 2022, sous le feu permanent des projecteurs, s'use infiniment plus vite. » Le maire de La Baule relativise toutefois l'impact du débat télévisé : celui du second tour « ne fera pas beaucoup bouger les choses ». L'élection à venir se construit dans la durée, comme une mèche lente. Au moment où ces quatre experts s'expriment, le socle d'Emmanuel Macron, dans les sondages d'intentions de vote, reste solide. Le président sortant fait la course en tête, la bataille se joue pour la deuxième place.

À en croire l'ancien communicant de Nicolas Sarkozy, un candidat ne peut ni gagner ni perdre la présidentielle sur une seule émission. D'où la grande incertitude de l'issue du vote, pour un Emmanuel Macron favori sur le papier, mais confronté à une double énigme – le réveil des abstentionnistes et l'ampleur du vote de sanction potentiel. Que va-t-il ressortir du ou des débats télévisés ? Un ressenti, plutôt qu'un réel résultat, selon Franck Louvrier : « Les Français ont plus tendance à vous scruter dans l'échec que dans la victoire. Ils décortiquent votre comportement après la défaite et se forgent au fil du temps une idée de ce que vous êtes. »

Stéphane Fouks est sur la même ligne : « Le débat télévisé ne joue qu'à la marge, le bruit ambiant et continu ne pèse pas sur l'électorat. Les débats politiques des chaînes d'info en continu sont regardés par les deux millions de personnes qui sont, pour l'essentiel, les militants de tous les partis. Ils ne changent pas leur vote à l'issue de ces émissions. Et le débat de l'entre-deux-tours de la présidentielle arrive toujours très tard, en fin de course, donc c'est celui qui va gagner l'élection qui s'impose aussi dans le débat », analyse le vice-président de Havas. Les jeux seraient donc faits bien avant le combat télévisé final. Ainsi, quand viendra le duel avant le 24 avril prochain, nous serions donc déjà fixés ?

Jacques Séguéla, pourtant, persiste et signe : le débat télévisé comptera encore dans cette campagne présidentielle 2022. « Les débats, tout le monde dit qu'ils ne servent à rien. Mais j'en suis persuadé, Nicolas Sarkozy, en 2012, a perdu face à François Hollande sur son débat. J'en ai parlé avec Nicolas, je lui ai dit : "Comment as-tu pu laisser passer cela ?" Il m'a répondu : "J'étais tellement estomaqué qu'il puisse faire un numéro aussi ridicule que je me suis dit qu'il allait se noyer dans son propre ridicule..." Eh non... "J'ai hésité à lui balancer une roquette et je regrette de ne pas l'avoir fait, car c'est ce qui lui a fait gagner le débat." » L'ancien président fait bien évidemment allusion à la célèbre anaphore de son successeur : « Moi, président de la République... » Pour Jacques Séguéla, « Marine Le Pen a également définitivement perdu avec son débat de l'entre-deux-tours en 2017. Ce sera peut-être même de nouveau le cas en avril si elle est en finale. L'impact est durable, car c'est comme les boxeurs poids lourds : quand tu rencontres un champion qui t'a mis K-O, ce n'est pas pareil qu'un boxeur que tu n'as jamais combattu. Tu intègres le risque de la défaite. Elle aura du mal à prendre la main dans le cas de cet éventuel match retour face à Macron ».

Une présidentielle 1.0 à l'ère du Web 3.0

Mais en quoi cette campagne 2022 est-elle différente des autres ? Véronique Reille-Soult dispose d'un puissant logiciel d'analyse de l'opinion en temps réel sur le Web. Il lui permet de jauger et d'analyser, en quelques clics, le volume des messages, les sujets qui retiennent l'attention, et leur dynamique telle qu'elle se déploie sur les réseaux. Pour elle, l'un des principaux enjeux de cette présidentielle sera le niveau de l'abstention.

Le pays est-il désenchanté ? La présidente de Backbone Consulting constate une forme de désinhibition collective : « Ce qu'il y a de différent, paradoxalement, ce n'est pas tant l'utilisation des réseaux sociaux que le climat, d'une grande violence. Ce qui n'a pas vraiment évolué, c'est que les politiques n'écoutent pas ce qui est exprimé sur les réseaux sociaux. Ils ne s'en servent que pour communiquer ou pour trouver une forme de confirmation de leurs idées et de leurs choix. Ils ne vont pas y chercher des signaux faibles et des tendances émergentes, ils ne cherchent pas à y scruter réellement qui parle, et comment, quelles sont les nouvelles zones de fracturation de la société. »

L'activité politique sur le Web est intense, et à géométrie variable selon les prétendants. Pas un jour, pas une heure sans que les équipes de Mélenchon ou de Zemmour trollent la toile ! Sont-ils les champions des réseaux sociaux dans cette compétition présidentielle ? Ce sont en

« Ce qu'il y a de différent, paradoxalement, ce n'est pas tant l'utilisation des réseaux sociaux que le climat, d'une grande violence. Ce qui n'a pas vraiment évolué, c'est que les politiques n'écoutent pas ce qui est exprimé sur les réseaux sociaux. »

VÉRONIQUE REILLE-SOULT

tous les cas les plus réactifs aux yeux de l'experte de Backbone Consulting. Comme elle l'explique, la colère populaire explose en ligne : « Chacun est dans sa bulle cognitive. Quand il t'arrive d'utiliser un mot horrible, il est aussitôt partagé avec des personnes qui pensent comme toi, et qui accentuent la violence du signal, sans aucun recul, en totale déconnexion avec la réalité. Plus personne ne se rend compte de la puissance négative de ce qui est échangé. »

Ce qui est usant pour les candidats est d'être partout à la fois, de parler à tous les publics, d'aller les chercher là où ils sont, avec leurs codes. Et cela ne fonctionne qu'en étant authentique. Un exemple, parmi de nombreux autres, a retenu l'attention de l'experte des réseaux sociaux : « Dès qu'il y a un début de sentiment de manipulation, ça coince. Quand Valérie Pécresse poste sa vidéo – à 5 heures du matin – visant à expliquer la dureté de la vie de candidate qui prend le train, ce n'est pas très performant, tout simplement parce que le but n'est pas d'aller vers de nouveaux publics ou de pénétrer de nouvelles sphères, mais de parler au plus grand nombre. Ils ont tous fait ça, ce qui n'accroche pas vraiment. »

La présidente de Backbone Consulting juge que, loin d'être un abaissement du débat, le fait d'investir le Web permet de s'adresser à ceux qui ne regardent plus la télévision mais s'intéressent néanmoins, à leur manière, à la politique. Notamment les jeunes : « Ils sont très concernés par le climat, les thèmes de l'inclusion, l'éducation, l'accès à certaines filières, parce qu'ils s'inquiètent pour leur avenir et leur place dans le système. Quand un politique va sur TikTok, la démarche est essentielle, mais attention à ne pas commettre l'erreur de faire semblant d'être un jeune. Ce que j'observe des différentes tentatives des candidats est pensé, mais pas toujours bien fait. Et le "faux-jeune", par exemple, ça ne fonctionne pas. »

Mais tout ce qui est numérique n'est pas forcément neuf... Ainsi, pour Franck Louvrier, « les influenceurs ne sont rien d'autre qu'une version moderne des bons vieux leaders d'opinion. La forme change, mais pas le principe, à savoir des relais bénéficiant d'une forte notoriété et qui portent un message à des populations ciblées. Ce fut Balavoine face à Mitterrand hier, c'est aujourd'hui une star de la téléréalité ou un youtubeur ». Véronique Reille-Soult les observe de près : « Ils se positionnent sur des thématiques bien spécifiques, et présentent au moins un intérêt, même si les sujets de fond sont souvent abordés de manière superficielle : contribuer à créer de la notoriété. » Emmanuel Macron avait plutôt réussi son passage chez Mcfly et Carlito, l'an dernier, gardant sa distance de président de la République durant leur concours d'anecdotes. « C'était assez malin, constate la patronne de Backbone Consulting, la vidéo a rendu une image authentique, celle de quelqu'un qui n'a pas fait semblant. C'est la

Véronique Reille-Soult à Paris, août 2019.

Photo de Backbone Consulting. © Backbone Consulting

chute, quelques mois plus tard, qui a été plutôt ratée, quand il a exhibé – c'était le gage – la photo des deux youtubeurs lors d'une allocution. Ce jour-là, Emmanuel Macron rendait hommage à Samuel Paty, avant d'appeler les jeunes à se faire vacciner. C'était déplacé. Mais, pour en revenir à l'exercice initial, sur le réseau YouTube, cela aura été une réussite, tous les médias en auront parlé. Et la cible a été atteinte. » Une analyse que ne partage pas Stéphane Fouks : « Il ne se rend pas compte que l'image qui reste, c'est celle du super-menteur… Pour l'opinion, il y a un côté dérangeant : comment savoir s'il ment avec nous de la même manière qu'avec Mcfly et Carlito ? A-t-il une sincérité ? »

Le numérique ne supplante pas pour autant les outils plus traditionnels de la communication politique. Le meeting en est une excellente illustration. Il est désormais devenu, comme le souligne Franck Louvrier, un « produit pour faire de l'image. Les politiques ont besoin du meeting, car c'est du gagnant-gagnant : les candidats donnent de l'énergie, et ils en récupèrent en retour. Ils ont tous besoin de ça. C'est sympa, une caméra de télé, mais ça ne transmet pas beaucoup d'émotion… Alors certes, vous vous trouvez uniquement face à des convaincus, mais cela permet de recharger les batteries ».

Un clash, sinon rien

La question est lancinante et fait l'objet d'incessantes critiques : avons-nous réellement été privés d'un vrai débat ? La forme a-t-elle été privilégiée au détriment du fond, au point de cultiver le clash et l'écume, en lieu et place des idées ? Et les politiques peuvent-ils réellement échapper au coup d'éclat permanent et se faire entendre quand même ? Franck Louvrier évoque une « guerre de positionnement » entre les prétendants : « Qu'Emmanuel Macron donne son interview face aux lecteurs au *Parisien* – celle qui restera célèbre pour son expression en direction des antivax : "J'ai très envie de les emmerder" – le jour même de la présentation de l'équipe de campagne de Valérie Pécresse n'était évidemment pas anodin. Il s'agissait d'attirer la lumière à lui pour effacer la candidate LR. Une campagne est une guerre de positionnement permanente. Chacun essaie de se faire entendre au milieu d'un buzz qui est continu. »

Cette bagarre a toujours existé, sauf que l'intensité est plus forte aujourd'hui, chaque prétendant évoluant constamment sous l'œil des médias. Donc des électeurs. Comment leur parler ? Jacques Séguéla ne voit pas d'autre méthode : « Il faut du clash, du buzz, plus que

jamais. Les gens n'attendent plus le *20 heures* de TF1. Ce sont les chaînes d'info qui ont pris la main, et un événement chasse l'autre tout au long de la journée. L'important pour le candidat est d'être au centre du village. Et on voit bien que Macron dispose d'une arme que les autres n'ont pas : il est président. Vous pouvez dire que c'est injuste, inégal, mais c'est comme ça, c'est parce qu'il a gagné le coup d'avant et qu'il continue son chemin. Tous les présidents l'ont fait. »
Le clash, le buzz... rien de bien nouveau sous le soleil noir de 2022. Et une dose de people, aussi ? Avoir son portrait dans *Paris Match* sur plusieurs pages, avec des photos issues des collections personnelles ? Valérie Pécresse n'y a pas coupé, y présentant son époux Jérôme et leurs trois enfants, qu'elle a toujours tenus à l'écart mais qui sont désormais adultes. Yannick Jadot aussi s'est livré à l'exercice, déroulant son passé fougueux d'ancien militant de Greenpeace. La règle reste intangible. Savoir parler de soi, délivrer sa part d'humanité : c'est ce qu'a cherché à faire Marine Le Pen face à son public, depuis le bord de la scène, à la fin de son meeting à Reims le samedi 5 février 2022. Mais attention à bien placer la jauge, prévient Jacques Séguéla : « Il ne faut pas en abuser. Les Français n'élisent pas seulement un homme ou une femme, ils élisent un couple. C'est ce qui a fait beaucoup de mal à Jospin, qui n'a pas su présenter sa femme à temps au grand public et a perdu, en partie, l'élection à cause de ça. Mais il ne faut pas mélanger la famille, sacrée, et le people. »
Et puis il y a le clash qui peut virer à la violence pure. La recette est vieille comme le monde. Le carburant de la percée spectaculaire d'Éric Zemmour a été la provocation, voire l'outrance : l'immigration, la réhabilitation de Philippe Pétain, la polémique devant le Bataclan... Son discours choc lui a permis d'émerger en un temps record, mais la médaille a eu son revers : les échauffourées venues ternir son premier grand meeting, celui de Villepinte, le 5 décembre dernier. Jacques Séguéla voit mal le leader de Reconquête remonter la pente : « Sa percée au début de la campagne a fait de lui un ovni politique. Zemmour a connu une vague médiatique exceptionnelle sur laquelle il a surfé, que personne d'autre n'a eue et n'aura. Et qu'il a gâchée. Par sa violence verbale, qui s'est transformée en affrontements lors de ce meeting. Qui sème la violence récolte la violence. Ça a abîmé son talent, qui est évident. Ça l'a fait décoller beaucoup trop tôt. Dans une élection, quand tu retombes, tu ne remontes pas. » À voir.
Éric Zemmour a tenté d'adoucir son image sur le plateau de Cyril Hanouna sur C8. Chez Baba, pourquoi pas, estime Franck Louvrier : « On est toujours partagé entre le souhait de garder un débat de haut niveau, et celui de vouloir toucher tout le monde. C'est l'éternelle question du communicant. Hanouna touche des cibles auxquelles les politiques n'ont habituellement pas accès. »

Comment remporter le graal en 2022 ?

Stéphane Fouks livre la clé du succès : « Le sujet n'est pas "le buzz ou pas". Il faut revenir aux bases. Première règle du marketing : c'est l'offre qui crée la demande. Les politiques, malheureusement, sont pour l'essentiel soumis à la demande, celle-ci étant souvent une idée déformée de ce qu'exprime l'opinion, au travers de sondages qui distordent le réel, puisqu'ils sont comme un rétroviseur à qui l'on demande de voir le futur. Nous avons donc des médias qui se soumettent aux sondages et des politiques qui se soumettent aux médias. »
Et puis il y a l'image. Le contraste entre Mélenchon dans ses meetings virtuels et Christiane Taubira lors de sa déclaration de candidature est saisissant : la candidate, désignée par la Primaire populaire ayant réuni près de 400 000 personnes, a officialisé son entrée en campagne à Lyon, à la Croix-Rousse, haut lieu symbolique de l'histoire sociale, en doudoune, sur fond de bâtiments indistincts dans la brume. Sur le pupitre, ni slogan ni nom de la candidate. Une véritable erreur de « compol », selon le vice-président de Havas : « Faire pauvre, *cheap* et amateur n'est pas une preuve de sincérité. Dans un monde qui se regarde avec les yeux, les politiques en sont encore, pour la plupart, à penser uniquement au pouvoir des mots. Ils sont obsolètes, leur logiciel de com' est dépassé, en réalité ce sont des acteurs déclassés, ils font du bruit avec la bouche là où il faut parler aux yeux des gens. Donc ils utilisent leur temps de parole pour pas grand-chose. » Si Stéphane Fouks conseillait l'un des candidats à la présidentielle de 2022, il lui imposerait de rester en retrait du débat médiatique pour obliger

Ils sont obsolètes, leur logiciel de com' est dépassé, en réalité ce sont des acteurs déclassés, ils font du bruit avec la bouche là où il faut parler aux yeux des gens.

STÉPHANE FOUKS

Stéphane Fouks à Paris, octobre 2002.

Photo de Philippe Lelluch. © Philippe Lelluch/WPA/SIPA

les radios et les télés à lui donner du temps de parole quand il en aurait réellement besoin. La précipitation des uns et des autres désole l'expert en communication : « Cette réflexion-là, de base, n'existe même pas en politique. Nous sommes au royaume des amateurs, c'est comme ça, c'est la nouvelle règle du jeu, et du coup, ils courent tous après l'ogre médiatique et donnent le sentiment de la futilité des choses. Que fait le moloch des médias ? Du bruit. Il est conçu pour ça ! Parce qu'il doit faire de l'audience tous les jours. Les médias ne sont pas en faute, eux font leur job... »

La défiance a-t-elle tué la com' ?

Les communicants politiques, au fil des quinquennats, se sont hissés parmi les boucs émissaires favoris d'un public qui croit voir la manipulation derrière chaque mot, chaque image, chaque sourire d'un candidat ou d'un élu. Il n'y a pourtant pas de candidat, encore moins d'élu ou de gouvernant, efficace sans bonne communication. Les codes des médias audiovisuels ne s'improvisant pas, il est indispensable de les maîtriser si l'on veut faire passer un message, avoir l'air authentique et sincère.
Alors comment communiquer dans un monde de défiance ? Pour Franck Louvrier, il s'agit avant tout de respecter une frontière : celle qui départage journalistes et communicants, information et communication. Le mélange des genres nourrit la défiance. Pour lui, « informer, ce n'est pas communiquer, ce sont deux métiers différents. Informer, c'est croiser ses sources, approcher une forme de vérité. Communiquer, c'est chercher à convaincre. Chacun à sa place ». Il en va du bon fonctionnement de notre démocratie.
Jacques Séguéla relativise les contraintes liées à cette défiance croissante : « Ça n'a pas vraiment changé. C'est Mitterrand qui m'a donné la meilleure définition d'une élection : est élu l'homme – je rajoute quand même la femme, c'était il y a trente ans (*rires*) – qui raconte le morceau d'Histoire, de la grande Histoire, à un moment précis de cette Histoire, que veulent entendre les Français... à la condition d'en être le héros crédible ! » Le vétéran de la com' se jette à l'eau, là où tant de ses collègues ne se hasardent à aucun pronostic : « Qui parmi tout ce petit monde-là correspond aux critères, *héros* et *crédible*, à ce moment du récit national ? Celui qui a l'avantage, c'est le président actuel, parce qu'il est en fonction, et parce qu'il utilise très bien les médias. Il a intérêt à se présenter le plus tard possible pour enclencher une campagne de relance, de rassemblement : "Maintenant, ça y est, on y va tous, qu'est-ce qu'on fait de notre France, tous ensemble ?" Il doit incarner le rebond, l'anti-Zemmour. »

Ces politiques qui ne savent pas communiquer

Aux yeux de Stéphane Fouks, le problème n'est pas vraiment la défiance. Le vice-président de Havas dénonce plutôt l'incapacité des politiques à tirer les enseignements du passé, et leur tendance à « désapprendre et à réinventer constamment » en matière de communication. Quand nous portons un regard historique, nous nous trompons, car il s'agit à chaque fois de gens nouveaux qui « réinventent le fil à couper le beurre, et le font avec les conditions qui sont celles de leur époque ».

« Bien sûr, ajoute Stéphane Fouks, les contraintes qui pèsent sur la communication des candidats sont toujours plus grandes, avec des moyens toujours plus faibles, d'où leurs difficultés. L'offre médiatique explose et complique le pilotage de leur campagne, entre immédiateté et temps long, entre médias d'arguments et médias d'émotions, entre médias globaux et médias ciblés. »

Le vice-président de Havas, communicant expérimenté, se remémore l'époque où la communication politique n'était pas si compliquée, dans la mesure où « l'espace médiatique, c'était : je fais Europe 1, puis *Le Monde*, puis TF1. C'est ce que Jacques Pilhan, qui a servi Mitterrand et Chirac, appelait la "journée médiatique". Pour toucher tout le monde ». Tout cela ne fonctionne plus dans un monde à la fois globalisé, atomisé, sectorisé, spécialisé, segmenté. Nous serions passés à une « société du commentaire » : tout y est sujet à critiques, débats, polémiques. Les acteurs politiques peinent à émerger dans ce bruit généralisé.

Rajoutons à toutes ces contraintes qui pèsent sur la « compol » un élément politique majeur : une offre politique idéologiquement affaiblie. Faute de vision claire de la société, de profondeur de champ, nous nous focalisons sur l'accessoire, l'écume des choses...

Stéphane Fouks en fait le constat : les politiques, déjà empêtrés dans ce paysage si complexe, utilisent les outils de communication mis à leur disposition. Son jugement, exposé dans son récent essai, *Pandémie médiatique* [1], est sans appel : « Ils sont inaptes à l'image. Ce sont des

1 – Stéphane Fouks, *Pandémie médiatique*, Plon, 2020.

Brice Hortefeux et Franck Louvrier. Paris, février 2016.

Photo de Jacques Witt.
© Jacques Witt/SIPA

enfants du système méritocratique français, ils ont fait Sciences Po et l'ENA, ils ont passé beaucoup plus de temps à corriger des motions, des textes écrits, des tribunes et des interviews qu'à penser au poids de l'image. Christiane Taubira à la Croix-Rousse est restée dans le vieux monde des mots. » Autre exemple de ce mauvais usage des codes médiatiques de notre époque, aux yeux du vice-président de Havas : Emmanuel Macron, dans son interview de deux heures sur TF1 en décembre 2021 face à Audrey Crespo-Mara et Darius Rochebin. « Il n'y a aucune mise en scène du risque, donc il n'y a rien qui attire l'intérêt et l'audience. Les deux journalistes choisis ne sont pas les plus connus. Tout se déroule à l'Élysée, le président joue à domicile. Pour couronner le tout, l'interview est préenregistrée... Ça ne peut pas marcher dans de telles conditions... »

Ces politiques qui ne savent pas davantage écouter

Défiance populaire, mauvaise maîtrise des outils, des codes de la communication moderne... la tâche n'est pas simple pour les communicants politiques. S'ajoute à cela, selon Véronique Reille-Soult, un autre problème de taille : il s'agit de cette « déconnexion entre le récit des candidats et les sujets qui buzzent... Les réseaux sociaux devraient être aussi – et peut-être avant tout – un espace dédié à l'écoute et à la compréhension de la réalité des préoccupations des Français, de leurs vrais sujets d'inquiétude. Or les candidats ne les utilisent pas en tant que tels. Certains d'entre eux ont, pendant une large partie de la campagne, continué à bombarder sur l'immigration et la sécurité, alors que leurs cibles, les électeurs, leur répondaient par la santé, le pouvoir d'achat, les prix qui explosent, l'inflation et surtout les inégalités. Pourquoi n'ai-je pas accès à un ophtalmo quand je suis au fin fond de ma Creuse, alors qu'à Marseille ou à Lille, c'est plus facile ? L'accès aux services publics est un autre sujet jugé inégalitaire. Pourquoi n'ai-je pas de bureau de poste à proximité dans ma campagne alors qu'il y en a dans tous les coins en ville ? ». Aux yeux de cette spécialiste de l'analyse du Web, les candidats et leurs équipes auraient intérêt à scanner ces récits en ligne. Cela leur permettrait non pas de verser dans un populisme à la Trump, comme on en accuse souvent les utilisateurs de sondages et les accros aux réseaux sociaux, mais de nourrir leurs propositions efficacement sur des sujets qui intéressent vraiment les électeurs.

Les médias croulent sous les études d'opinion, les *rollings*, ces sondages réalisés quotidiennement par l'IFOP ou OpinionWay. Mais jamais la masse de données de Twitter ou de Facebook n'est réellement exploitée. « Les politiques n'y voient qu'un vecteur de communication de plus, voire un exutoire, une poubelle où chacun se défoule. Alors que ce sont aussi de puissants vecteurs d'expression des colères et des révoltes de la société, à l'image de #MeToo. »
Véronique Reille-Soult espère que ceux qui seront élus comprendront enfin que « les réseaux sociaux, qui véhiculent désormais une part de l'expression du peuple, sont l'un des meilleurs moyens de prendre le pouls de la société, afin de mieux l'appréhender et la comprendre en temps réel. Il faut savoir calmer cette colère stérile, inaudible, qui ne redescend pas, ces cris doivent être entendus et pris en compte, d'une façon ou d'une autre ».

« Tout ne se jouera pas dans la dernière ligne droite »

Chaque campagne présidentielle est évidemment différente. Ce qui a changé en 2022 par rapport à la période que Franck Louvrier a connue sous Nicolas Sarkozy, c'est l'intensité accrue des combats électoraux. Une chose est sûre, aux yeux de l'ex-communicant et désormais maire de La Baule-Escoublac, tout ne se jouera pas dans la dernière ligne droite, même si beaucoup resteront indécis jusqu'au bout, comme l'indiquent les sondages. « Tu es obligé de partir de loin, de sillonner la France longtemps avant l'élection. Une présidentielle n'est pas le fruit du hasard, ou alors c'est très rare. Ton histoire, en tant que candidat, n'est pas une page blanche, il faut être populaire, et pas simplement connu. Il faut avoir une histoire avec les Français, et ça, il faut du temps pour la tisser. Johnny a écumé toutes les salles de l'Hexagone, il avait noué une relation quasiment intime avec tous les Français, ce qui expliquait sa formidable popularité. La politique, c'est un peu pareil... »
Autre certitude de celui qui revendique le rôle essentiel, en démocratie, de la communication politique et sait bien que les médias sont frappés d'une défiance équivalente à celle dont les politiques font l'objet : « Le journaliste aura un rôle très important à jouer pour la vitalité démocratique dans les années à venir. Il va devoir défendre son métier. Le jour où il ne le fera plus, il n'y aura plus de professionnels de l'information. Tout ce qui circulera ne sera plus que de la communication non vérifiée des opinions, des avis qui s'entrechoqueront, voire une invasion de *fake news*. Et la démocratie, à ce moment-là, sera en danger. »
Qui a dit que les communicants ne pensaient pas la politique ? Voir qu'ils la salissaient, en pervertissaient la pureté grâce à de grossières méthodes de manipulation ? Les entretiens recueillis ici, confortant l'expérience des deux auteurs, viennent contredire les caricatures trop souvent colportées, y compris par les politiques eux-mêmes. La communication politique est essentielle à la démocratie. Il faut savoir la décrypter avec intelligence et lucidité, exercice auquel les citoyens sont de plus en plus rompus. Mais, trop souvent, on tombe dans une défiance excessive, une vision caricaturale des communicants politiques, voire une forme de complotisme plus ou moins conscient. Ces poisons lents ne servent pas la démocratie. Espérons que ces quelques pages auront permis au lecteur de mieux comprendre le métier et les enjeux de la communication politique. Et peut-être, qui sait, d'y voir un peu plus clair dans une campagne brouillonne, dont les lignes de force peinent à émerger. ■

Ton histoire, en tant que candidat, n'est pas une page blanche, il faut être populaire, et pas simplement connu. Il faut avoir une histoire avec les Français, et ça, il faut du temps pour la tisser.

FRANCK LOUVRIER

AFFAIRE DE FAMILLE

La revanche d'un la deuxième

Mariés depuis vingt-deux ans, Marie-Caroline Le Pen et Philippe Olivier exercent chacun un rôle de premier plan dans la campagne présidentielle de Marine Le Pen. Le duo politique, qui a longtemps entretenu une histoire tourmentée avec le parti nationaliste, voit dans la stratégie de la candidate leur réhabilitation.

beau-frère, vie d'une sœur

PAR
Héloïse
de Neuville

On les retrouve ensemble dans un restaurant du 16e arrondissement – à deux pas du siège de campagne du Rassemblement national (RN). L'un et l'autre sont affables, pas pressés. Et presque sereins malgré un emploi du temps dément. Ils sont élégants. Marie-Caroline Le Pen, habillée d'un costume noir, porte le même sourire que sa sœur Marine. Son mari, Philippe Olivier, est quant à lui vêtu d'un col roulé blanc à grosses mailles, surmonté d'une écharpe verte de saison. Nous sommes à la mi-décembre 2021, l'actualité politique de leur camp, secouée depuis septembre par l'irruption d'Éric Zemmour dans la campagne, s'est finalement un peu apaisée. Le polémiste s'est tassé dans les sondages, après avoir ravi presque 10 points à la candidate du RN. On les devine soulagés. Ils l'assurent : ils ont conservé le calme des vieilles troupes face au phénomène politique de la rentrée. Tout de même, ils en parlent trop, et trop spontanément pour être aussi tranquilles qu'ils le prétendent. L'ancien journaliste du *Figaro* leur rappelle de biens mauvais souvenirs : « Zemmour refait toutes les conneries de Jean-Marie Le Pen ! Et nous, on n'a pas envie de revivre le suicide de nos idées politiques ! », lâche rapidement Philippe Olivier, sous le regard entendu de son épouse.

Page précédente : Marine Le Pen avec sa sœur Marie-Caroline et son beau-frère Philippe Olivier. Larmor-Plage (Morbihan), août 2021.

Photo d'Alain Robert.

« La politique ? Pour elle, c'est un héritage. Pour lui, une vocation. »

La politique, les deux sexagénaires y ont consacré leur vie entière. « Pour elle, c'est un héritage. Pour lui, une vocation », résume le député européen Jean-Lin Lacapelle, qui siège au Parlement de Strasbourg avec Philippe Olivier. Une vie jalonnée de belles victoires, mais aussi de nombreux échecs et de violentes fractures. Il est rare de rencontrer deux personnes à qui la politique a autant coûté. Et pourtant, face à nous, ils affichent un enthousiasme intact. Sûrement car la stratégie adoptée pour cette troisième campagne de Marine Le Pen – rassurante, consensuelle mais forte sur les fondamentaux du parti – correspond à tout ce qu'ils ont toujours souhaité politiquement.

Autour de la table, c'est une partition de modestie et de normalité. Malgré leur proximité avec la candidate, la sœur et le beau-frère de Marine Le Pen prennent la pose en « militants de base ». « On est des moines-soldats, on va là où l'on nous dit d'aller », assure Philippe Olivier. Preuve en est : quand il a fallu, pour les élections municipales de 2020, s'installer à Calais pour s'y présenter, ils y sont allés sans rechigner. Marc de Fleurian, tête de liste du Rassemblement national dans la ville du Nord, se souvient : « Avec eux, on fait tout. Les sandwichs de Marine et son discours ! Ils n'ont aucun complexe avec ça. Faire campagne avec eux, c'est une leçon d'humilité que les gens n'imaginent pas. » Alors n'allez surtout pas leur dire qu'ils exercent une « position stratégique » dans la campagne, ou qu'ils forment un « couple politique ». Leur importance dépend du bon dosage de leur visibilité. Vous ne les verrez donc pas sillonner les plateaux de télévision à la recherche d'un peu de lumière. « En politique, c'est le travail de l'ombre qui est le plus intéressant, soutient Philippe Olivier. Et le pouvoir – plus que les marques de pouvoir. » De l'influence, ils en ont. Lui est conseiller spécial et plume de Marine Le Pen. Artisan de la dédiabolisation du parti, il a l'oreille et la confiance de la candidate. Officiellement, Marie-Caroline Le Pen est, elle, chargée des déplacements de campagne. « Elle a une vraie intelligence du terrain. Elle en a tellement fait », décrit Jean-Philippe Tanguy, directeur de campagne adjoint de Marine Le Pen. Son deuxième rôle, plus officieux cette fois, est de veiller sur le « chef », sa petite sœur : son niveau de fatigue, ses déjeuners, réussir à lui dégager des moments pour passer du temps avec ses enfants... En coulisse, « Caro » s'active pour que, contrairement à 2017, Marine Le Pen ne finisse pas la campagne présidentielle en surmenage. Où se verraient-ils si leur candidate venait à remporter l'élection ? Ils ne le savent pas, bien sûr. Pire, ils disent n'avoir « aucune ambition personnelle ». (« À ce point-là, c'est même un défaut », insistera Marie-Caroline à son propre sujet.) « La victoire de Marine Le Pen en 2022, ils la veulent. Et des personnes qui souhaitent vraiment gagner, dans notre camp, c'est une denrée rare », loue de façon surprenante un cadre de la campagne.

Il est rare de rencontrer deux personnes à qui la politique a autant coûté.

La revanche des parias

Pour cette présidentielle – leur deuxième auprès de Marine Le Pen –, ils partagent le même bureau, au siège de campagne du Rassemblement national, à deux pas du Parc des Princes, à Paris. Mais ils n'y sont jamais. Philippe Olivier dit qu'il écrit mieux chez lui, dans sa maison de Draveil, petite ville de l'Essonne dont il a tenté de conquérir la mairie en 2014. « J'aurais rêvé de devenir maire, ça restera l'un des plus gros regrets de ma vie politique », déplore encore celui qui est toutefois député européen. Marie-Caroline est pour sa part sans cesse en déplacement avec la candidate. Les deux, chacun dans son style – les idées pour le premier, l'opérationnel pour la seconde –, sont farouchement engagés pour faire gagner la candidate du Rassemblement national en 2022. Et pourtant, dans leur histoire avec le parti nationaliste, ils reviennent de loin. Il y a presque vingt-cinq ans, ils quittaient le navire Le Pen avec fracas, donnant lieu à une violente brouille familiale et politique. Revanche pour l'ancien couple de parias : pour 2022, c'est la ligne apaisée qu'ils défendaient depuis la fin des années 1990 qui triomphe.

Marie-Caroline, 62 ans, est l'aînée des trois sœurs Le Pen. Même chevelure platine que ses cadettes Yann et Marine, elle est la première à s'engager auprès de son père au Front national.

Jean Marie Le Pen, alors président du Front national (FN), entouré de ses trois filles, Marie-Caroline, Yann, et Marine Le Pen, lors de la fête de Jeanne d'Arc. Paris, mai 1985.

Photo de Pierre Duffour.

Dès l'âge de 17 ans, elle s'enrôle dans la section de jeunesse du parti. Son entrée en politique ? Un réflexe de survie, raconte-t-elle sans s'étendre : « J'ai tellement été persécutée parce que fille de Le Pen… La politique m'a permis de me défendre. » Longtemps envisagée comme héritière évidente pour succéder à son père, elle en a toujours repoussé l'idée. « Une fable de journalistes », raille-t-elle. En 1988, invitée de Thierry Ardisson, elle balaie l'hypothèse dynastique. Le présentateur : « Vous prendrez la suite de votre père ? » Elle : « Non, vous plaisantez, je ne serais franchement pas à la hauteur ! » Si elle défend farouchement une ligne anti-immigration depuis ses débuts en politique, celle qui se définit comme « catholique, nationaliste et moderne » se distingue par un ton lisse, posé et une exaspération devant les provocations paternelles. Un positionnement simple, qui va de pair avec une abnégation sans affect qu'elle met au service du parti. « Marie-Caroline ne peut pas tout choisir dans son parcours politique. Quand elle se présente quelque part, elle apporte le nom Le Pen », observe le Calaisien Marc de Fleurian. Élue pour la première fois conseillère régionale d'Île-de-France en 1992, la « princesse de sang », comme certains la surnomment au parti, enchaîne ensuite les élections pour le Front national : cantonales de 1992, législatives de 1993, cantonales de 1994, législatives de 1997 dans les Yvelines, régionales de 1998… L'année suivante, son départ du parti mettra fin à cette ardeur électorale. L'entrée de Philippe Oliver en politique se veut moins fracassante que celle de sa future épouse. À l'époque où l'aînée des filles Le Pen s'engage au Front national de la jeunesse, lui vit son adolescence en Afrique comme fils d'un administrateur colonial. Après avoir passé ses jeunes années entre le Cameroun, le Mali et la Côte d'Ivoire, il pose ses valises en France à l'âge de 16 ans. « J'avais une vision idyllique de mon pays. Et c'est en voyant l'état réel de la France que j'ai voulu m'engager en politique. » Sa ligne est identitaire. Il devient membre du Groupement de recherche et d'études pour la civilisation européenne, un collectif politico-intellectuel d'extrême droite. En quête d'action, il entend un jour, alors qu'il est en voiture, Jean-Marie Le Pen sur RTL. Il accroche. Le jeune Philippe Olivier devient militant au FN en 1979. Il vient d'avoir 18 ans, les années 1980 qui débutent sont marquées par les premières victoires électorales du FN et son ancrage dans la vie politique française.

Il y a presque vingt-cinq ans, ils quittaient le navire Le Pen avec fracas, donnant lieu à une violente brouille familiale et politique.

« Vingt ans de silence, quand même ! J'avais pourtant fait des tentatives pendant toutes ces années… »

Rien d'étonnant donc à ce que cette décennie soit la période où Marie-Caroline Le Pen et Philippe Olivier situent respectivement leur meilleur souvenir politique. Car avant qu'ils ne le rejettent violemment, c'est le fondateur du Front national qui les a fait rêver. Tous deux évoquent avec nostalgie un meeting de Jean-Marie Le Pen comme point d'orgue de leur passé militant. Pour Marie-Caroline, c'est la campagne législative de 1983 qui reste indépassable. Cette année-là, elle suit son père, candidat, alors qu'il réalise deux réunions publiques quotidiennement pendant quinze jours consécutifs. « Ce qui m'a éblouie, c'est de voir qu'il donnait la même énergie pour convaincre quatre pêcheurs ou 200 personnes. Ça a été une grosse leçon politique. » Pour Philippe Olivier, le meilleur moment, c'est le lancement de la campagne présidentielle de Jean-Marie Le Pen au Zénith en 1987. Le jeune homme est préposé au service d'ordre à l'extérieur et ne rentre dans la salle qu'au dernier moment : « Et là, je réalise que le Zénith est plein ! Rendez-vous compte, pendant des années j'avais connu les trois braves mecs en meeting. Ça a été vraiment émouvant de voir que nos idées décollaient. »

« Philippe a une émotion tous les quarante ans, profitez-en », rebondit malicieusement son épouse Marie-Caroline. Ces deux-là restent très discrets sur le couple qu'ils forment. Ils se sont rencontrés au milieu des années 1990 au conseil régional d'Île-de-France, auquel ils siégeaient alors tous les deux. Ensemble, ils ont élevé cinq enfants – les liaisons politiques sont sans fin : leur fille, Nolwenn Olivier, est la compagne de Jordan Bardella, président du Rassemblement national par intérim.

À l'époque, Marie-Caroline est divorcée de Jean-Pierre Gendron, également élu du FN. Philippe Olivier, lui, est veuf et père de deux enfants. Ils se marient en 1999. Mais l'harmonie familiale et politique ne dure qu'un temps. Dans la foulée de leur union, ils couperont les ponts avec le Front national et son fondateur pendant de nombreuses années, choisissant de suivre Bruno Mégret, bras droit sécessionniste de Jean-Marie Le Pen. Pourquoi ont-ils trahi ? Pour le couple Le Pen-Olivier, les germes de la dissidence grandissent en fait depuis plusieurs années.

Mantes-la-Jolie, le 31 mai 1997. Marie-Caroline mène une belle campagne législative dans la huitième circonscription des Yvelines. Elle affronte le candidat sortant Pierre Bédier, député-maire RPR de la ville. Elle occupe le terrain, sillonnant rues et marchés, jusqu'à son quartier sensible du Val Fourré. Victoire, l'aînée des sœurs Le Pen arrive en tête au premier tour avec 28,48 % des voix. Jalousie ? Goût irrépressible de la provocation ? Jean-Marie Le Pen vient détraquer cette campagne bien huilée. Il décide de se rendre à Mantes-la-Jolie et bouscule violemment l'édile Annette Peulvast-Bergeal. « Moi, sur le moment, je n'ai rien vu de tout ça, et je découvre, sous le choc, les images qui passent en boucle à la télévision », raconte Marie-Caroline Le Pen, qui, vingt-cinq ans après, grimace encore en relatant l'incident. Pour cet affrontement, Jean-Marie Le Pen sera condamné à de la prison avec sursis, en plus d'une amende et d'une peine d'inéligibilité d'un an. Et pour Marie-Caroline, la sanction des urnes est sévère. Au second tour, elle n'obtient que 24,09 % des voix. Soit moins que son score au premier tour.

Le couple, qui vit à l'époque avec le reste de la famille Le Pen dans la propriété familiale de Montretout (Hauts-de-Seine), n'en peut plus. Depuis des années, un dérapage lepéniste chasse l'autre. En décembre 1997, quelques mois avant l'épisode de Mantes-la-Jolie, le président du FN réitérait ses propos sur les chambres à gaz (« Un détail de l'histoire de la Seconde Guerre mondiale »), plongeant un peu plus le parti dans la marginalité politique. Pour Philippe Olivier, c'est à cette période que le déclic s'opère : « J'ai compris que Jean-Marie Le Pen ne voulait pas gagner mais jouir de sa rente. » Marie-Caroline Le Pen se juge elle aussi à bout. « On raconte que j'ai suivi Philippe, qui était le bras droit de Mégret. Mais moi aussi, j'ai voulu partir. » L'un et l'autre pensent, comme Bruno Mégret, qu'il faut dédiaboliser le Front national et le transformer en parti de gouvernement.

La rupture qui s'ensuit est extrêmement violente. La crise entre lepénistes et mégrétistes va devenir une crise familiale. Un matin d'octobre 1998, sa sœur cadette Yann découvre un camion de déménagement dans le parc de

Montretout. Enceinte, l'aînée des filles Le Pen part avec Philippe Olivier. « Avec la scission, j'ai tout perdu. Ma boîte, mes sœurs, mon père... », relate-t-elle aujourd'hui, encore éprouvée. Si elle s'est réconciliée avec ses sœurs au bout de sept ans, deux décennies se sont écoulées sans que son père lui adresse la parole. Ils se sont récemment retrouvés à l'occasion des 90 ans de Jean-Marie Le Pen, en 2018. « Vingt ans de silence, quand même ! J'avais pourtant fait des tentatives pendant toutes ces années... », souffle Marie-Caroline Le Pen.

Politiquement, l'aventure Mégret tourne court. Au début des années 2000, Marie-Caroline tire un trait sur la vie politique pour se consacrer à sa vie de famille. Philippe Olivier, lui, tente de nouvelles aventures à la droite de la droite de l'échiquier politique. Il s'engage auprès de Philippe de Villiers, Nicolas Dupont-Aignan, en vain... Il ne trouve ni nouveau champion à conseiller ni débouchés électoraux à la hauteur de ses ambitions. Petit à petit, il retourne vers le FN. D'abord en 2005, puis en 2012. Patiemment, il aide Marine Le Pen à conquérir le parti. Mais son vrai retour se fera en 2017, après l'exclusion de Jean-Marie Le Pen. Peu à peu, il regagne une place de confiance auprès de sa présidente. Ensemble, ils s'accordent sur la nécessité de rassembler les chapelles nationalistes, quitte à tiédir le discours du parti. « La radicalité en politique, je connais, j'ai testé. Dans les urnes, cela fait 15 %. » Depuis deux ans, Marie-Caroline recommence à mettre le nom Le Pen au service de son camp. Élue en 2021 conseillère régionale d'Île-de-France, elle pourrait également se présenter aux prochaines législatives. « Si on me demande d'y aller. » Rescapé de la radicalité, le duo ne veut pas faire de vagues jusqu'à la présidentielle. Pour peut-être espérer obtenir, avec leur camp, la victoire qui leur échappe depuis quarante ans.

Marie-Caroline Le Pen à l'ancien siège du parti Rassemblement national (RN). Nanterre (Hauts-de-Seine), juin 2021.

Photo de Raphaël Lafargue.

UNE HISTOIRE FRANÇAISE

La présidence, cette mal-aimée (1914-1958)

PAR

Johann Chapoutot

Le troisième gouvernement d'Édouard Daladier photographié devant l'Élysée après sa traditionnelle présentation au président de la République. Paris, avril 1938.

Photo de l'agence de presse Meurisse.

L'histoire de la présidence de la République jusqu'à la Première Guerre mondiale est celle d'une contention : contention, voire refoulement, des tentations du pouvoir personnel. Le souvenir du coup d'État du président Bonaparte, passé de l'Élysée aux Tuileries, et devenu empereur en 1852, prévenait tous les républicains contre une institution dangereuse. S'il fallait un chef de l'État, il importait du moins qu'il ne soit pas élu au suffrage universel direct comme en 1848, et qu'il ne dispose pas d'une légitimité comparable à celle de la représentation nationale. Le conflit entre la Chambre des députés et le président Mac Mahon, en 1877, conduit celui-ci à la démission. Ses successeurs, les parlementaires y veillent, doivent être des personnalités sinon effacées, du moins peu flamboyantes.

Les choses semblent changer avec l'élection en 1913 du jeune et brillant Raymond Poincaré, président du Conseil en 1912-1913. Alors que la gauche s'est accordée sur le nom d'un candidat, Poincaré, qui appartient alors pourtant à ce camp, et contrairement aux usages, maintient sa candidature et est élu.

Le Lorrain semble être l'homme de l'heure à l'été 1914, au moment où la guerre débute contre l'Allemagne : quel plus beau symbole de la revanche ? Mais le président ne peut s'imposer contre la force des institutions : le Parlement s'organise remarquablement pour gouverner, en commissions secrètes, et des présidents du Conseil talentueux se succèdent (Viviani, Briand, Painlevé). Alors que la guerre s'éternise et épuise le pays, le Parlement plébiscite un député et ancien ministre dont l'autorité personnelle effraie Poincaré, mais qu'il est bien forcé de nommer : Georges Clemenceau dirige le gouvernement de novembre 1917 à janvier 1920 et devient, par son énergie et son talent oratoire, l'incarnation de la victoire, un « père de la patrie » dont la gloire éclipse toutes les autres.

En 1919-1920, tous les scrutins suspendus par la guerre reprennent, pour que la vie démocratique et institutionnelle retrouve son cours normal. Poincaré ne se présente pas à sa succession, comme le veut l'usage non écrit depuis 1877, et Clemenceau laisse entendre qu'il pourrait se présenter à la présidence, sans toutefois le faire officiellement. Il y renonce face à la perspective d'une défaite : les parlementaires sont las des héros et des grands hommes. Selon le mot de Clemenceau lui-même, à propos de Sadi Carnot jadis, ils vont donc « voter pour le plus bête ». C'est ainsi le très poli, très mondain et très insignifiant Paul Deschanel, président de la Chambre des députés, qui est élu. Un destin tragique et absurde, à la Dürrenmatt : après avoir ambitionné cette fonction toute sa vie, après y avoir travaillé inlassablement, à coups de déjeuners, de machinations subtiles et de petits mots, il est frappé de dépression, ainsi que d'un somnambulisme qui provoque sa chute d'un train de nuit, le 13 mai 1920. Deschanel démissionne après sept mois à l'Élysée, véritable chambre de décompensation.

La majorité de droite, la « Chambre bleu horizon », se réunit donc de nouveau à Versailles, en Congrès (Chambre et Sénat), pour élire l'un des siens, l'ancien socialiste, désormais conservateur à tendance autoritaire, Alexandre Millerand, qui est alors président du Conseil. Il s'agit, dans un contexte de troubles sociaux dus au retour à une économie de paix et à l'inflation, de montrer que l'État, contrairement au malheureux Deschanel, a toute sa tête. Millerand, du reste, l'entend bien ainsi : il nomme un chef du gouvernement effacé, Georges Leygues, et continue à se comporter en président du Conseil des ministres, convoque ministres et directeurs d'administrations centrales à l'Élysée, donne son avis, tranché, sur la conduite des affaires de l'État, etc. Il prône ouvertement une autre interprétation, voire une modification, des lois constitutionnelles de 1875. La perspective d'une victoire de la gauche aux élections législatives de 1924 lui inspire un discours de combat, prononcé à Évreux (Eure) le 14 octobre 1923 : il y défend une lecture présidentialiste des institutions et défend sans ambages le bilan du Bloc national (droite) tout en prévenant des dangers qu'implique le programme du Cartel des gauches. La victoire du Cartel le 11 mai 1924, véritable traumatisme pour la droite, aboutit au conflit ouvert avec la Chambre des députés : Édouard Herriot, chef du Parti radical, pressenti par le président pour prendre la tête du gouvernement, refuse. Millerand nomme alors, le 7 juin 1924, François-Marsal président du Conseil, dont le gouvernement est contraint de démissionner le 10, car les députés lui refusent la confiance. Alexandre Millerand abandonne la présidence le 11 juin, un mois jour pour jour après les élections législatives.

L'affaire du « discours d'Évreux », après la « crise du 16 mai [1877] », scelle définitivement le sort de la présidence sous la IIIe République : en régime parlementaire, c'est bel et bien le Parlement qui gouverne, et qui force l'Élysée au respect dès que le président entend sortir des étroites limites définies non seulement par les lois de 1875, mais aussi par la coutume politique issue de la crise de 1877, ce que l'on a surnommé la « Constitution Grévy », du nom du successeur de Mac Mahon, partisan de la retenue, voire de la discrétion, présidentielle.

Le conflit de 1924 est réglé par l'adoption d'une méthode qui semble être l'indémodable martingale de la stabilité : le Congrès élit à Versailles le président du Sénat président de la République, comme Émile Loubet et Armand Fallières avant la guerre. Gaston Doumergue est ainsi désigné le 13 juin 1924, et lui succéderont, de manière métronomique, Paul Doumer, le 13 juin 1931, puis, après une seule année de mandat, Albert Lebrun, le 10 mai 1932. Paul Doumer, cacique de la IIIe République, ancien gouverneur général de l'Indochine française, est en effet assassiné le 7 mai 1932 lors d'un événement mondain à Paris, par un Russe blanc manifestement atteint de troubles psychiatriques – ce qui

« Au fond, comme chef de l'État, deux choses lui avaient manqué : qu'il fût un chef ; qu'il y eût un État. »

DE GAULLE – *MÉMOIRES*

ne le sauvera pas de la guillotine. L'émotion est immense, car il s'agit du second assassinat d'un président depuis celui de Sadi Carnot en 1894, et parce que Paul Doumer, *pater dolorosus*, avait vu mourir quatre de ses cinq fils lors de la Grande Guerre, devenant de ce fait la personnification du deuil national.

C'est ainsi la mort d'un président qui fait toute l'actualité de la présidence entre 1924 et 1940 car, depuis la démission de Millerand, l'Élysée est rentré dans le rang. Les seuls qui s'aventurent à prôner un renforcement du pouvoir exécutif sont issus des bancs de la Chambre et du gouvernement, comme André Tardieu à partir de 1934, ou Pierre Laval, par sa pratique des décrets-lois en 1935. L'histoire politique est illustrée par des personnalités fortes à Matignon, devenu le siège de la présidence du Conseil en 1935 : Laval à droite (1931-1932 et 1935-1936), Blum à gauche (1936-1937), Daladier au centre (1938-1940).

Suivant les exemples de Doumergue et Doumer (« Bientôt, on aura Dou », dit une chanson satirique de l'époque, qui relève plaisamment cet apetissement présidentiel), Albert Lebrun, homme de l'Est lorrain, parfaite incarnation de la méritocratie républicaine (un X-Mines issu d'un milieu modeste), s'en tient scrupuleusement à la « Constitution Grévy ». De haute taille, digne et réservé, adorné d'une moustache impeccable, il semble être né en frac et haut-de-forme et effectue avec un naturel parfait ses fonctions de représentation de l'État. Contrairement aux usages, il est réélu à Versailles le 5 avril 1939, mais seulement parce qu'il incarne la continuité de l'État au moment où l'Europe tremble sous les coups de boutoir de l'Allemagne nazie, qui vient de détruire la Tchécoslovaquie (15 mars 1939) et qui, déjà, déclenche une crise en Pologne. Édouard Daladier, le tout-puissant président du Conseil, était tenté par l'Élysée, mais sa majorité lui a fait comprendre qu'il était plus utile à la tête du gouvernement que dans l'ancien hôtel particulier de la Pompadour. Sans doute aurait-il fallu une personnalité plus proche de la sienne (on le surnommait le « taureau du Vaucluse », dont il était originaire) pour encaisser le choc de la débâcle de mai-juin 1940 et l'évacuation du gouvernement de Paris vers Cangé, puis vers Bordeaux, ainsi que pour résister à la pression personnelle et morale exercée par ceux qui veulent en finir avec la République à la faveur de la défaite. Albert Lebrun, patriote indubitable, est favorable à la poursuite des combats depuis les colonies, après un repli du gouvernement et de ce qu'il reste de l'armée en Afrique du Nord. Cette solution, prônée par le nouveau président du Conseil, Paul Reynaud, mais aussi par le ministre de l'Intérieur, Georges Mandel, le sous-secrétaire d'État à la Guerre, Charles de Gaulle, et les présidents des deux assemblées échoue devant le refus de Philippe Pétain et du chef des armées, le général Maxime Weygand. Le 16 juin, Reynaud démissionne et Lebrun nomme Pétain président du Conseil, en partie pour lever l'hypothèque et lui permettre de tenter des pourparlers avec l'Allemagne, lesquels, ayant échoué, laissent la voie libre à un retour de Reynaud – calcul risqué.

Le 21 juin, Lebrun s'apprête à embarquer sur le navire *Massilia* vers l'Afrique du Nord quand son bureau, à la préfecture de Bordeaux, est envahi par Pierre Laval et Adrien Marquet, maire de la ville : Laval, favorable à l'armistice et au changement de régime, menace explicitement le président, qui obtempère et renonce à quitter la métropole. Lebrun suit le gouvernement Pétain à Vichy où, à la demande de Laval, il signe la convocation des Chambres en Congrès au casino de la ville. C'est ce Congrès qui, le 10 juillet 1940, donne les pleins pouvoirs au maréchal Pétain, qui devient *de facto* chef du gouvernement et chef de l'État tout à la fois. Lebrun quitte Vichy pour Vizille, en Isère, où se trouve une partie de sa famille, et où il demeure jusqu'en août 1944, à l'exception d'un intermède de quelques mois en résidence surveillée en Autriche, en 1943. Formellement, Lebrun n'a jamais démissionné, et, l'ordonnance du 9 août 1944 annulant tous les actes de Vichy à compter du 10 juillet 1940, des juristes évoquent le retour de Lebrun à la présidence d'une République qui n'a juridiquement jamais cessé d'exister, ce que les gaullistes s'évertuent à dire – après tout, le mandat de Lebrun, élu en mai 1939, court jusqu'en mai 1946.

En octobre 1944, Lebrun rencontre de Gaulle, chef du Gouvernement provisoire de la République française (GPRF), qui travaille à sa reconnaissance officielle par les alliés, jamais pleinement acquise à cause des réticences de Roosevelt à l'égard d'un général issu de la droite catholique et monarchiste, par ailleurs un brin mégalomane. De Gaulle racontera par la suite avoir refusé la transmission des pouvoirs que Lebrun lui aurait proposée, ce que ce dernier contestera. Le général, prodigieusement cruel, note dans ses *Mémoires* :

« Au fond, comme chef de l'État, deux choses lui avaient manqué : qu'il fût un chef ; qu'il y eût un État. »

Au-delà de l'épigramme, cette remarque résume la vision que de Gaulle nourrit du personnel politique de la IIIe République ainsi que des institutions de celle-ci. Comme chef du gouvernement provisoire, il fait des merveilles, en rétablissant l'autorité de l'État et, en alliance avec les communistes, en menant des réformes sociales et institutionnelles fondamentales, comme la création de la Sécurité sociale ou celle de l'ENA. Il ne parvient cependant pas à imposer ses vues sur l'organisation des pouvoirs, au moment où les partis discutent de la future Constitution à donner à la France. De Gaulle veut une république présidentielle en rupture nette avec la IIIe République, alors que les partis, soucieux de retrouver la normalité républicaine interrompue en 1940 à Vichy, défendent un régime parlementaire. Le chef du GPRF démissionne le 20 janvier 1946 et a le plaisir de constater que le projet de Constitution est rejeté par le référendum du 5 mai 1946. C'est dans ce contexte qu'il tient un discours important à Bayeux, en Normandie, le 16 juin 1946, deux ans après le discours qui avait marqué son retour en métropole, peu après le débarquement. Il vaut la peine d'être cité, car il contient en germe toute la Constitution de 1958 et est issu des réflexions de tous ceux qui, comme le jeune conseiller d'État Michel Debré, voulaient instaurer un pouvoir exécutif fort en 1934. Les institutions de la IIIe République sont vouées aux gémonies, car elles « n'avaient pas répondu aux nécessités nationales et [...] avaient, d'elles-mêmes, abdiqué dans la tourmente ». Au rebours des institutions de 1875, il faut que « les pouvoirs publics, législatif, exécutif, judiciaire, soient nettement séparés et fortement équilibrés, et qu'au-dessus des contingences politiques soit établi un arbitrage national qui fasse valoir la continuité au milieu des combinaisons » des partis – soit un président fort. Il n'est pas question de revenir à un régime parlementaire, car « du Parlement, composé de deux Chambres et exerçant le pouvoir législatif, il va de soi que le pouvoir exécutif ne saurait procéder, sous peine d'aboutir à cette confusion des pouvoirs dans laquelle le gouvernement ne serait bientôt plus rien qu'un assemblage de délégations ». Le chef de l'État doit procéder d'une autre source, du suffrage universel (indirect) du peuple français : « À lui la tâche de présider les Conseils du gouvernement et d'y exercer cette influence de la continuité dont une nation ne se passe pas. À lui l'attribution de servir d'arbitre au-dessus des contingences politiques, soit normalement par le Conseil, soit, dans les moments de grave confusion, en invitant le pays à faire connaître, par des élections, sa décision souveraine. À lui, s'il devait arriver que la patrie fût en péril, le devoir d'être le garant de l'indépendance nationale et des traités conclus par la France. » De Gaulle ne peut empêcher que les Français approuvent, en octobre 1946, une constitution parlementaire qui exclut tout président fort. La magistrature suprême sera exercée par Vincent Auriol, ancien ministre du Front populaire, dont l'autorité morale et l'intelligence politique permettront aux partis, divisés par la guerre froide et les guerres coloniales, de continuer à dialoguer, puis par René Coty, le « raïs » exalté par OSS 117 dans une comédie bien connue – scène burlesque tant ce M. Prudhomme incarnait toutes les vertus de tempérance, sinon de médiocrité, que les parlementaires attendaient du chef de l'État.

On suit, dans l'énumération de Bayeux, et article par article, les dispositions de la Constitution d'octobre 1958. On y lit la mystique du pouvoir fort, chère à un homme qui, de tradition catholique et monarchiste, est sensible à une histoire capétienne de la France – celle des rois qui, patiemment, firent et refirent le royaume. Homme providentiel, et qui ne cessera de se mettre ainsi en scène, de Gaulle confond dès 1940 son destin avec celui du pays. Ce qui a été panache, courage et rébellion en 1940 devient conservatisme et dogme après 1946, avec la fondation du Rassemblement pour la France (RPF), puis le retour au pouvoir en 1958. Suite à cela et la Constitution de 1958, ce sont toutes les idées autoritaires propres aux partisans de la « réforme de l'État » des années 1920 et 1930 qui s'imposent, dans un contexte exceptionnel – celui d'une guerre coloniale qui n'en finit pas et qui vire à la guerre civile. ■

Il faut [...] « qu'au-dessus des contingences politiques soit établi un arbitrage national qui fasse valoir la continuité au milieu des combinaisons » des partis – soit un président fort.

MICHEL DEBRÉ

QUOTIDIEN

LA FABRIQUE DE L'INFO

Quotidien et la politique : « Je t'aime, moi non plus »

PAR

Alexandre Duyck

L'émission phare de TMC, aux audiences insolentes, excelle dans la critique et l'analyse de la vie politique, notamment la communication. Mais quand il s'agit d'inviter des personnalités, le ton se fait consensuel, presque révérencieux. Et si Yann Barthès et ses équipes entretenaient un rapport schizophrénique à la politique ?

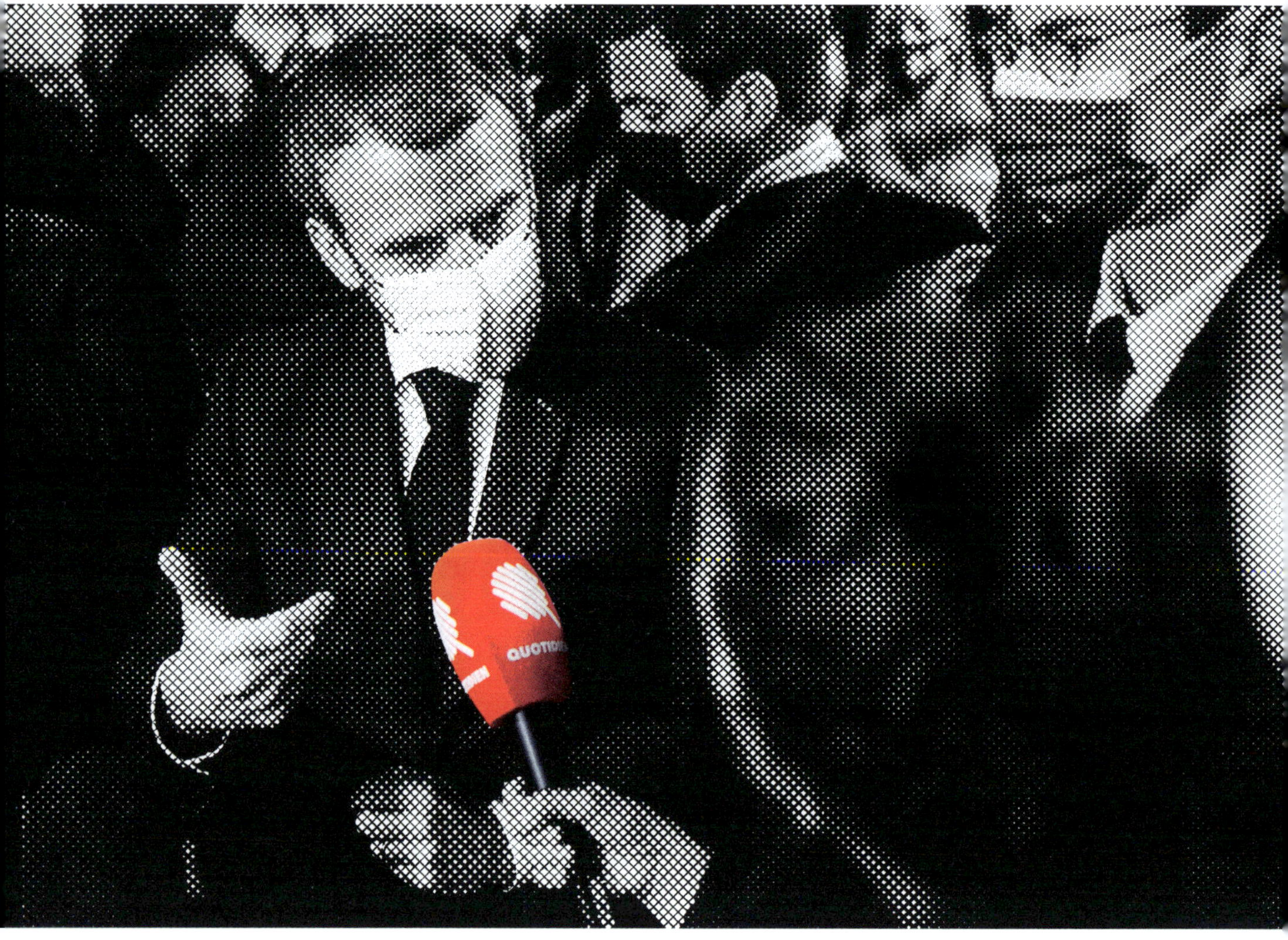

Page précédente : Microphone de *Quotidien* (TMC) lors du Campus des Jeunes Républicains au Parc floral. Paris, septembre 2021.

Photo de Victor Joly.

« Les interviews sont extrêmement soft, à la limite de la connivence. On est plus dans un dîner en ville que face à Jean-Jacques Bourdin ! »

Sans doute Nicolas Sarkozy a-t-il passé de plus délicates situations sur un plateau télé depuis ses débuts en politique. Nous sommes le 10 septembre 2020, l'ancien président de la République est l'invité de *Quotidien* pour y faire la promotion de son nouveau livre, *Le Temps des Tempêtes,* qui vient de paraître [1]. « Émission spéciale », prévient Yann Barthès en souhaitant la bienvenue à l'ancien chef de l'État. On se salue, on fait des blagues, on n'est pas entre amis mais c'est tout comme. Nicolas Sarkozy, invité unique et choyé, jamais mis en danger par son intervieweur, jamais interrogé sur ce qui pourrait fâcher alors que, forcément, les sujets ne manquent pas. « On aurait dit une discussion entre potes, ou un étudiant intimidé face à l'ancien président », raille un journaliste politique. De fait, durant toute l'émission, ni profondeur ni polémique, mais plaisanteries et blagues. Voire flatterie. Quand Yann Barthès demande à Nicolas Sarkozy : « C'est quoi, un bon président ? » et que l'ancien leader de la droite répond : « Un combattant », l'animateur enchaîne : « Et ça, le combattant, on le voit bien tout au long de votre livre. » Et Sarkozy d'être obligé de faire le modeste. Un comble.

The place to be

Émission phare de la tranche 19 heures-21 heures devant *C à vous*, présenté par Anne-Elisabeth Lemoine sur France 5, et *Touche pas à mon poste !* (*TPMP*) avec Cyril Hanouna sur C8, *Quotidien* cartonne tous les soirs sur TMC (groupe TF1). Exemple pris au hasard, le 24 janvier 2022 au soir : *Quotidien* deuxième partie rassemble 2,16 millions de téléspectateurs, soit 8,9 % de parts de marché, devant *TPMP* (1,81 million pour 7,6 %) et *C à vous* (1,16 million pour 5,9 %). Même classement pour la première partie des trois programmes, avec là encore *Quotidien* en tête. Pour tous les attachés de presse de la terre, *Quotidien* est donc l'émission de télévision française dans laquelle il faut se montrer. La preuve : qu'une grande star américaine ou britannique de la chanson ou du cinéma sorte un nouvel album ou un film, c'est là (et souvent là seulement) qu'elle se produira. Pour les politiques, la vitrine est également des plus séduisantes, surtout dans des conditions de réception comparables à celles de Nicolas Sarkozy : « L'émission est toujours bienveillante à l'égard du politique quand il est invité, il ne prend pas de risques en venant ici, analyse Philippe Moreau-Chevrolet, fondateur et P-DG de l'agence de communication MCBG Conseil et professeur à Sciences Po. Les interviews sont extrêmement soft, à la limite de la connivence. On est plus dans un dîner en ville que face à Jean-Jacques Bourdin ! »

Yann Barthès et ses journalistes raillent à longueur d'émission, souvent avec pertinence, le monde politique, ses éléments de langage, son manque d'honnêteté, les faux-semblants... Mais les cordonniers étant les moins bien chaussés, l'équipe qui incarne et fait *Quotidien* n'applique pas à elle-même cette exigence de transparence qu'elle attend des autres. Il ne nous a pas été possible d'échanger ni avec Yann Barthès (qui refuse pratiquement toutes les demandes d'entretien) ni avec aucun membre de l'équipe de *Quotidien*. Un temps, Laurent Bon, coproducteur de l'émission et cofondateur en 2011, avec Barthès, de Bangumi (qui se présente comme la « première société audiovisuelle indépendante en France », produisant des talk-shows, des magazines et des documentaires pour TF1, TMC, France 2, France 3, France 5, Arte, Canal+ et M6), nous a promis, par SMS, d'échanger avec nous. Et de nous faciliter la tâche pour nous entretenir avec des membres de la troupe. Puis, silence radio. Même chose avec ce journaliste de l'équipe contacté par Twitter et qui n'a plus donné signe de vie. Même quand ils ont quitté l'émission, les ex-*Quotidien girls and boys* soit déclinent l'invitation à échanger, soit réclament de s'exprimer anonymement, *off the record*.

Taubira superstar

Né à Chambéry en octobre 1974, six mois après l'arrivée au pouvoir de Valéry Giscard d'Estaing, Yann Barthès est unanimement décrit comme un dingue de politique. Pas au sens militant (on ne lui connaît aucune adhésion à aucun parti) ni comme quelqu'un d'avide de se placer, d'une certaine façon, au centre d'un jeu mêlant notoriété personnelle et enjeux de société, à la manière de son ennemi intime, Cyril Hanouna. Barthès se passionne plutôt pour la politique au quotidien, les luttes de pouvoir, les coups de poignard, les effets de communication, les alliances qui ne durent jamais, les contradictions dans les discours et les prises de position. Cette passion explique la large place occupée par la politique, jadis dans *Le Petit journal*, qui le fit connaître sur Canal+, puis, depuis 2016, dans *Quotidien* sur TMC. D'autant que son acolyte Laurent Bon, véritable chef d'orchestre de l'émission, est décrit de l'intérieur comme véritablement accro à l'actualité politique. Cette appétence transparaît chaque jour lors de la conférence de rédaction matinale à effectif réduit – à laquelle ne participe pas Barthès – et qui va décider du choix des reportages, des décryptages, des invités sur le plateau. Du contenu de la rubrique « Le 20:15 Express », essentiellement consacrée, au sens large du terme, à la politique, évoquant par exemple les abstentionnistes, se demandant « qui sont les militants de Nantes Révoltée », passant une

Emmanuel Macron parle à la presse au sommet de la COP26. Glasgow, Écosse, novembre 2021.

Photo de Raphaël Lafargue.

1 – Éditions de l'Observatoire, 2020.

semaine à Marseille lors d'un déplacement du président de la République. Ou racontant le meeting d'Éric Zemmour le 5 décembre dernier à Villepinte. Ce jour-là, l'équipe de l'émission, pourtant accréditée, se fait huer et insulter avant d'être exfiltrée sous un flot de menaces. « Les gauchiasses dehors », « *Quotidien* collabos ! », et autres douceurs que les courageux journalistes ont l'habitude de récolter, notamment de la part des militants d'extrême droite qui n'hésitent pas à les agresser physiquement.

Le positionnement idéologique de *Quotidien* est assez clair. Assurément plus Taubira que Zemmour ou Le Pen qui, contrairement à chez Hanouna, ne sont jamais invités – un choix tout à fait assumé. Une pensée très progressiste, au sens défense des minorités, pro-LGBT, antiraciste, mais pas mélenchoniste puisque les relations avec La France insoumise (LFI) sont depuis longtemps plus que tendues. Un jour, le présentateur de TMC lit en direct le mail envoyé par La France insoumise après une demande de tournage d'un meeting : « Nous avons constaté qu'à chaque présence à nos événements, les équipes de *Quotidien* s'affranchissaient systématiquement des règles les plus élémentaires. Présence sur les zones non autorisées pour les journalistes. Non-respect des indications transmises par les équipes presse. Insistance pour interviewer des participants contre leur volonté. Mépris des consignes de sécurité. » Faits démentis par le présentateur, répétés par Jean-Luc Mélenchon, qui accuse le programme de manipulation et même de « complaisance » avec la police (à la suite de la perquisition mouvementée au siège de La France insoumise en octobre 2018).

Pendant quelque temps, les équipes n'ont plus été accréditées pour les réunions publiques ou conférences de presse de LFI. « Ce qui m'agace avec *Quotidien,* c'est qu'ils sont dans une posture, explique Alexis Corbière, député LFI de la Seine-Saint-Denis. Ils folklorisent tout. Comme s'il y avait toujours quelque chose à cacher. Ou comme si nous étions des excités. Sauf que si vous débarquez au moment où je parle avec quelqu'un, que vous me mettez un micro sous le nez, que vous m'interrompez dix fois en me posant dix fois la même question, oui, il y a des chances qu'à un moment je m'énerve. Le souci est que si vous ne montrez que ça à l'antenne, ce n'est pas honnête. » Même chose au sujet de la fameuse perquisition. « Ils ont fait une sélection d'images qui ne montraient pas la réalité dans son intégralité, comme s'il n'y avait eu que des moments de tension avec les policiers alors que ce n'est pas le cas. Et ils les ont diffusées et encore diffusées, tout ça pour faire quelque chose de spectaculaire. » À la fin de l'été dernier, les choses se sont apaisées. « On s'est expliqués et, depuis, ils sont de nouveau accrédités et parfaitement libres de faire leur travail, reprend Corbière. Après, oui, disons qu'ils sont plus indulgents avec Christiane Taubira qu'avec nous, c'est le moins que l'on puisse dire. C'est un peu le portrait-robot de leur point de vue idéologique. »

« Mauvais comme un cochon »

Quotidien et l'actualité politique, le thème se décline en trois temps. Le premier ? Les décryptages face caméra de la part des journalistes chroniqueurs (Lilia Hassaine, Julien Bellver, Paul Moisson, Paul Gasnier...), que la plupart des spécialistes jugent réussis, clairs et approfondis. « Ça éclaire bien les choses sur la com' politique et le dessous des cartes pour un public plutôt jeune, reconnaît un reporter politique de presse écrite. Ils ont du temps, près de cinq minutes, quand, sur France 2, ça se fait en cinquante secondes. Par contre, je leur reproche de ne pas assez donner leurs sources d'inspiration. En gros, c'est comme une revue de presse dans laquelle tu ne cites pas les médias dont tu t'inspires pour écrire ton propre texte... »

Deuxième temps : les interviews en plateau. Celles-ci sont suspendues depuis la rentrée de septembre 2021 pour cause de campagne électorale. Seule exception à la règle, Christiane Taubira, invitée à l'automne – avant sa déclaration de candidature. Sans quoi les politiques n'ont plus accès au plateau. Explication de Yann Barthès au micro de Sonia Devillers sur France Inter : « Il n'y a que des gens qui parlent et qui débattent à la télévision pour finalement ne pas dire grand-chose. On veut faire l'anti-chaîne d'information, l'anti-blablabla... En 2021, il y a 150 interviews politiques par semaine tous médias confondus. En 2015, il y en avait la moitié : 70. C'est-à-dire que tout le monde parle. Et là, je ne parle pas des débats, je parle des politiques. Tout le monde parle. On n'en peut plus, il y en a trop. » Conclusion ? « Il n'y aura pas d'invité politique cette année. Il y en aura partout ailleurs ! En général, quand on en reçoit, le peu de fois où c'est arrivé, on se fait taper dessus parce que les téléspectateurs n'aiment pas ça. Ils ne comprennent pas pourquoi, quand ils ne sont pas là, on décortique leurs tics de langage et, quand ils sont là, on ne leur met pas le nez dedans. Donc il vaut mieux ne pas les recevoir. » Des propos qui, soulignait alors *Le Figaro*, venaient contredire ceux tenus par Ara Aprikian, directeur général des contenus de TF1, annonçant alors dans les colonnes du journal que Gabriel Attal, porte-parole du gouvernement, serait le premier invité de la nouvelle saison de *Quotidien*...

Mais il est vrai qu'à l'instar de celle de Nicolas Sarkozy, les interviews de personnalités politiques ne sont pas le point fort d'une émission régulièrement décriée pour servir de promotion et non de lieu de contradiction. *Télérama*[2] a notamment dénoncé la publicité qui y est faite des programmes *made in* TF1, du concours de Miss France à *Danse avec les stars* en passant par *Koh-Lanta*... « Cyril Hanouna, sors de ce corps ! », écrivait l'hebdomadaire. Ajoutant : « *Quotidien* souffre de plus en plus de schizophrénie, écartelé entre sa marque de fabrique, une déconstruction de com' ironique et incisive, et une tendance accrue à la promo inconsistante et mielleuse. » Difficile, dans ce cadre, de mettre en difficulté son invité, fût-il une personnalité politique. « Yann Barthès n'est pas très bon en interview, on peut même dire que certaines fois, en face des politiques, il est mauvais comme un cochon, balance Benoît Daragon, journaliste spécialiste des médias au *Parisien*. Il est bien meilleur face à Catherine Deneuve. » La chargée de com' d'un poids lourd du gouvernement ajoute : « C'est sûr qu'il est meilleur en face de Line Renaud, où, pour le coup, il est excellent. Après, c'est compliqué d'être bon en interview et de poser des questions de fond quand tu passes ton temps à te moquer et à ricaner du métier de politique. *Quotidien* possède une vraie force de frappe, celle de pouvoir toucher le trentenaire ou le jeune quarantenaire qui veut de la liberté de ton, qui est plutôt CSP+, qui veut quelque chose de déconnant mais intelligent. Je les trouve très modernes dans leurs approches, dans leurs angles d'attaque. De notre côté, ils nous permettent de valoriser notre boss, en le faisant apparaître sur le plateau, grâce au côté décontracté, sous un jour nouveau et de valoriser ce que nous faisons, ce qui est quand même notre objectif. Mais ils sont effectivement chiants quand ils ne vont pas montrer la réalité telle qu'elle est sur le terrain et laisser croire par exemple qu'une personnalité parle mal aux gens, alors que c'est faux. »

Poil à gratter consensuel

C'est d'abord par son ton original, insolent, ironique et par ses reportages sur le terrain que *Quotidien* s'est taillé une réputation. Les fameux micros qui traînent et attrapent au vol ce qui ne devrait pas être entendu ; les candidats mis en difficulté par des questions que les autres journalistes n'osent pas poser, comme Anne Hidalgo en a fait les frais en janvier 2022, juste avant le vote de la Primaire populaire ; cette ironie à l'égard des Jeunes avec Macron qui font comme s'il existait un suspens au sujet de la candidature de l'actuel président. Les moqueries (justifiées) à l'encontre des éditorialistes et commentateurs des chaînes d'info continue. Et celles où l'on cogne (assez drôlement, il faut l'admettre) sur les habituelles têtes de turc, les inévitables Nicolas Dupont-Aignan, Jean Lassalle et Nadine Morano qui, malgré les critiques qu'ils formulent à l'égard de l'émission, lui doivent une certaine partie de leur notoriété. « Ils en ont fait des personnages, dans la lignée de ce que faisaient *Les Guignols de l'info*, reprend Philippe Moreau-Chevrolet. Mais comme on parle d'une émission très prudente, très produite, montée à l'avance, on est sur un ton

2 – Marie-Hélène Soenen, « Quotidien vire de plus en plus à l'émission promo de TF1 », *Télérama*, 21 décembre 2017.

Quotidien s'est taillé une réputation. Les fameux micros qui traînent et attrapent au vol ce qui ne devrait pas être entendu.

« On arrive avec une question reloue, on ne rentre pas dans leur stratégie de com', on les fait chier parce qu'on dévoile ce que les chargés de com' et les politiques ne veulent pas montrer. »

UNE ANCIENNE MEMBRE DE LA RÉDACTION

forcément bien moins subversif que ne l'étaient les Guignols à leurs débuts. »
Une ancienne chargée de la communication d'Édouard Philippe se souvient aussi d'un déplacement en province au cours duquel elle a pu observer, à ses dépens, le côté malin, rusé, presque sioux, des équipes de l'émission. « Ils sont forts, ils ont toujours un coup d'avance. Par exemple, ils savent très bien être là où les autres ne sont pas. » Ce jour-là, lors d'un déplacement officiel, tous les journalistes attendent le Premier ministre à l'endroit qu'il doit visiter sous les yeux des caméras. Tous, sauf *Quotidien*, qui s'est posé à la gare SNCF. Édouard Philippe et son staff descendent du train, et qui est là pour les accueillir et parcourir à pied le trajet qui les sépare de leur destination ? « Ils étaient les seuls et du coup, comme de notre côté il fallait bien aller au point de ralliement, à pied qui plus est, ils ont été avec nous pendant quinze minutes. Pour poser plein de questions et, si d'aventure le mec trébuche, être les seuls à filmer. » Ce qui n'arrive pas ce jour-là. « On n'est pas dans le journalisme politique comme le font les autres chaînes, explique une ancienne membre de la rédaction. On ne fait pas de "*off*", on décrypte, on montre la réalité des choses, les coulisses. On arrive avec une question reloue, on ne rentre pas dans leur stratégie de com', on les fait chier parce qu'on dévoile ce que les chargés de com' et les politiques ne veulent pas montrer, mais du coup je trouve que c'est une façon rafraîchissante, complémentaire avec les JT de faire du journalisme politique. » Benoît Daragon, du *Parisien*, loue les mérites de leur présence sur le terrain, partout et tout le temps, rivalisant en cela avec les grands journaux télévisés. « C'est une vraie plus-value. Ils sont aussi très forts pour démontrer les grosses ficelles de la communication, les éléments de langage, tout ce qui paraît anodin mais ne l'est pas tant que cela. » Dans un entretien au *Monde* en 2020, l'une des journalistes vedettes de l'émission, Salhia Brakhlia, partie depuis la rentrée dernière chez France Info, confiait avoir attrapé le virus de la politique au *Petit Journal*, l'ancêtre de *Quotidien*. « Son ambition ? écrivait le *Monde* en parlant d'elle et de sa pratique journalistique : Ne surtout pas être là où les autres journalistes sont et plutôt aller là où ils ne sont pas. » Et Salhia Brakhlia d'ajouter, dans ce même article : « Avant le discours d'un politique, tu vois [dans les coulisses] les personnes qu'ils emploient, ce qu'elles lui disent, etc. C'est comme ça qu'on montre ce qu'il y a derrière les discours officiels. » La journaliste citait alors en exemple la campagne présidentielle de 2012, pendant laquelle elle couvrait un déplacement du candidat Sarkozy, accueilli par une foule présentée comme composée de Français lambda, alors qu'il s'agissait de militants UMP...

Mais à force de décrypter, de montrer les petits arrangements, les contradictions dans les discours (grâce à un travail sur les archives remarquable), les trahisons, les éléments de langage, bref, le côté peu ragoûtant de l'activité politique, *Quotidien* ne participerait-il pas au désenchantement actuel ? C'est la question que pose Nicolas Kaciaf, maître de conférences en science politique à Sciences Po Lille, spécialiste de l'histoire et de la sociologie des médias. S'il trouve leurs journalistes « bons et audacieux », et les chroniques de décryptage pertinentes, il juge que celles-ci marquaient davantage les esprits il y a une quinzaine d'années au *Petit Journal*. « Là, on est plus dans une forme de routine. Mais ça reste intéressant de montrer ce qu'un politique ou un élu veut faire voir comme réalité. Après, une trop grande insistance sur les faux-semblants pourrait laisser croire que la politique n'est que cela. » Nicolas Kaciaf estime aussi que ce qui intéresse *Quotidien*, ses journalistes et sa rédaction en chef, relève davantage du jeu, au sens politico-politicien. Plus que les grandes questions sociétales, économiques, internationales, qui sont pourtant elles aussi du ressort de la politique. « Ils ne veulent pas tellement s'y confronter et ne voient qu'un lieu d'affrontement pour le pouvoir et non de débat, de confrontation d'idées. Le ton est également devenu plus respectueux à l'égard du personnel politique, beaucoup moins sarcastique qu'au début. Après, Barthès laisse parler ses interlocuteurs, leur donne du temps. Certes, il y a des contraintes inévitables et exacerbées par l'appartenance au groupe TF1. Mais il a contribué à casser l'image de la chaîne "de droite et vieillissante". » Quand on demande à ses étudiants de Sciences Po Lille quelles émissions ils regardent, *Quotidien* arrive toujours en tête. Certes, les étudiants de Sciences Po Lille ne sont pas la jeunesse française dans son ensemble. Mais ils représentent aussi une tranche d'âge qui regarde peu, voire pas du tout, la télévision.

Pour Philippe Moreau-Chevrolet, l'émission, forte par ailleurs d'une capacité de critique « intelligente », possède un double visage. Des chroniques et des reportages qui, par leur ton incisif, servent de « poil à gratter ». De l'autre côté, en plateau, un « environnement beaucoup plus consensuel et gentil, comme un espace sécurisé pour les politiques, sans mise en danger. Mais du coup sans événement non plus, l'invité demeurant dans sa zone de confort », au point qu'une impression de malaise peut parfois s'installer comme, dans un autre registre, avec Patrick Poivre d'Arvor en mars 2021. « *Quotidien* est à cet égard trop bienveillant pour être un contre-pouvoir, reprend Moreau-Chevrolet. Ils ne jouent pas non plus un rôle déterminant dans la campagne. Ils ne savent pas gérer les invités politiques, ils sont trop proches d'eux. À force d'être trop consensuel, trop dans la connivence, on empêche qu'il se passe vraiment quelque chose. Ce serait bien de prendre plus de distance. » Chose faite depuis septembre dernier puisque ces invités-là sont devenus *persona non grata*. On verra bien à la fin de l'été, quand l'émission reprendra, s'ils seront de retour ou si *Quotidien* s'affranchira pour de bon de la gent politique. L'émission attaquera alors sa saison sept – l'âge de raison. ■

Quotidien (TMC) à la préfecture de Valence (Drôme) pour le déjeuner-débat avec Emmanuel Macron. Valence (Drôme), janvier 2019..

Photo de Delmarty.

ENQUÊTE LITTÉRAIRE

Au bar-PMU de La Genétouze

Sur qui parient les turfistes du PMU fictif de la Genétouze ? Une plongée dans l'ambiance des bars-tabac de Haute-Saintonge : Jonzac, Chevanceaux, Montendre et Mirambeau.

PAR

Jean-Charles Chapuzet

ILLUSTRATIONS

Éric Vanderhaegen

« Zemmour, c'est le meilleur, t'as vu ce qu'il monte... Et elle a fait l'ENA, je l'ai vu dans une émission... Marine Le Pen, c'est fini ! »

Un bruit grinçant de ferraille bouscule l'épais silence de la cité transie. Au travers de cette nuit glaciale, mêlée d'une copieuse brume qui enveloppe la place du Château, une faible lumière apparaît derrière la vitrine à proportion que le rideau s'élève. Ce dernier s'enroule et disparaît derrière la façade, rattrapant les bottes d'un maigrelet père Noël qui semble escalader l'immeuble. Soudain, le PMU s'illumine dans des nuances de vert gazon que les autocollants placardés sur les vitres imposent. Ghislaine s'agite à l'intérieur. Elle allume la caisse côté tabac, se fait couler un café serré et dépose dans une corbeille des croissants tièdes qu'elle vient de récupérer à la boulangerie Yvon. Derrière une porte dérobée, elle attrape un paquet de journaux *Sud Ouest* sur lesquels s'égrènent en une les partants – ou quasi-partants : Macron, Mélenchon et Pécresse, Le Pen et Zemmour, Hidalgo, Jadot et une toute nouvelle candidate dans le box, une habituée des courses présidentielles, Taubira.

« Ça caille ce matin, j'avais zéro dans le bas de la plaine de la Grand-Vaux, dit le premier client en tapant ses moufles l'une contre l'autre.

– Salut Éric, répond Ghislaine, les mains dans l'évier, le torchon sur l'épaule.

– Brrr, avec cette putain d'heure d'hiver, il fait nuit toute la journée », ajoute Éric.

Il n'a pas 40 ans. Éric est viticulteur et distillateur. Il arrive de sa chaudière, allumée 24 heures sur 24, où les vins sont brûlés pour faire du cognac. Et la production d'eau-de-vie est le poumon économique de la région. C'est le boom depuis vingt ans.

« On n'a jamais vu ça, on s'plaint pas, pourvu que ça dure », aime-t-il résumer.

Il s'accoude au comptoir en gardant son blouson et son bonnet – tout juste le relève-t-il au-dessus de ses oreilles.

« Sinon, la forme ? dit la taulière en tapant le percolateur contre le bois de son récipient.

– Comme un samedi. »

La patronne enclenche deux doses, tasse la mouture et clipse le bordel d'un coup de poignet avant d'appuyer sur le bouton. Le café peine malgré la pression. Les parfums dansent dans le PMU. Deux clients entrent. On se connaît. Ghislaine prépare machinalement deux autres jus alors que son mari débarque en traînant des charentaises. En attendant les « chevaux du patron », il attrape les télécommandes sur l'étagère, près des bouteilles rangées tête-bêche, et grimace vers les écrans. Ils sont deux, deux écrans plats à chaque angle de la salle. Le premier s'allume sur une chaîne hippique, des sulkys et leurs cavaliers multicolores tournent sur une piste. Au bas de l'écran défilent des informations sur la grande course du jour, le Critérium de Vincennes, Réunion 1 Course 4, en trot attelé. Les partants sont Joker le Cosmos, Famous Sparkling, Excellent Chariot, Infant Perrine, President Star, Love Me du Pommeau, Wonderful Cayenne, Lucky Nitro... Il y a des tocards et des favoris comme dans la seconde lucarne qui s'éclaire sur une chaîne d'information en continu. Les dernières déclarations des prétendants à la présidentielle s'enchaînent. D'autres clients ont fait leur entrée dans le troquet, pris en étau entre les deux télévisions.

Une mobylette vient ronfler jusque devant l'établissement. Le casque gonfle les bajoues du pilote qui se retire de la selle et met son engin sur béquille. Dada, c'est le plus gros, le plus gros joueur du PMU de La Genétouze. Il retire son casque, ses joues tombent. Derrière lui commence à percer dans le brouillard la devanture de la boucherie-charcuterie (réputée pour ses paupiettes de veau et ses chipolatas nature). Le turfiste s'en grille une avant d'entrer, il regarde à l'intérieur, il a sans doute au travers de ses volutes des tuyaux pour le quinté du jour. Dada est au RSA, dès qu'il a trois francs six sous, il joue aux courses. Pour se payer des coups, des clopes et un jambon-beurre, il fait un peu le service et la plonge. Ghislaine l'aime bien, c'est vrai que Dada est sympa. Il écrase son mégot sur le trottoir et pénètre dans la chaleur du bar-tabac-PMU-vapotage-jeux.

« Merde, mon masque ! dit-il en tâtant ses poches. Eh ben, on se les pèle sévère, mon thermomètre était... »

Ça s'accélère. À ce moment, Éric le Viti commente la chaîne d'info où est interviewé le porte-parole du gouvernement, Gabriel Attal. « Celui-là, reste à savoir s'il couche avec Macron ou avec Véran ! » Des rires résonnent. Ghislaine encaisse. Son mari se pose au tabac. Un autre agriculteur, Laurent, est au comptoir.

« Zemmour, c'est le meilleur, t'as vu ce qu'il monte... Et elle a fait l'ENA, je l'ai vu dans une émission... Marine Le Pen, c'est fini ! Si elle se rallie à Zemmour, et Chiotti aussi, c'est bon. Le dictateur Macron, dehors !

— Mais oui, Zemmour leur filera des postes et puis c'est tout », précise Éric.

Dada s'en bat de tout ça, plongé dans *Le Turf* qu'il lit au-dessus de ses lunettes de confort. Le Pen-Mélenchon, Macron-Zemmour : même combat.

« Nous sommes la France profonde et nous l'avons tout autant... lance-t-il au hasard.

— Faut qu'ils arrêtent de prendre l'argent à ceux qui travaillent... Tiens, regarde qui arrive... », dit Lolo.

Dehors, une voiture se gare avec un autocollant « Taxi Nata » sur le pare-brise arrière. « ...Voilà les 20 % de télétravailleurs qui votent Macron, payés par l'État, par la Sécu ou chais pas quoi.

— Les gars font des visioconférences, ils ont peur du Covid, reste chez toi, vaccine-toi, tous des esclaves, intervient l'électricien en soufflant sur son café.

— J'ai rien compris », dit un salarié du bâtiment. La chauffeuse Natacha entre avec d'autres personnes et, entendant la discussion, prévient qu'elle ne se berce plus d'illusions à l'endroit de la politique.

« J'irai pas voter. Un café, s'il te plaît, Ghislaine !

— Tiens, a voté ! » conclut Éric le Viti en mimant le fait de se faire piquer avec une seringue.

Ça se marre. Il renfonce son bonnet et sort.

Sur les coup de 10 heures, la brume s'est dissipée pour laisser place à un ciel d'un bleu clair aveuglant dont l'hiver saintongeais a le secret. L'établissement est plein comme un œuf. Des bourriches de Marennes et des poches de chez le boucher traînent aux pieds des tables sur lesquelles des cafés se mêlent aux ballons de vin blanc. Au bout du comptoir, José est au téléphone. Il parle fort. On comprend qu'il échange avec son ex sur la garde des enfants.

« Bon, OK, salut, et la bise au chien », termine-t-il. Cerné, le masque sous le menton, José confie qu'il voterait bien Mélenchon – alors que le candidat braille à l'écran.

« Merluchon, c'est le candidat des pauvres. »

José a 59 ans et plus de dents de devant. Il gagne 1 000 euros en préretraite, dont 300 balles au bas mot consacrées aux courses hippiques. Le reste du temps, il chasse ou joue à la pétanque. Il a commencé à bosser à 16 ans, sur la commune de Chantillac.

« La capitale de la fraise ! intervient son voisin, hilare devant ses tickets d'Amigo.

— Je bossais dans la chamotte, reprend José (qui n'a pas compris la blague), c'est de l'argile pour faire les éviers... Après, j'ai été imprégneur à la SNCF, on imprégnait le bois avec des produits chimiques, y avait de l'arsenic dedans, ça m'a bouffé les mains, puis c'est entré dans le sang... Un jour, on en a filé une cuiller à café à un taureau, il est mort. »

José continue de raconter sa vie, il a fini fendeur de merrain du côté de La Genétouze, ce patelin célèbre pour sa foire annuelle aux célibataires. Maintenant, il compte ses trimestres et rend des services à des personnes âgées.

« Au black, mais je ne les arnaque pas : 10 euros de l'heure, c'est donné. Ils n'ont pas d'argent, les papys et mamies...

— Et tu comptes sur Mélenchon ? lui dit son voisin (celui de la capitale de la fraise).

— Je sais pas... Mélenchon est comme les autres, il est là pour la thune. Vaut mieux jouer au PMU qu'aux présidentielles, sur un malentendu, tu peux gagner. Un jour, j'ai pris 1 000 balles ! »

Soudain, José est à l'arrêt. La fille des patrons entre en scène derrière le bar avec sa nouvelle

« Vaut mieux jouer au PMU qu'aux présidentielles, sur un malentendu, tu peux gagner. »

coiffure – frisée tel du bolduc. C'est « the pouliche ». Aux yeux des candidats silencieux alignés le long du comptoir, elle est poésie ; d'une inutile splendeur, séductrice désintéressée, c'est la « comtesse aux pieds nus » du PMU. La tireuse se met en marche. Les mêmes commencent à se sacrifier le foie sur l'autel des grandes espérances, dans le rêve consumé de s'envoler avec la serveuse. Pour une autre planète : « Jupiler ou Affligem ? » dit-elle.

Dans une partie de la salle, cosy, de deux fauteuils et des poussières, on reste au café. Il y a là une poignée de représentants de la classe moyenne (fleuriste, couvreur, commercial...) qui bénéficient indirectement du succès du cognac. Les plus tendance portent des New Balance. Ils s'adonnent à quelques commentaires mais dans le marc potache se lisent d'intimes convictions.
« N'empêche, Zemmour, il était à la télé hier soir, j'ai pas tout regardé mais il a été bon, les trois quarts des gars étaient là pour lui en foutre plein la gueule. Hanouna, il a fait en sorte que les téléspectateurs sachent vraiment qui il est... Eh bien, Zemmour, il a tenu la route !
— On peut dire ce qu'on veut mais enfin... avec lui, ça va faire une campagne, au moins ! Qu'on soit d'accord ou pas, c'est bien, il met du débat...
— Ben il a oublié d'être con, il écrit des livres, le type.
— T'en as lu, toi ?
— Non.
— Il en a écrit une chiée.
— Et il en a vendu pas mal.
— Ben justement, hier soir, vous auriez dû regarder...
— Ma TNT déconne, c'est flou...
— ... car il expliquait qu'il ne pensait pas forcément comme dans ses livres. Ses livres, ce sont des analyses sur la France, ses idées, c'est autre chose... Là, tu vois, j'ai découvert un truc.
— Enfin... Zemmour, il est parti tôt et dieu sait si le terrain est gras...
— Il risque de tirer la langue sur la fin, j'espère qu'il est bien ferré.
Rires.
— Il a la forme, je crois qu'il l'a mise en cloque, la petite...
— J'ai regardé, ils ont trente-cinq ans d'écart !
— Entre nous, si je devais changer, je prendrais aussi une plus récente. Bon, c'est pas à l'ordre du jour !
Rires.
— Cela dit, tu roules en BM !
— Tu parles, elle a 10 ans, sa BM, ça vaut rien !
Les épaules remuent. On fait attention à ne pas renverser son café.
— Et maintenant voilà Taubira qui revient de nulle part !
— Taubira ? Danger public !
— La tête dans le guidon !
— Je peux pas la voir, celle-là !
— C'est vrai, elle a de la prestance, mais elle a des égarements de paroles.
— Et Jadot ? Une buse !
— Triple buse !
— Et le prix de l'essence, Macron il y fait quoi ?
— Ils vont nous faire chier jusqu'au mois d'avril avec ça, ils commencent tous à nous vacciner !
— Le meilleur, c'était Hollande, tout le monde se fout de sa gueule mais il est arrivé avec Royal et il est reparti avec Gayet, lui c'est un bon.
— C'était pas Royal, il était avec Trierweiler.
— C'est pareil. »
Un parfum de Tahiti Douche la précède. La fille des patrons déboule pour ramasser les tasses en suggérant d'autres cafés. Elle a le sourire aussi large que le péage de Saint-Arnoult. Un soupçon de fébrilité plane. Un membre du groupe paie la dernière tournée de cafés et se replonge – de l'autre côté de la vitrine – dans sa berline.
« Putain, Titi a payé la tournée, il va pleuvoir de la merde ! s'étonne son pote.
— Tiens, regarde donc ! Poutine, il a foutu 150 000 gars à la frontière ! »
Chacun jette un coup d'œil vers l'écran.
« Il va entrer dans l'Ukraine comme dans du beurre.
— Il l'a déjà fait de l'autre côté ! On dira rien, comme d'hab.
— Et il est où ? Et il est où ? Notre pré-si-dent ! chante le fleuriste.
— Tu crois que Zemmour ferait quelque chose ?
— Ah oui, il soutiendrait Poutine...
— D'façon, l'Ukraine, personne y va... En attendant, faut aller chercher le pain ! »

Des slogans sont affichés sur les murs : « Tous ensemble sauf à l'arrivée », « Que les meilleurs gagnent », « Le hasard n'a aucune chance »... Au comptoir, le patron doit aller chercher dans la traboule un nouveau fût. Déboule un habitué avec un nez en zigzag qui traîne une vie de déboires. Il n'a pas besoin de commander, Ghislaine lui pose un demi devant le zigzag. Sa voiture est garée devant le bar, le chien, droit

« – Et le prix de l'essence, Macron il y fait quoi ?
– Ils vont nous faire chier jusqu'au mois d'avril avec ça, ils commencent tous à nous vacciner ! »

« Moi, mon 2 sur 4, c'est Macron-Pécresse. »

comme un i, attend de profil sur le siège passager. Lui, la politique, c'est comme la musique classique, ça lui est étranger. Il s'étend davantage sur la soirée de la veille qui a mal tourné.
« Chouky lui en a mis une sévère, faut dire que c'est pas des mains qu'il a, c'est des pieds. »
Un autre client régulier arrive avec son cabas. Il ressemble à Steve Bannon ou à Truman Capote, un mélange des deux.
« C'est qui, Truman Capote ? dit-il.
— Laisse tomber. Bon, tu vas voter pour qui ?
— Ah ben moi, je suis Saint-Quentinois..., répond-il en baissant le volume pour évoquer son penchant. Donc c'est un copain, Xavier Bertrand, on se connaît depuis longtemps, je lui envoyais des messages de soutien sur Facebook mais c'est cuit, maintenant il est derrière la Pécresse... »
Truman Capote avait des boutiques de prêt-à-porter « sur » Saint-Quentin. En 1993, il a vendu toutes ses affaires pour devenir ingénieur commercial chez Rank Xerox. Après un accident du travail qui lui a valu une triple hernie discale, il a changé de voie en montant une société de coffrets cadeaux pour les entreprises. À la retraite, il est venu s'installer avec sa femme en Haute-Saintonge, une région qu'il connaissait bien car il partait souvent en vacances à La Palmyre.
« On adore l'océan. Et puis ici, c'est génial, il y a une superbe ambiance, tout le monde se connaît, le vendredi soir on se marche dessus... Du coup, je ne sais pas encore pour qui je vais voter, il y a vraiment que de la daube. Quand tu vois que Taubira se présente, un peu là, un peu là, c'est Macron qui se régale. À moins que les Français soient assez barjots pour faire gagner Zemmour, rappelle-toi en 2002... Moi, mon 2 sur 4, c'est Macron-Pécresse. »

Les aiguilles se rejoignent en haut. On n'entend pas les cloches qui résonnent dans le village.
« On va passer à l'apéritif », dit Fifi, qui défie le comptoir en regardant sa montre.
Il attrape son verre de bière et le finit d'un trait.
« Tu me mettras un jaune et un verre à qui veut », ajoute-t-il d'une voix pressée de gaz carbonique.
Fifi est propriétaire d'un supermarché. Il aime venir ici pour boire des pots, en offrir et gratter des liasses de jeux. Lui va voter Macron mais sans le crier sur les toits. « Il a géré la crise, je n'aurais pas voulu être à sa place... On sait ce qu'on perd mais on ne sait pas ce qu'on gagne... Macron, il n'est pas si mal. »
Le jeune cuisinier du restaurant d'à côté vient prendre sa pause avant le rush. Il est « bof », faut reconnaître qu'il est sympa – il paie toujours un coup –, mais quelque chose chez cet homme énerve. Ce serait lui qui ferait battre le cœur de la comtesse.
« J'comprends pas, dit Sinistrose, qui vient d'entrer dans le PMU en titubant.
— Oups, touché mais pas coulé, sourit Ghislaine.
— J'comprends pas, répète Sinistrose. J'ai perdu mes lunettes... Pourtant, tout à l'heure, au Coq d'Or, je les avais... Au Canotier, je les avais aussi... Au Bar de la Poste aussi, et là, je les ai plus. »
Virevoltante tels des postillons au-dessus du zinc, la meilleure cote reste pour Zemmour. Alcool aidant, on se lâche davantage et volontiers dans une course de droitiers.
« Taubira, elle te mange tout cru ? dit l'un avec l'accent de Michel Leeb.
— Et ce pédé de Macron, avec ses cas contact ! dit un autre avec la bringue dans le menton.
— Marion Maréchal et Zemmour, y a que ça de vrai !
— Sinon, bientôt, on entendra plus les cloches, ce sera le minaret... Je déconne pas, dit le cuistot en levant l'index avant de détaler.
— Qu'ils nous réautorisent les cacahuètes, après on verra, hein, Ghislaine ?!
— Quelqu'un connaît la recette du bœuf Wellington ?
— C'est bien, Noël, mais maintenant faut je le monte, ce foutu trampoling... dit un type, la tête entre les mains.
— Vous puez, vous, sous le masque ?
— Putain, hier soir, on n'a pas été emmerdés par le môme, on a branché le babyphone en sens inverse. On a dansé toute la soirée !
— Ben je crois qu'on est partis pour louper la soupe... Qui prend quoi ? »

Plus le soleil tourne au-dessus du PMU, plus on oublie les problèmes et l'élection présidentielle. Pour définitivement connaître le ou la locataire de l'Élysée au mois de mai prochain, peut-être faut-il s'en remettre au professeur Salim, le voyant médium du coin qui fait sa publicité dans l'annuaire des artisans de la gazette *La Haute-Saintonge* ? Professeur Salim assure intervenir dans de nombreux domaines : « Retour d'affection, problèmes familiaux, protection contre les ennemis, affaires, impuissance sexuelle, etc. Résultats 100 %, chance en amour, aux examens, travail sérieux et confidentiel, discrétion assurée, correspondances et déplacements possibles. »
Dring-dring.
« Écoutez, pourquoi pas mais je suis en consultation, rappelez-moi dans dix minutes... »
Dix minutes plus tard.
« Je vous fais la gratuité en échange de quoi vous laissez mes coordonnées dans l'article. »
06 71 22 60 60.
« Bien sûr, bien sûr que je peux donner des pronostics, donc en fait moi je vois qu'il y aura une élection très serrée, donc le président sortant va gagner, à la fin, au deuxième tour, contre la candidate de la droite, Valérie Pacresse, ce sera très serré...
– Et pendant que nous y sommes, serait-il possible d'avoir le quinté du jour ?
– Non, je ne fais pas dans les jeux de hasard. »

La petite aiguille de la grosse pendule a franchi le 3. Les bourrins sont sur la ligne de départ : Jean-Luc le Cosmos, Sparkling Pécresse, Jadot Chariot, Infant Hidalgo, President Macron, Zemmour du Pommeau, Taubira Cayenne, Nitro Le Pen... Certains piaffent d'en découdre avec leurs yeux sur les côtés. D'aucuns rechignent, poussés au cul par leurs propriétaires afin de fermer le box. 15 h 15 : le coup part, les chevaux s'élancent. Les têtes coulissent comme des bielles de locomotive. On sort les cravaches. Dans le bar, chacun scrute. Dada fait trembler ses cuisses pour couper son envie de pisser. Un tocard prend la corde. Le favori s'enferme.
À l'extérieur, quand la porte du troquet se ferme, le brouhaha cesse. Un couple d'Anglais – le masque sur le coude – prend le soleil autour du mange-debout avec un godet de rosé. Il fait moins de 10 degrés mais ce froid sec conjugué aux rayons les comble.

« Woh, il manque just de toasts au beur tuiffé... », dit l'épouse.
Eux ne tenteront pas leur chance au tiercé. Ils n'iront pas voter non plus car en tant que résidents, ils n'ont droit qu'aux scrutins locaux. Toutefois, le mari a sa petite idée sur ce que feront les clients du PMU de La Genétouze le jour J.
« Woh, mais les copains dans le bar n'iwont pas voter, ils sewont là, au PMWU, y pouéfèrent les chevals plutôt que les politichiens. » ■

« Il a géré la crise, je n'aurais pas voulu être à sa place... On sait ce qu'on perd mais on ne sait pas ce qu'on gagne... »

LA REVANCHE DES JOURNALISTES RÉACS

PAR
Frédéric Says

« Les médias sont dominés par la bien-pensance de gauche. » Qui n'a jamais entendu cette assertion ? Pourtant, le paysage médiatique se droitise, à l'image de la société française. Et ceux qui se voyaient hier en parias isolés savourent aujourd'hui ce renversement.

RMC

Les plateaux offrent cinquante nuances de droite. Le casting s'est étoffé, féminisé, rajeuni.

France Inter, 7 h 18. La porte s'ouvre sur le grand studio aux murs rouges – la couleur de la station. D'un pas rapide, le trentenaire entre, vêtu comme toujours d'un costume sombre et, ce matin-là, d'une cravate grise. Depuis septembre dernier, Alexandre Devecchio, rédacteur en chef adjoint des pages Débats au *Figaro*, tient une chronique hebdomadaire dans *Le 7/9*, la matinale radio la plus écoutée du service public – et de France.

Feuilles à la main, il s'installe au micro, sous l'œil attentif de Nicolas Demorand, le « maître des horloges », qui commençait à s'inquiéter, l'heure tournant, du fauteuil laissé vide par le chroniqueur. Lequel n'est pourtant pas un novice des médias. Devecchio émarge déjà à Sud Radio et CNews. En plus du FigaroVox, bien sûr, cette plateforme qui fait la part belle aux positions souverainistes et conservatrices sur le site du quotidien.

Ce matin-là, les auditeurs de France Inter l'entendent disserter sur le vote des banlieues en faveur de Marine Le Pen. La faute au « clientélisme ethnico-religieux » de la gauche, accuse l'éditorialiste d'une voix un peu rentrée. « Le discours progressiste sur la défense des minorités, des femmes ou des LGBT ne porte pas » dans les banlieues populaires, ajoute-t-il, en citant une enquête de l'IFOP. Résultat : le temps où les « Gaulois [...] demeuraient majoritaires » est « révolu » et « la France des cités et celle des pavillons de banlieue se regardent avec méfiance », note Alexandre Devecchio. Avant de conclure : « La banlieue préfigure sans doute la France de demain. »

Et bon réveil !

Changement radical d'ambiance, quelques instants après : la chroniqueuse musicale Mathilde Serrell, voix enjouée à l'antenne, masque blanc orné de petits cœurs rouges en studio, entraîne les auditeurs à la découverte d'une artiste groove funk du Tennessee, Amber Mark. Un peu de douceur qui aura sans doute rasséréné les ouïes effarouchées par la chronique précédente.

Les thèses du FigaroVox à une heure de grande écoute sur France Inter : qui l'eût cru, il y a encore dix ans ? Longtemps ringardisés, parfois honteux, souvent marginaux, voilà les journalistes conservateurs et réactionnaires conviés à la table du « cool », sur une antenne historiquement marquée à gauche, devenue aujourd'hui l'un des plus importants carrefours médiatiques – l'endroit où il faut être entendu si l'on prétend peser dans la vie publique. « Dans un moment où chacun subit une injonction au "choisis ton camp, camarade", argumente Nicolas Demorand, on essaie de ne pas avoir d'approche militante. Et de garder un espace pluriel : il n'en existe plus tant que ça. »

Plus instructif encore : tout cela n'a guère provoqué de remous en interne. Instaurée au nom du pluralisme, cette chronique quotidienne, baptisée « En toute subjectivité » (outre Alexandre Devecchio, on y entend Étienne Gernelle et Natacha Polony, patrons respectifs du *Point* et de *Marianne*, Anne-Cécile Mailfert, la présidente de la Fondation des Femmes, et Cécile Duflot, ex-ministre écologiste et directrice d'Oxfam), n'a pas suscité de fronde vivace. À peine une protestation de la Société des journalistes (SDJ) de France Inter, à l'été dernier. Mais pas sur le fond, ni sur l'idéologie des nouveaux chroniqueurs. Seulement sur la place grandissante de l'« opinion » à l'antenne, au détriment du « reportage » et du *fact-checking*. Sept mois plus tard, l'initiative fonctionne : l'éditorial de 7 h 20 ne provoque pas d'avalanche de courriels à la médiatrice de Radio France. Ni de fuite d'auditeurs – le quart d'heure d'écoute autour de 7 h 20 se porte bien. De son côté, France Télévisions va confier la production d'un documentaire sur la campagne présidentielle à l'essayiste Mathieu Bock-Côté. L'universitaire québécois, souverainiste, est le remplaçant d'Éric Zemmour sur CNews.

Page précédente : Éric Brunet à la conférence de rentrée de RMC Info Talk Sport. Paris, août 2019.

Photo de Thierry Le Fouillé.

Symboles ultimes d'une normalisation ?

« Ultimes », car la conquête des studios ne date pas d'hier. Depuis une dizaine d'années, le cliché d'un monde médiatique dominé par la « gauche bien-pensante » est devenu moins pertinent que jamais. De Charles Consigny (soutien de Valérie Pécresse, ex-chroniqueur chez Laurent Ruquier et aux *Grandes Gueules* de RMC) à Eugénie Bastié (cofondatrice de la très conservatrice revue *Limite*, désormais au *Figaro*, sur CNews et Radio Classique), de Julie Graziani (issue du magazine *L'Incorrect*, qui vise à rapprocher la droite et le Rassemblement national, vue sur BFMTV et Arte), à Louis de Raguenel (ex-plume de *Valeurs actuelles*, devenu chef du service politique d'Europe 1), et tant d'autres... les plateaux offrent cinquante nuances de droite. Le casting s'est étoffé, féminisé, rajeuni. « Une certaine droite a étendu sa visibilité à une vitesse absolument stupéfiante : celle de *Valeurs actuelles*, *Causeur*, Boulevard Voltaire..., note Patrick Cohen, chroniqueur dans l'émission *C à vous* sur France 5 et producteur d'une émission sur France Culture. Désormais, c'est rare de tomber sur un débat sur une chaîne d'info sans voir un représentant de ce courant-là. Quand ce phénomène a commencé, nous avons été quelques-uns à frémir. Aujourd'hui, plus personne n'est choqué. Ils se sont fondus dans le paysage, banalisés. »

Une banalisation, une respectabilité nouvelle, conférées par l'époque. Et par le sommet de l'État. Dans l'avion qui le ramène d'un déplacement à Mayotte, en octobre 2019, Emmanuel Macron choisit d'accorder un long tête-à-tête à *Valeurs actuelles* – même s'il y conteste fermement certains postulats de ses intervieweurs. Il est le premier président de la République à se prêter à l'exercice avec l'hebdomadaire, pourtant condamné à plusieurs reprises en justice. Un changement d'ambiance à bas bruit. Une nouvelle hégémonie ? « Moui..., souffle l'éditorialiste Catherine Nay, grande voix d'Europe 1, pas franchement convaincue. En écoutant le service public, vous avez l'impression que ça manque de journalistes de gauche, vous ? Par ailleurs, il y a toujours eu de grandes signatures de droite dans la presse ! »

Les écoles de journalisme ne voient pas non plus poindre ce « grand remplacement idéologique ». « Les étudiants restent très attachés à des sujets comme le féminisme, l'écologie, les droits LGBTQ... », relève Julie Joly, jusqu'à récemment directrice du Centre de formation des journalistes (CFJ). Certes, mais l'atmosphère a changé, et ce « en à peine deux décennies », note Éric Brunet, journaliste et auteur d'un livre au titre assez peu ambigu : *Être de droite : un tabou français*[1]. Jadis « mis de côté » par France 3, de son propre aveu, ce sarkozyste revendiqué est aujourd'hui l'un des présentateurs phares de RTL (il dirige les débats de l'émission *On refait le monde*, entre 19 heures et 20 heures, et de *Brunet et compagnie*, sur LCI, entre 22 heures et minuit). « Au début des années 2000, se souvient-il, j'étais l'un des seuls à oser me dire de droite. La normalité, pour les journalistes, c'était d'être de gauche. En 2002, le magazine *Marianne* avait réalisé un sondage auprès d'un large panel de journalistes, 6 % se disaient de droite, 20 % ne se prononçaient pas, le reste votait à gauche ! Même Jean-François Revel, qui était de droite, se disait de gauche ! » tempête Brunet.

Un « conformisme » dont il était mal vu de s'abstraire, selon lui. En tout cas hors des titres de presse déjà étiquetés à droite. « Je me suis ennuyé pendant quinze ans dans le service public. J'en ai bavé, ça a été des années de souffrance. » Il affirme que c'est ce dépit qui l'a poussé à accepter des « ménages ». C'est-à-dire des collaborations extérieures rémunérées, sans lien avec le journalisme, comme l'animation de

1 – Éric Brunet, *Être de droite : un tabou français*, Albin Michel, 2006.

Voilà les journalistes conservateurs et réactionnaires conviés à la table du « cool », sur une antenne historiquement marquée à gauche.

tables rondes – ce qui lui a valu des accusations de conflit d'intérêts. « Je n'en pouvais plus à France 3 ! On me refusait des promotions, on m'envoyait peu en reportage, les mecs de la CGT m'avaient à l'œil... Fallait fermer sa gueule. Aujourd'hui, on n'imagine plus ce que c'était. » Le ton reste courtois, mais on sent une pointe de revanche.

Il cite volontiers Mauriac, elle préfère Huntington. Ne leur dites pas qu'ils appartiennent à la même droite. Mais Eugénie Bastié rejoint Éric Brunet sur un point : le climat a changé. « Au début de ma carrière, j'ai reçu des attaques très dures, dont un portrait de *Libé* extrêmement violent sur moi. Comme un tir de barrage. Comparé à aujourd'hui, il n'y a pas photo », affirme celle qui dit avoir « rasé les murs à Sciences Po, où tout le monde se disait de gauche ». Voilà au moins un domaine où ce n'était pas « mieux avant », à l'en croire...

Comme une « détente » après la « guerre froide »

À la tête de l'ESJ Lille, l'une des plus prestigieuses écoles de journalisme, Pierre Savary dresse un constat similaire : « Il y a quelques années, accueillir un invité ouvertement libéral pour une conférence, ça aurait pu être un "irritant" pour les étudiants de l'ESJ. Aujourd'hui, je perçois une plus grande ouverture, une demande accrue pour une diversité de points de vue. »

Le « journaliste de droite » n'est donc plus perçu comme un oxymore, un marginal un peu louche ou un iconoclaste vaguement inquiétant, tel que décrit par Éric Brunet dans son livre en 2006. D'ailleurs, il le reconnaît, plusieurs passages sont aujourd'hui obsolètes. « Plaire aux *Inrockuptibles*, à *Libération* et à *Télérama* est devenu un critère, une nécessité », écrivait-il. Plus loin : « Nos journaux où sévit la morne pensée unique, sorte de noyau mou transpolitique. » Les journalistes ayant le cœur à droite y vivent comme des « clandestins idéologiques [...] qui chaque jour dissimulent leurs pensées inavouables » sous peine de « voir leur carrière barrée sous un motif fallacieux ». Ces phrases apparaissent désormais comme les vestiges d'un monde ancien – si tant est qu'il ait existé. En 2022, qui pourrait encore dire que la pensée de droite est « clandestine » et se trouve « dissimulée » dans la sphère médiatique ? « Au contraire, s'afficher conservateur aujourd'hui, ça permet de faire carrière, en particulier sur les chaînes d'info en continu », note Patrick Eveno, historien des médias et professeur émérite à la Sorbonne.

Illustration : une fois sorti de sa chronique hebdomadaire à la Maison de la radio, Alexandre Devecchio rejoint *Le Figaro*, enchaîne régulièrement avec CNews, sans oublier son émission sur Sud Radio. À 35 ans, lui-même s'étonne de cette (omni)présence médiatique : « En sortant du CFJ, il y a dix ans, je n'imaginais pas que j'accéderais à un tel rayonnement. Dans ma promotion, certains me prenaient pour un fasciste, d'autres pour un farfelu. En y repensant, si j'avais joué le jeu du conformisme intellectuel, j'aurais sans doute eu une carrière plus difficile. Mais j'étais le seul sur mon espace politique. » Ce qui, fraîchement diplômé, lui a ouvert les portes du site Atlantico, puis du FigaroVox. Et a effacé les « moqueries » de ses anciens camarades. Affable, il se refuse à parler de revanche : « Je note juste que ceux qui se pavanaient le plus... n'ont pas forcément fait les carrières qu'ils imaginaient. »

Pierre Savary, le directeur de l'ESJ Lille, voit derrière cette évolution globale un « retour de balancier » au sein de la profession journalistique. Après un unanimisme trop marqué dans les années 1990 et au début de la décennie 2000 : de centre gauche et proeuropéen – ce

Dans les bureaux de Valeurs actuelles. Paris, janvier 2022.

Photo de Nicolas Melemis.
© Nicolas Melemis

qu'Alain Minc appelle le « cercle de la raison ». Où, pour forcer le trait, l'on invitait à débattre un social-démocrate avec un démocrate-chrétien. « Il y a quelques années, on était tous vaguement sociaux-démocrates, sans avoir besoin de nous affirmer comme tels, note une grande plume du *Monde*. Dans les années 1990 et 2000, aucun journaliste n'aurait osé revendiquer un vote d'extrême droite. »

Des opinions modérées devenues déclassées dans une époque qui se repaît de radicalité. « D'où un rééquilibrage », analyse Pierre Savary. « Il est vrai qu'en France, historiquement, la profession penche à gauche, appuie Patrick Eveno, notre historien de la presse. Le fait de dévoiler les turpitudes de la société, d'en combattre les injustices, le côté "redresseur de torts" se marie avec l'imaginaire de la gauche, même si de grands contre-exemples existent, comme *Le Figaro*. Mais je rappelle que ce titre a accueilli Émile Zola et Jules Vallès... » Mais à quand remonte ce retour de balancier ?

Le « journaliste de droite » n'est donc plus perçu comme un oxymore, un marginal un peu louche ou un iconoclaste vaguement inquiétant.

Pour Olivier Truchot, coanimateur des *Grandes Gueules*, le show d'opinions tranchées sur RMC, le point de bascule date de 2005, au moment du référendum sur la constitution européenne. « Il y avait une forme de doxa. Les élites, *Le Monde*, *Le Figaro*, Sarkozy et Hollande en une de *Paris Match*... tous appelaient à voter "oui". » Il se souvient d'avoir constaté le décalage entre ses chroniqueurs, largement acquis au « oui », et les auditeurs, majoritairement favorables au « non ». « J'engueulais presque les standardistes : "C'est pas possible, où sont les gens qui votent 'oui' ?" » C'est à cette époque, bien avant les chaînes d'info en continu, que RMC commence à faire émerger des figures alternatives – et donc différentes droites : conservatrice, libérale, réactionnaire... Quitte à surjouer l'affrontement des idées. « Quand il me recrute sur RMC, Alain Weill [alors dirigeant de la radio] me dit qu'il veut s'inspirer des shows américains, où l'animateur assume sa subjectivité », relate Éric Brunet. La formule, couronnée par de bonnes audiences, se duplique sur les antennes et sur les écrans.

Dehors l'objectivité, place à la subjectivité. Terminée l'analyse, l'heure est à l'opinion. Fini la neutralité placide, bienvenue à l'engagement enflammé. Une évolution qui inquiète Léa Salamé : « Je crois à l'interview contradictoire, au journalisme qui pense contre lui-même, explique la co-intervieweuse du *7/9* de France Inter. On ne doit pas pouvoir deviner pour qui vous votez. » Mais la personnalisation et la polarisation font recette. « D'ailleurs, les chaînes d'info passent leur temps à nous piquer nos chroniqueurs ! » remarque Olivier Truchot.

Prises en étau dans un marché ultra concurrentiel, CNews, BFMTV et LCI sont obligées de se distinguer pour capter l'audience, sans plomber les comptes, le secteur étant difficilement rentable. Les « polémistes » sont la solution : ils ont un avis sur tout, du caractère, un goût pour la confrontation... et ne coûtent pas grand-chose – parfois seulement le coût d'un taxi aller-retour. Bien moins cher que d'envoyer des équipes de reporters à l'autre bout du monde. Pascal Praud, qui a décliné nos demandes d'entretien, le reconnaît d'ailleurs avec franchise dans *Le Parisien* : « Il y a une part de spectacle, oui. Et, rapport qualité-prix, on est imbattable. On fait l'émission la moins chère du PAF. Il y a mon salaire, celui de la chef d'édition Marine Lançon et le coût du studio. »

Résultat : les grandes gueules ont envahi les plateaux pour pimenter une actualité un peu trop insipide, un peu trop répétitive. D'où l'émergence télévisuelle de journalistes issus de titres jusque-là marginaux : Boulevard Voltaire, *Causeur*... « Ils créent de l'émotion pour les chaînes d'info. C'est comme le cirque Medrano qui exhibe la femme à deux têtes : le public en redemande. Ils sont devenus *bankables* », observe Hubert Huertas, écrivain et ancien de

rappelle l'historien Patrick Eveno. Or le public évolue, et le positionnement des titres fluctue en fonction de cette évolution. » Quand Éric Zemmour, Marine Le Pen et Valérie Pécresse totalisent 45 % des intentions de vote, leurs visions du monde prennent davantage de place dans les journaux et sur les écrans.

« Si les droites s'affirment, ce n'est pas uniquement grâce à CNews, soutient Eugénie Bastié. C'est parce qu'il existe des angoisses réelles dans la population, dont elles s'emparent. » Signe de cette droitisation, selon la journaliste du *Figaro* : Valérie Pécresse a repris le mot « Kärcher » sans susciter de tollé. « Il y a quinze ans, Sarkozy avait subi un puissant tir de barrage médiatique. Quand Pécresse le ressort, il n'y a presque aucune indignation. Si ce n'est pour dire qu'elle a copié. » Les années Sarkozy ont, à n'en pas douter, décomplexé le discours médiatique libéral et conservateur. « Voici enfin un homme d'État qui nous disait : "Je suis de droite" ! » s'enthousiasme Éric Brunet, qui dit s'être senti « libéré ». « C'était transgressif ! Ça a décloisonné la pensée, beaucoup d'intellectuels se sont lâchés, de Tillinac à Philippe Muray. »

De fait, ministre puis chef de l'État, Nicolas Sarkozy assume de mener un combat culturel. Pourfendeur de l'héritage de Mai 68, il impose, dans une logique gramsciste, une guerre des concepts, une lutte des mots : « assistanat », « mérite », « devoir », « autorité » sont autant de coups portés à la gauche et à son imaginaire. « En 2005, la droite existait seulement dans les pages saumon du *Figaro*. Aujourd'hui, elle est décomplexée », résume Éric Brunet.

Les Guignols de l'info **sur Canal+. Paris, août 2007.**

Photo de Giancarlo Gorassini. © Giancarlo Gorassini/ABACA

France Culture et Mediapart. Mais n'y a-t-il pas là un procès d'intention idéologique ? Ou, pour le dire plus clairement, des journalistes dont le cœur est à gauche, ulcérés de voir d'autres discours s'imposer – y compris d'extrême droite ? « Ce n'est pas une question de convictions politiques, mais d'exercice journalistique, conteste Patrick Cohen. Parfois, ces débats sur les chaînes d'info, ce sont uniquement des confrontations d'opinions, sans aucune connaissance des dossiers. Or, l'"abêtification" du débat public, la mise en valeur des avis tranchés, tout cela renforce mécaniquement la visibilité des opinions réactionnaires ou conservatrices. » Mais la sphère médiatique n'est pas un vase clos. Elle est aussi un miroir qui donne à voir une société qui se droitise. « Un média, c'est le lien entre une rédaction et un public,

La bataille culturelle, la mutation du champ des idées – et du paysage médiatique – doit beaucoup à Patrick Buisson, alors influent conseiller de Nicolas Sarkozy. Il participe ainsi à la création du site Atlantico.fr. « C'était son idée, relève Alexandre Devecchio, qui a commencé sa carrière sur cette plateforme d'actualité et d'opinion, l'un des premiers *pure players* clairement marqués à droite. Patrick Buisson insistait auprès de Nicolas Sarkozy pour investir le champ médiatique et culturel, en particulier sur Internet. »

Dans cette seconde moitié des années 2000, les éditorialistes réactionnaires ont le vent dans le dos et l'air du temps avec eux : Éric Zemmour accède à la notoriété auprès du grand public, à partir de 2006, grâce à l'émission de Laurent Ruquier sur France 2, *On n'est pas couché*. Sa présence sème des graines qui vont éclore dans les salles de rédaction quelques années plus tard : « J'avais 18 ans, issue de la bourgeoisie catholique de province, se souvient Eugénie Bastié. J'arrivais à Sciences Po, extrêmement isolée dans mes idées. Avec Zemmour, je respirais ! Je me suis dit : "Incroyable que ce mec ose dire des trucs pareils." À l'époque, c'était révolutionnaire. »

Presque banal

Depuis, le polémiste s'est mué en candidat. Ses idées ont infusé. Entre-temps, l'hégémonie culturelle de la gauche, si elle a existé un jour, a subi de lourds revers symboliques, comme la suppression des *Guignols de l'info* sur Canal+. La montée en puissance de Vincent Bolloré (prise de contrôle du groupe Canal+, de Prisma Media, bientôt d'Europe 1, du *JDD* et de *Paris Match*...) ont conforté et accentué ce mouvement de fond. « Derrière son appétit pour les médias, estime Patrick Eveno, il y a un projet idéologique. » L'historien de la presse siégeait au comité d'éthique d'iTÉLÉ ; il en a démissionné lorsque le magnat breton s'est imposé pour créer CNews. Ex-vedette devenu candidat, Éric Zemmour se paie même le luxe de narguer ses anciens confrères, lors de ses vœux à la presse, en janvier 2022 : « Votre langue maternelle est le politiquement correct », leur assène-t-il, sourire revanchard aux lèvres. « Soumis à l'esclavage intellectuel [...], 99 % d'entre vous avez soutenu, bec et ongles, François Hollande [...]. Le peuple a raison de vous en vouloir. » Tout comme il existe des mauvais perdants, Éric Zemmour est-il un « mauvais gagnant » ? Un vainqueur idéologique qui se prétend vaincu ? « De manière générale, c'est toujours pareil : on se présente comme victime quand, en réalité, on ne l'est plus vraiment », analyse Christophe Deloire, aujourd'hui directeur de Reporters sans frontières.

Éric Brunet, qui se décrit comme « libéral, giscardoïde », se sent désormais dépassé sur sa droite. « Il y a quinze ans, j'étais considéré comme le facho de service. Aujourd'hui, des tas de gens n'écoutent plus mes émissions parce qu'ils me trouvent trop à gauche ! » soupire-t-il. L'arrivée massive de chroniqueurs réactionnaires, identitaires et conservateurs ne tendrait-elle pas à recréer une nouvelle « pensée unique », bien loin du « pluralisme » érigé en vertu ? « Effectivement, quand on écoute les débats entre Jean-Claude Dassier, Ivan Rioufol et leurs amis, ils ont le même âge, les mêmes références et pensent strictement la même chose, sourit Olivier Truchot. Aujourd'hui, ce qui serait rebelle, anticonformiste, voire punk, ce serait de venir défendre la social-démocratie et l'Europe sur un plateau ! » ■

« Aujourd'hui, ce qui serait rebelle, anticonformiste, voire punk, ce serait de venir défendre la social-démocratie et l'Europe sur un plateau ! »

PAR

François Beaune

REPORTAGE

Vaulx-en-Velin : dans les yeux d'une jeunesse française

Reportage à l'écoute de la jeunesse de cette ville populaire de l'Est lyonnais considérée comme une banlieue chaude. Portraits.

Page précédente : L'hôtel de ville et le centre culturel communal Charlie-Chaplin. Vaulx-en-Velin (Rhône), avril 2021.

Photo de Soudan E.

Kaïs, 21 ans, en BTS technico-commercial

« Moi je suis passionné de foot. Mais je me suis fait les ligaments croisés, comme tous les mauvais joueurs. Donc je vis foot sans pratiquer. La France, c'est un pays modèle pour la politique, en Europe, dans le monde, mais moi ça m'intéresse pas trop. J'ai jamais voté, sauf pour les municipales parce qu'Abdallah, qui lui est militant, m'a emmené. Là je viens d'apprendre sur Twitter que Macron veut qu'on passe aux 45 heures : c'est trop, il a jamais travaillé, lui, pour proposer ça.

Voter, je pense pas : il y a aucun politicien qui me plaît. Que ce soit l'extrême droite, l'extrême gauche, Macron va repasser. Le Covid, ça l'a sauvé, sinon on aurait vu ses projets de loi. La liberté qu'on a gagnée, on va la perdre. Ses lois sont trop capitalistes, libérales, on va se rapprocher des États-Unis.

Mon père était cariste, ma mère à la maison, on est sept frères et sœurs, je suis le dernier. Être de gauche, c'est être un ouvrier, être de droite, c'est être un banquier, de la haute société. Normalement, les ouvriers, ça devrait les arranger de voter à gauche, mais pour moi la gauche ça existe plus, on tend vers le modèle de droite.

En 2017, j'étais au lycée, c'était la mode de Mélenchon, je me sentais concerné : après le débat face à Le Pen, c'était sûr que Macron allait passer. Mais moi je m'en fous qu'il y ait un extrême, parce que je suis né en France, je suis français, même si la Tunisie c'est hyper important, et la CAN [1] aussi. Si l'extrême droite elle passe, je serai pas choqué. S'il y a un Zemmour-Macron, je céderai pas à la panique, je ferai confiance aux Français on va dire.

Pour moi, question politique, le plus important c'est l'économie, le pouvoir d'achat. Il y a des gens, pour eux, la minorité doit devenir la majorité et je déteste ça. Par exemple les féministes, les vegan. Je fais du sport, s'il te plaît, laisse-moi manger de la viande !

À l'école, on a fait des cours comme quoi c'était important de voter, mais le cours fini, tu retrouves tes potes, on parle que de foot, on va dire "Ce bâtard il va nous mettre les 45 heures", mais ça en reste là. Avant, quand j'étais petit, je regardais le JT avec PPDA. Il y a pas plus charismatique que lui, à part Jack Abbott des *Feux de l'amour*. Mais maintenant, qui regarde le JT à 20 heures ? Ça nous intéresse plus, c'est devenu dépassé. »

1 – Coupe d'Afrique des nations de football.

Kamelia, 20 ans, éducatrice spécialisée

« Honnêtement, moi je m'intéresse pas à la politique. Tous les partis c'est pareil, il faudrait que je trouve le moins pire.
J'ai voté pour la mairie et la métropole l'année dernière, comme j'y travaille. Mais cette année je sais pas si je vais voter : je veux plus de Macron, mais bon, je cherche pas à me renseigner, je regarde pas les infos, ni la télé, ni la radio. Il faudrait qu'on puisse voter blanc, ça montrerait le nombre de personnes pas intéressées. La différence entre la gauche et la droite, je saurais pas te dire. La droite, c'est Marine Le Pen, la gauche, c'est les socialistes ? Mélenchon, c'est la gauche ? Il est fou lui.
La vérité, Marine Le Pen moi ça me va, je suis française, j'ai aucun problème. Elle veut faire de la merde, mais ils font tous de la merde. La politique ça prend la tête, moi je travaille beaucoup, j'ai pas le temps, je m'occupe de jeunes en rupture, placés en protection de l'enfance. La crise du Covid, les personnels des hôpitaux ont été beaucoup plus pris en compte que nous, ils touchent la prime Ségur, 180 euros de plus par mois, plein d'avantages qu'on n'a pas. Après je sais que c'est important de voter, je suis fautive s'il se passe quelque chose, j'aurais rien fait contre.
À la limite, je serais prête à voter contre Zemmour. Si c'est Zemmour-Marine Le Pen, je vote Marine Le Pen direct. Si c'est Zemmour-Macron, je sais pas. Lui, avec ses 45 heures, alors que je suis déjà à 50 heures en étant à 35 heures, dix heures de plus, je vais faire comment ?
L'État français, c'est pas le pire, on a quand même des droits, comparé à certains pays où c'est la dictature, on peut aller à l'école, bosser, toucher la Sécurité sociale. Mais s'ils respectaient la laïcité, s'il y avait plus de tolérance, il y aurait moins de choses qui me dérangeraient par rapport à ma religion. La polémique autour du voile, moi toutes mes copines sont voilées, personne les force. Ma mère s'est voilée à 25 ans, après ses études, mais aujourd'hui si je lui dis que je me voile je crois qu'elle se décompose : "Finis tes études, travaille !"
Pendant longtemps je crois qu'il y a eu une grosse cassure à Vaulx entre les habitants et la politique, qui se transmet aux jeunes. J'ai un oncle qui me dit : "Pourquoi t'es éduc spé, pourquoi tu travailles pour l'État, tu vas voir ce qu'ils vont te faire, ces racailles en cravate." Il y a toujours cette rancœur. »

Farid, 29 ans, agent municipal

« L'abstentionnisme chez les jeunes, c'est pas une histoire de se sentir français ou pas. Ici j'ai pas un ami qui se sent pas français, c'est juste qu'on s'en bat les couilles. La seule chose à laquelle tu penses, jeune, c'est aller en soirée, t'amuser, les études, chercher du travail.

Groupe scolaire Ambroise-Croizat, écoles élémentaire et primaire publiques sur l'avenue Roger-Salengro. Vaulx-en-Velin (Rhône), avril 2021.

Photo de Soudan E.

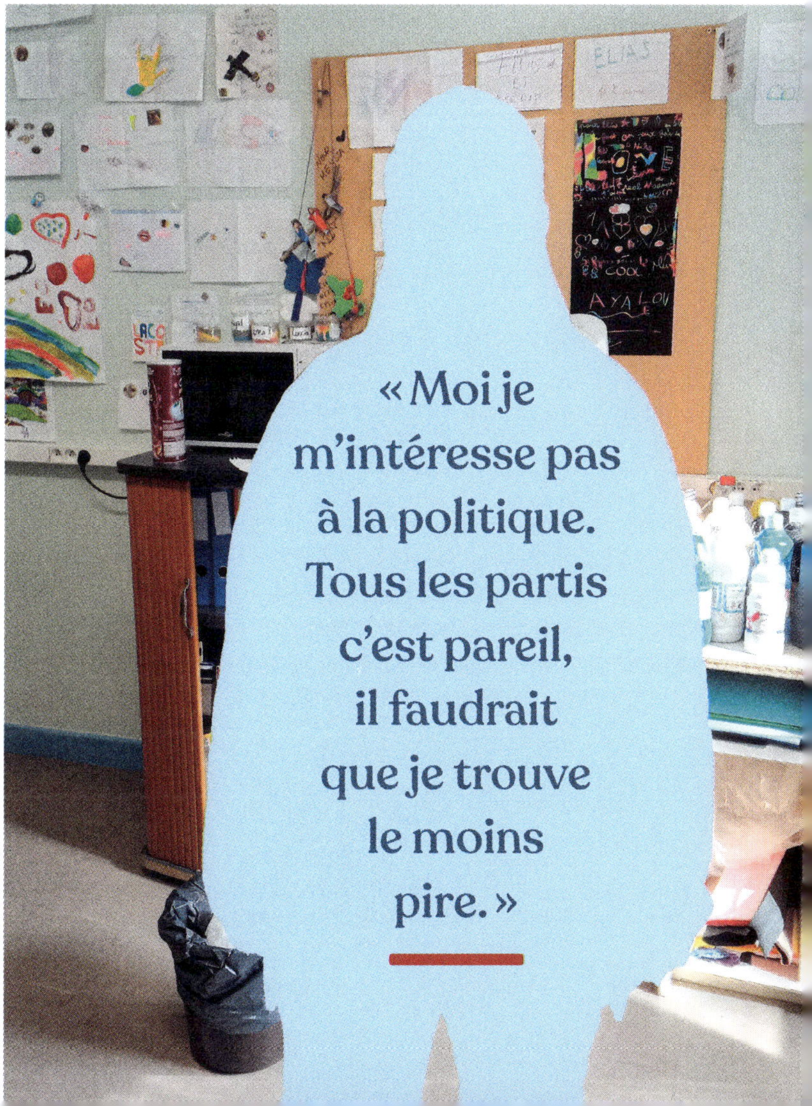

« Moi je m'intéresse pas à la politique. Tous les partis c'est pareil, il faudrait que je trouve le moins pire. »

On a pas de conscience politique ici à Vaulx. On a une conscience de rebelles, de désobéissants, qui est antipolitique, contre ces choses qui nous administrent, contre les lois. On n'a pas l'impression que la politique change la vie des gens. Regarde les reportages des années 1990, regarde 2022, on est restés bloqués. Ça a changé en termes de constructions, mais en termes de mentalités, de fracture sociale, de délinquance, c'est exactement pareil. Ces jeunes qui tiennent les points de deal, le petit guetteur payé 1 700 ou 1 800, on critique, mais en attendant il apporte un salaire, il a une vie, il peut aller consommer, il se sent individu, il a un pouvoir d'achat. Sans ça, ce serait la guérilla. Comme disait Nietzsche, il faut penser par-delà le bien et le mal, tous les clients qui consomment, au moins ils sont canalisés, sinon ils vireraient de la carafe, dehors ce serait à feu et à sang. L'État fait pas son devoir, la médecine, les infrastructures sont pas là : le shit, c'est un substitut, on n'a rien trouvé de mieux pour le moment. Je préfère avoir des zombis dehors que des gars qui s'entre-tuent. Vaulx-en-Velin, c'est un HP à ciel ouvert.

Ce qui fait peur, c'est la montée des partis extrémistes. Ceux qui devraient faire un contre--pouvoir, c'est les banlieues, mais ils s'en foutent : tant qu'ils touchent le RSA, la CMU, que tu leur donnes de quoi subsister, ils fonctionnent dans l'instant T, avec la faim qui parle. Eux ils veulent du changement maintenant, mais la politique, c'est sur le long terme, à construire, et les gens ont pas le temps. L'urgence elle est là, mais ça fait déjà trente ans, l'urgence. La maire elle a fait de bonnes choses, des constructions d'écoles, des infrastructures renouvelées, du mix entre le privé, le social, l'accès à la propriété, mais on est loin du compte.

2022, pour ma première présidentielle, ce sera Valérie Pécresse. Parce que je pense qu'on a besoin de rompre avec cette mentalité d'assistés. J'ai une sensibilité à gauche, mais je suis de droite aujourd'hui. Tu veux gagner plus, travaille plus. Et puis ce serait bien qu'on ait une femme présidente, ce sera nouveau. Hollande qui donne 40 milliards aux patrons pour embaucher et qui l'a dans le cul. Je préfère quelqu'un d'assumé, plutôt que nous faire miroiter des miettes comme la gauche. Hollande il a supprimé des fonctionnaires, les lits d'hôpitaux ça date pas d'hier, au bout d'un moment il y a cette inertie du monde qu'il faut suivre : je suis jeune, je suis en bonne santé,

pourquoi je vais aller mendier ? Je me retrousse les manches, j'ai besoin de personne. Parce que le jour où on te coupe le robinet, tu sais plus comment faire. Moi je préfère me construire ma propre tuyauterie.
Aujourd'hui on n'y croit plus, à l'État-providence. L'éducation gratuite, si t'as des enseignants qui sont pas remplacés, ou qui sont dégoûtés d'être là. Mon bac L, ma prof de littérature a été deux mois et demi absente, une œuvre, on n'a pas pu l'étudier, heureusement qu'elle est pas tombée. Si l'éducation gratuite débouche à rien qu'à la déscolarisation, je vois pas l'intérêt : regarde tous ceux qui s'arrêtent à la troisième, à la seconde, combien accèdent à la fac ? Et je te parle pas de l'hécatombe après. »

Mounia, 25 ans, responsable des périscolaires

« La dernière fois, j'ai voté – comment il s'appelle, déjà, avec les lunettes ? Je crois qu'il se représente d'ailleurs – Mélenchon. Et deuxième tour Macron. Moi je suis ni de gauche ni de droite, je suis pour ceux qui sont pas contre l'islam. Zemmour, je voterai jamais pour lui. Tous ceux qui nous salissent, je peux pas. Là je vais voter Mélenchon au premier tour, et on verra le deuxième tour. Mais je voterai plus Macron, ça c'est sûr. Si c'est Macron-Marine Le Pen, je voterai pas. Ou peut-être blanc, mais si Marine elle passe, il faudra pas que je regrette.
L'État, on va pas cracher dessus, quand on voit d'autres pays qui ont pas la Sécurité sociale. Moi je suis seule avec mes deux filles de 3 et 4 ans, chaque mois la CAF me verse, on nous accueille à l'hôpital même si on a pas nos papiers, franchement il y a des choses bien.
Par contre, je suis bloquée sur le racisme, on nous pointe du doigt comme jamais. J'accepte les règles de pas mettre le voile à mon travail, j'ai besoin de gagner ma vie. Mais je préférerais être voilée, ça changerait rien à ce que je vaux, c'est juste un bout de tissu sur la tête. Après, chez IKEA, ils acceptent, mais je me vois pas dans ça, je suis bien dans le social. »

Naïm, 22 ans, éducateur au Centre social Lévy

« L'année dernière on a fait du porte-à-porte pour la campagne des Verts aux municipales, j'ai été choqué de découvrir qu'on savait allée par allée qui avait voté à toutes les élections récentes, avec la feuille de recensement. Pour gagner du temps, quand il y avait pas de croix, on toquait pas à la porte, on devait se concentrer sur ceux qui votent. C'est là que tu comprends l'utilité de voter : sinon, tu existes pas.
En tant que président du Conseil de quartier du Mas du Taureau, je le vois comment on nous écoute pas. Alors que si on va quartier Pont des Planches, où tout le monde vote, là les élus écoutent. C'est un quartier pavillonnaire, où tu verras aucun grand bâtiment. Pourtant Bouygues rêverait de venir construire, mais la maire refuse parce que la population veut pas de tours. Et si la maire accepte de vendre, elle sait qu'elle va perdre des voix aux prochaines élections, donc elle le fera jamais.
Au Mas du Taureau, les gens comprennent pas qu'ils ont un vrai pouvoir en allant voter. Moi je leur dis : votez blanc, déplacez-vous le dimanche, signez, comme ça les politiques auront peur et feront pas n'importe quoi.
En fait on avance pas depuis des dizaines d'années, on existe pas politiquement, donc on s'organise autrement, dans les assos, dans nos communautés. On va aider celle qui sera dans la difficulté, on fera un groupe WhatsApp avec des cagnottes s'il y a un décès. On s'auto-organise et c'est ce qu'on aime : voir la conséquence de notre acte, directement. Alors qu'une campagne, on les voit tous les six ans, ils promettent des postes, ils font du clientélisme, et à la fin on voit plus personne.
Le Mas du Taureau pourrait prendre la mairie. Mais quand on est en banlieue, et surtout quand on est jeune, on pense pas à demain, après-demain, à deux ans, trois ans. Les cours d'éducation civique, on doit d'abord récupérer les cours d'histoire ou de géo qui ont sauté, avec des professeurs pas motivés, pas investis dans ce qu'ils font.

La classe moyenne bourgeoise, ils peuvent se permettre d'avoir un hobby, de faire leurs manifs le samedi, d'aller boire leur café puis peut-être d'aller voter, et encore, pas tant que ça. Mais nous on doit prioriser. Juste là, dans les deux bâtiments, c'est plus de mille familles, le chemin de la Ferme et le Grand Bois, ils vivent dans une galère pas possible, ils vont pas se rajouter une autre complication. Ceux qui s'engagent, c'est ceux qui se sont un peu émancipés, que ce soit financièrement, intellectuellement. Si t'as la tête dans le guidon avec les charges, le loyer, le dimanche tu restes en famille, tu te reposes.
On est en 2022, comment tu expliques que depuis les années 1960 on ait pas évolué, ou que ce soit des exceptions ? On nous laisse dans notre merde, je vois pas pourquoi j'irais donner ma voix à quelqu'un qui me considère même pas comme un concitoyen.
Pour cette présidentielle, je vais voter premier tour Mélenchon, et j'espère au deuxième tour. La gauche et la droite, c'est des nuances de gris. Il faut changer la Ve République, elle a fait son temps, pour moi c'est une insulte au peuple.
Tout est dans l'éducation. Ma mère elle a été élevée par un père très travailleur, qui allait voter, qui a refilé ça à ses dix filles. Ma mère elle va voter naturellement, même pour les européennes. C'est elle qui m'a montré que c'était normal dans le quotidien d'un citoyen français.
Mais quand je regarde la télé, je me dis : est-ce qu'on attend ma présence ? J'entends parler d'islam tout le temps, et je vais voter pour des gens qui critiquent ma religion, l'endroit où je vis ? Moi je suis français, j'aime mon pays, mais est-ce qu'on veut de moi ici ? Alors que l'islam nous pousse à être des personnes respectueuses et de bons citoyens. L'islam, c'est : tu n'es pas en terre musulmane, tu te conformes aux règles du pays, tu n'as pas le droit de faire quoi que ce soit d'illégal. Mais les gens confondent tout.
Pour moi il y a pas plus important que la démocratie, c'est-à-dire le choix de la population. Mais aujourd'hui, en France, on vote pour une personne qui ne demande pas l'avis de la population. La convention citoyenne, c'est du *bullshit*. Les Gilets jaunes ils ont manifesté, t'as vu à combien est le gazole maintenant ? On prend l'époque des Lumières, on les fait venir aujourd'hui, les philosophes ils diraient : "Mais c'est n'importe quoi !" Appelez pas ça une démocratie, réveillez-vous, c'est inadmissible, on est le peuple des Lumières, de la Déclaration des droits de l'homme, et on fait plus rien ! Le mouvement des Gilets jaunes, ils étaient aux portes des ministères à tout casser, le gouvernement a rien lâché. Parce que nos dirigeants marchent pour les lobbys, les banquiers, jamais pour nous.
L'abstention, ils sont contents, ça leur va. Quand quelque chose va pas, les dirigeants ont les moyens de changer les choses. Le président, il a le 49.3, il a obligé une population à rester chez elle pendant des mois, s'il voulait il pourrait nous obliger à voter : on enlève des droits à ceux qui se déplacent pas. Moi je trouverais ça normal. On te donne pas ton chômage. C'est la base, comme ça tu apprends ce que c'est d'être citoyen. Parce qu'on devient citoyen que quand on va voter. »

Wissem, 29 ans, AESH, travaille pour la ville

« Plus jeune j'étais très intéressée par la politique, je visais Sciences Po, mais après j'ai eu une sorte de dégoût, c'est devenu péjoratif, j'ai arrêté de voter. Maintenant je m'intéresse un peu à Jean-Luc Mélenchon, c'est le plus proche de mes idées, mais on sait très bien qu'il passera pas. Mon père lui est macroniste, très matrixé par BFMTV, ma mère est pas française, elle vote pas. L'État, pour moi, c'est une bande de personnes qui se sentent au-dessus de tout le monde et qui pensent qu'ils peuvent faire les lois pour les gens, qu'ils vont nous apprendre comment vivre mais au final qui sont complètement à côté de la plaque. Vu comme les choses se dessinent pour tout ce qui est pass sanitaire, on est en train de perdre beaucoup en démocratie. Moi je suis pas vaccinée, je suis contre le pass vaccinal et la pression qu'on nous met.
À la fac, comme je prépare le Capes d'espagnol, je me retrouve face à des personnes de milieux différents : aujourd'hui tout le monde est dégoûté, pas seulement en banlieue. Les gens ressentent du mépris, moi je me sens méprisée par le gouvernement. En tant que non-vaccinée, mais pas en tant que maghrébine. Je suis allée à l'école, j'ai fait des études. Après j'ai été en école

privée catholique, on vivait dans un quartier mais mon père était chef d'entreprise, on faisait un peu partie des privilégiés. Pour moi, j'ai eu les mêmes chances que ceux en centre-ville. »

Abdallah, 20 ans, étudiant et militant EELV

« On était une dizaine de potes à discuter calmement dehors, ils sont venus à cinq voitures : "On s'ennuie, les gars, vous voudriez pas faire un peu d'action, on se croirait au centre-ville !" Il rigolaient comme ça, puis le flic réunionnais : "Barrez-vous !" Mais on va où ? On habite ici, il y a aucune structure. Comment tu veux voter quand les représentants de l'État te considèrent pas comme un citoyen ?

Ici, à Vaulx, il y a un clientélisme issu du Parti communiste, quand ils allaient faire des chèques aux assos, quand il fallait une carte du parti pour avoir un logement. Ils ont apporté de bonnes choses, mais plutôt que travailler sur l'éducation au vote, tous les partis dans les quartiers cèdent à la facilité, les promesses non tenues, du coup ça dégoûte les gens. Neuf jeunes sur dix en France sont pas allés voter aux régionales. Mais ici c'est pire. La région, ils savent même pas ce que c'est, il y a un manque total de connaissance du fonctionnement politique, alors que les élus ont le devoir de nous informer. Et au bout du compte, la maire va être élue avec 2 800 voix, alors qu'on est 55 000 habitants. On grandit dans un milieu où on parle pas de politique, où tes parents votent pas. On se fait dénigrer du fait de nos origines dans les médias, mais aussi par l'État quand on voit Villeurbanne, le centre de Lyon : on comprend bien qu'on a pas les mêmes chances.

À Vaulx, on est presque 50 % de moins de 30 ans. C'est énorme, mais parmi les représentants politiques, on a aucun élu de moins de 40 ans.

Moi j'ai toujours été intéressé par la politique. Je suivais les infos au collège, au lycée, je lisais le journal municipal, j'ai fait mon stage de troisième chez eux, je me souviens, j'avais discuté une heure avec le maire, Maurice Charrier. Ensuite j'ai été beaucoup dans l'associatif, puis on a organisé une marche pour le climat sur le quartier, c'est comme ça que j'ai rejoint EELV.

Maintenant j'ai une responsabilité en interne au niveau régional, ma voix compte, il y a cet esprit d'ouverture dans ce parti, un esprit militant aussi. Si nous les jeunes on arrive à incarner les quartiers populaires, à se rassembler, à sortir de l'abstention, on va pouvoir changer les choses. » ■

Le PUP Karré, opération mixte de bureaux et de logements développée par Icade. Vaulx-en-Velin (Rhône), avril 2021.

Photo de Pierre-Antoine Pluquet.

DU PAREIL AUX MÈMES

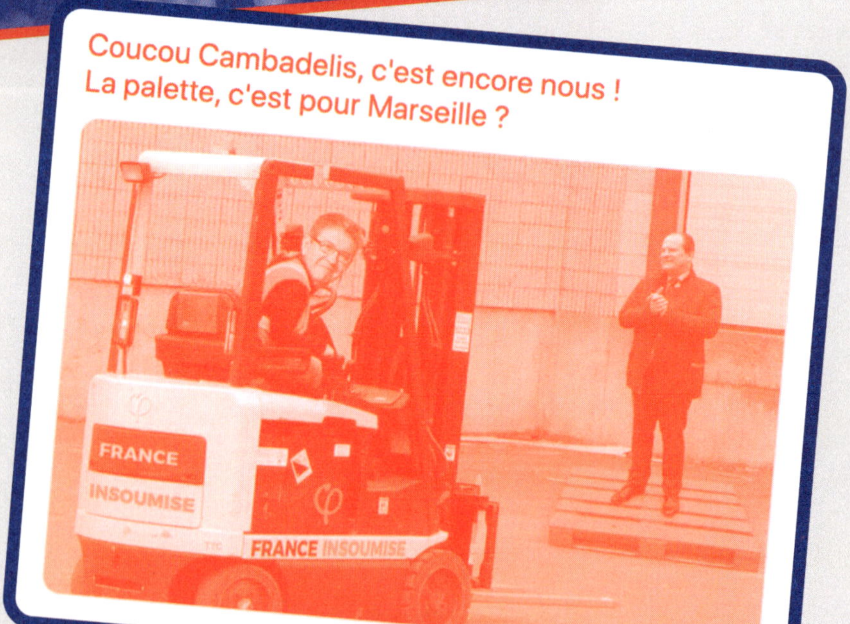

Souvent mystérieux pour les non-initiés, les mèmes, ces images virales à visée humoristique, semblent être devenus de véritables outils de communication politique. Participant à la carnavalisation de l'arène politique, les mèmes ont-ils véritablement la capacité d'influer sur le cours de la campagne ?

PAR

Alexandra Profizi

Depuis une dizaine d'années, le mème (prononcé « même ») occupe une place croissante dans les fils d'actualité, notamment chez les plus jeunes qui utilisent les réseaux sociaux non seulement pour se divertir, mais également pour s'informer. Impossible de trouver un événement social ou médiatique d'importance qui ne soit retranscrit par des mèmes. On se rappellera la période où les apparitions quasi hebdomadaires de Jean Castex liées au Covid s'accompagnaient de flopées de mèmes moquant les expressions faciales du Premier ministre. Dans ce climat carnavalesque, la campagne présidentielle devient alors un décor privilégié pour les mèmes.

S'ils se propagent du bas vers le haut, renversant ainsi les codes traditionnels de la communication politique, les mèmes sont pourtant de plus en plus souvent décrits comme une forme de propagande, et ce notamment depuis la campagne américaine de 2016 qui s'est soldée par la victoire du troll ultime, Donald Trump. La presse a depuis qualifié cette présidentielle d'élection « la plus mèmetique de l'Histoire ». Les trolls de l'*alt-right* [1] ont participé à la victoire de Trump en ayant recours aux mèmes, appliquant une stratégie d'occupation systématique de l'espace. Il s'agit d'un nouveau genre de combat qui se joue, semble-t-il, à la croisée du culturel et du politique – si tant est que l'on puisse distinguer les deux dans le contexte électoral. La lutte par les mèmes donne ainsi l'illusion aux partisans de reprendre le contrôle des modes de production de l'information médiatique.

Kim Kardashian, Jean-Christophe Cambadélis, « mème » combat

Ces objets viraux peuvent accélérer la visibilité, les prétendants sortis du bois se présentant en dehors des partis traditionnels.

En outre, il ne faut pas se contenter d'observer leur influence sur le comportement des électeurs, il faut aussi se concentrer sur les actes des candidats. Certains se souviennent peut-être du mème de Jean-Christophe Cambadélis et sa palette rouge (qu'il utilisait pour se surélever quand il parlait publiquement dans la rue, lui donnant un petit air grotesque) : pour le journaliste Luc Vinogradoff du *Monde*, bien que ridicule, cette mise en scène aurait pu être orchestrée par l'équipe de com' de Cambadélis, afin de bénéficier de l'effet de visibilité apporté par les mèmes créés en rafale par les internautes. Il s'agit ici d'une technique assez répandue, utilisée notamment dans les séries et la téléréalité, par exemple dans *L'Incroyable*

1 – Mouvance de l'extrême droite américaine née à la fin des années 2000 et très active en ligne, prônant notamment le suprémacisme blanc.

Bernie Sanders a inspiré les meilleurs mèmes d'Internet et s'est alors démarqué symboliquement de sa concurrente Hillary Clinton.

Famille Kardashian : les réalisateurs imaginent parfois à l'avance des scènes qui pourront être facilement transformées en mèmes par les spectateurs et circuler sur les réseaux sociaux, afin de booster leur popularité.
Cependant, hormis quelques cas de figure exceptionnels, les mèmes initiés par les candidats eux-mêmes connaissent un succès très limité. Ils manquent de spontanéité, et leur viralité reste faible. Les mèmes fonctionnent bien mieux quand ce sont les internautes qui les créent et les font circuler. Ces contenus doivent venir de la base.

L'effet « BSDMS » ?

Bien avant la fameuse image qui l'immortalise, affalé sur un siège en marge de l'investiture de Joe Biden en 2021, Bernie Sanders avait déjà fait l'objet de nombreux mèmes. En 2015, deux étudiants ont créé le « Bernie Sanders' Dank Meme Stash » (BSDMS). Quelques mois plus tard, le groupe Facebook comptabilisait près d'un demi-million d'abonnés. L'explication d'un tel succès est simple : Bernie Sanders était le candidat d'une certaine jeunesse américaine, une population qui manie les codes de la culture Internet avec une grande habileté. Favori des *millenials*, Bernie Sanders a inspiré les meilleurs mèmes d'Internet et s'est alors démarqué symboliquement de sa concurrente Hillary Clinton. « C'est ainsi que les jeunes expriment qu'ils sont à fond pour Bernie. Ils pourraient dire : "Je vote pour lui car c'est un politicien génial, parce que je tiens à la sécurité sociale et que j'apprécie ses propos sur les classes moyennes", mais pourquoi dire tout cela quand on peut communiquer le même sentiment avec un simple mème ? » explique la journaliste Jenna Lever.
Le 10 décembre 2016, à la porte de Versailles, Emmanuel Macron s'apprête à prononcer une phrase qui restera dans les annales mèmetiques. À l'issue d'un long discours passionné de plus d'une heure et demie, il termine en hurlant à pleins poumons : « Parce que c'est notre projet !!! » Le jeune candidat vit un moment d'exaltation et se laisse totalement déborder par ses émotions. La déferlante de mèmes qui a suivi ce meeting a contribué à la surreprésentation du candidat dans l'espace public lors de la campagne, comme pour Bernie Sanders, sacralisé et popularisé par le BSDMS. Son équipe de com' a certainement

profité de ce moment de gloire mèmetique.
Les mèmes ont tendance à profiter plus fortement aux candidats *outsiders*. D'une manière générale, les candidats à la marge sont les candidats les plus présents et les plus actifs sur les réseaux sociaux. À cet égard, Éric Zemmour et Christiane Taubira (deux candidats à la marge, ayant annoncé leur candidature sur les réseaux sociaux et non pas dans les médias traditionnels, et faisant tous deux l'objet de mèmes), peuvent avoir des trajectoires similaires à celles de Trump et Sanders.

Une arme de persuasion massive… toute relative

Au niveau du contenu, les mèmes ont en fait assez peu de rapport avec les idées portées par l'homme politique représenté, ni même, pour la plupart, aucun lien avec un quelconque bord politique. Les mèmes les plus célèbres, tel celui de Bernie Sanders en moufles, n'ont aucune valeur politique. L'image des candidats est utilisée en tant que fait culturel que l'on se réapproprie chacun à sa manière.
Les mèmes sont de plus en plus analysés sous l'angle d'un nouveau pouvoir politique, qui est cependant à relativiser – du moins en France, et pour le moment. Les mèmes politiques restent en surface, se construisent sur la simplification. C'est la raison pour laquelle Trump a très bien su jouer avec les mèmes dans sa communication politique : il a compris que, sur les réseaux sociaux, les utilisateurs se contentent la plupart du temps de lire les titres des articles sans prendre la peine de cliquer dessus. Les réseaux sociaux ne sont pas le lieu où l'on va rechercher des détails, des explications exhaustives. En France, les mèmes politiques sont plus des porte-manteaux que des chevaux de Troie : ils ne font pas passer des idées subliminales sous couvert d'humour.
Le pouvoir du mème repose sur sa fonction d'affiliation. En partageant un mème, on montre son appartenance à un groupe, ou son désir de s'identifier à un groupe. On s'inscrit dans une discussion collective sur le mode de la *private joke*. Le mème reste souvent pris dans sa propre chambre d'écho. On est rarement exposés à des contenus opposés à nos conformations idéologiques. D'ailleurs, quand on ne fait pas partie de la cible d'un mème, on a souvent du mal à le comprendre : le mème est contextuel, c'est un contenu intelligible pour les initiés qui arrivent à saisir ses références et ses degrés d'ironie.
Ainsi, les mèmes n'ont pas véritablement d'effet politique direct ni concret. Cependant, ils peuvent avoir pour fonction d'activer certaines représentations, par la simplification et l'occupation de l'espace. ■

En France, les mèmes politiques sont plus des porte-manteaux que des chevaux de Troie.

L'APRÈS-MÉLENCHON A DÉJÀ COMMENCÉ

PAR
David Rousset

Cette campagne présidentielle est la dernière pour Jean-Luc Mélenchon, mais un défi inédit l'attend : passer les manettes de son parti à des lieutenants qui attendent leur heure avec une patience plus ou moins feinte.

La mosaïque de visages et d'initiales se constitue au fur et à mesure qu'arrivent les participants. En ce début d'été 2021, les nouveaux conseillers régionaux d'Île-de-France de La France insoumise (LFI) se réunissent, en visioconférence, après leur élection, quelques jours plus tôt.
Aux dires des participants, l'ambiance est bon enfant au sein de la dizaine d'élus qui commencent à se répartir les commissions en fonction des affinités lorsque Raquel Garrido prend la parole. L'avocate et chroniqueuse télé chez Cyril Hanouna interpelle l'ancienne tête de liste Clémentine Autain : « Comme tu le sais, La France insoumise est opposée au cumul des mandats. Tu es déjà députée et tu t'étais d'ailleurs engagée à démissionner de ton mandat de conseillère régionale ; que comptes-tu faire ? » Un malaise s'installe tandis que l'intéressée se justifie en expliquant que les électeurs ne comprendraient pas un tel geste et qu'elle démissionnera en 2022, si elle est réélue députée.
Quelques jours plus tard, à l'Assemblée nationale, Clémentine Autain participe à la traditionnelle réunion hebdomadaire des députés insoumis. Au bout de quelques minutes, Alexis Corbière l'interpelle vertement en lui rappelant son engagement public de ne pas cumuler. Passablement énervée, l'accusée se défend de nouveau, arguant qu'elle ne voulait pas être candidate mais que c'est le « mouvement » qui est venu la chercher. Le mari de Raquel Garrido revenant à la charge, c'est Jean-Luc Mélenchon en personne qui siffle la fin de la récréation en donnant raison à la députée de la Seine-Saint-Denis. « C'était un recadrage assez violent », glisse un participant.

Alexis Corbière et Jean-Luc Mélenchon à l'Assemblée nationale. Paris, septembre 2019.

Photo d'Eliot Blondet.

Il n'empêche, pour la plupart de ceux qui ont assisté à la scène comme pour ceux qui en ont eu vent, le message est clair : la bataille pour succéder au chef des Insoumis a commencé, et elle risque d'être violente.

S'il existe une question taboue chez les Insoumis, c'est bien celle de l'après-Mélenchon. La cause est entendue : le candidat a annoncé, en août dernier, que cette présidentielle serait la dernière « sur [son] nom » et qu'il ne devrait pas se représenter lors des législatives de juin 2022. Un message suffisant pour que les esprits des principaux cadres mélenchonistes commencent à s'échauffer en sourdine. Officiellement, ces derniers refusent d'envisager l'hypothèse sacrilège où « Jean-Luc » ne serait pas élu président. En réalité, la plupart pensent l'après en adoptant la formule de Gambetta sur l'Alsace-Lorraine, passée dans le giron allemand après la défaite de 1870 : « Y penser toujours, n'en parler jamais. » Or la succession de Jean-Luc Mélenchon est une équation complexe à plusieurs inconnues.

Meeting de Jean-Luc Mélenchon. Montpellier (Hérault), février 2022.

Photo de Patrick Aventurier. © Patrick Aventurier/ABACA

Première inconnue : le score de Jean-Luc Mélenchon à l'élection présidentielle

La plupart des personnes rencontrées sont du même avis : « La suite dépendra beaucoup du score. Une présence au second tour serait un succès tandis qu'un maigre 10 ou 11 % constituerait un sérieux revers vu les 19,58 % de 2017. » Dans le premier cas, le dirigeant insoumis sortira conforté et pourra peser comme il l'entendra sur la ligne politique et la future direction de LFI ; mais en cas d'échec, il sera affaibli et l'ambiance risque de se dégrader. « Finalement, le mieux serait un score entre les deux : ni décevant, synonyme de crise, ni triomphal, qui bloquerait toute évolution », glisse en souriant un successeur potentiel.

Attention, le score des autres candidats pèsera aussi. Finir cinquième serait une contre-performance, mais le pire serait de ne pas être nettement devant les autres candidats de gauche. Pour LFI comme pour les écologistes, les socialistes ou les communistes, ce qui est en jeu dans cette présidentielle, c'est aussi bien la survie que le leadership. Après avoir été dominée par les communistes de l'après-guerre jusqu'à la fin des années 1970, puis par les socialistes de 1977 à 2017, la gauche française n'a plus de formation autour de laquelle les autres acceptent de s'organiser.

« La présidentielle prend des airs de primaire à gauche, et on voit bien qu'il est impossible de gagner seul. À l'avenir, il ne faut pas chercher à être hégémonique mais à faire vivre le pluralisme autour de bases solides pour un socle commun. Nous devons affronter les questions qui fâchent sur l'Europe, la République ou encore l'énergie », précise Clémentine Autain. Si elle ne rejette *a priori* personne, elle établit malgré tout un distinguo : « Avec les communistes, il faudra se retrouver. Avec les écologistes, il y a matière à travailler ensemble, comme cela a été possible lors des dernières élections régionales. »

Cette politique de la main tendue est loin de faire l'unanimité au sein de LFI, et nombreux sont ceux qui voient les formations traditionnelles de la gauche comme des adversaires à l'agonie qu'il est inutile d'alimenter.

Jusqu'à maintenant, entre rassemblement des partis de gauche et autonomie, plusieurs stratégies ont cohabité et ont été adoptées en fonction des échéances électorales. Bien que non écrite, la règle est simple : lors des scrutins locaux – lesquels lui sont favorables –, LFI adopte un profil unitaire ; à l'inverse, lors des élections nationales – présidentielles, législatives et européennes –, elle estime ne pas avoir besoin de partenaires et se présente seule. Mais cet équilibre pourrait être remis en cause selon la sensibilité des successeurs potentiels.

Deuxième inconnue : les législatives

Ils sont actuellement une petite dizaine à pouvoir prétendre jouer un rôle important (voir La galaxie Mélenchon p. 108). Six d'entre eux sont des députés sortants – Éric Coquerel, Alexis Corbière, François Ruffin, Clémentine Autain, Adrien Quatennens et Mathilde Panot – en quête de réélection. Pour eux, il est vital de ne pas trébucher, eu égard au fonctionnement de LFI. « Mouvement gazeux » oblige, il n'existe aucune instance dirigeante élue par les adhérents. Le seul espace collectif est la réunion, chaque mardi matin, des parlementaires nationaux et européens. Perdre son mandat signifie ne plus pouvoir y participer et être affaibli.

Si Clémentine Autain, Alexis Corbière et Mathilde Panot bénéficient de circonscriptions jugées favorables, la position d'Éric Coquerel et de François Ruffin est plus délicate. Enfin, Adrien Quatennens, élu en 2017 avec seulement 50 voix d'écart au second tour, n'aura pas droit à l'erreur.

En revanche, les élections législatives ne sont pas un problème pour Manuel Bompard puisque, déjà député européen, il est de toute façon élu jusqu'en 2024. Au-delà des individus, LFI compte aujourd'hui 17 députés et espère avoir au moins 15 élus afin de constituer un groupe parlementaire et de disposer des moyens qui vont avec.

« Finalement, le mieux serait un score entre les deux : ni décevant, synonyme de crise, ni triomphal, qui bloquerait toute évolution. »

UN SUCCESSEUR POTENTIEL

Troisième inconnue : que fera Jean-Luc Mélenchon après l'élection ?

Il est encore plus difficile de trouver quelqu'un à LFI qui connaisse la réponse à cette question que d'y dénicher un soutien d'Emmanuel Macron ! Le principal intéressé – qui, contacté, n'a pas souhaité s'exprimer sur le sujet – le sait-il lui-même ? Selon un très proche, il partira voyager pendant plusieurs mois puis prendra la tête de l'Institut La Boétie, un club de réflexion politique créé fin 2020, actuellement présidé par un intime, le conseiller d'État Bernard Pignerol, et dont la fidèle Mathilde Panot assure la trésorerie. Bien que ce think tank soit la préfiguration de la future fondation de LFI, la plupart des dirigeants actuels n'y voient qu'une fonction honorifique. Les plus observateurs notent néanmoins qu'une fois qu'il aura obtenu son statut de fondation, l'Institut La Boétie bénéficiera de fonds conséquents, de locaux, et que Jean-Luc Mélenchon y disposera sûrement d'un bureau. Bref, « il ne sera pas loin », souffle notre interlocuteur.
De fait, on le voit bien, tous ceux qui connaissent Jean-Luc Mélenchon ont du mal à l'imaginer couper le cordon et se contenter d'observer ses héritiers sans intervenir de près ou de loin.

Quatrième inconnue : Jean-Luc Mélenchon va-t-il s'occuper lui-même de sa succession ?

Depuis toujours, le député des Bouches-du-Rhône aime jouer avec les nerfs de ses principaux lieutenants en alternant compliments et coups de patte. Une activité à laquelle il ne se livre jamais en dehors de son parti mais qui peut influer sur les destinées.
Depuis un an, Mathilde Panot a le vent en poupe, jusqu'à succéder à Jean-Luc Mélenchon à la tête du groupe parlementaire. Tout comme Adrien Quatennens qui, nommé coordinateur national de LFI, s'est fendu d'un livre hagiographique intitulé *Génération Mélenchon*[1]. « Il aurait mieux fait de l'appeler *Vénération Mélenchon*, ça aurait été plus franc », sourit un rival, en bon camarade. De fait, la façon qu'a le jeune député du Nord de se placer en fils spirituel en agace plus d'un. Un député s'étrangle : « Il se réserve les meilleurs passages dans les médias et se comporte comme une diva quand il tient un meeting en exigeant des organisateurs une loge et du chocolat. Il s'y voit déjà ! »
La plupart de nos interlocuteurs jugent néanmoins peu probable que Jean-Luc Mélenchon désigne un dauphin. « Il faudra que vous vous mettiez d'accord entre vous », a-t-il déclaré à plusieurs reprises aux intéressés. Plus facile à dire qu'à faire !
Beaucoup s'attendent – voire espèrent – à ce que le fondateur de LFI mette en place un collectif avant de passer la main. Pour Alexis Corbière, le plus ancien des mélenchonistes, « fondamentalement, toute succession individuelle est impossible. Mais il existe un camaïeu de personnalités et de talents qui devront définir les bases politiques de la nouvelle période et confirmer qu'ils veulent travailler ensemble ».

Transmission impossible ?

Reste à définir ce collectif. Sera-t-il un binôme, une troïka, un quatuor ? Quelle sera la répartition selon les âges, les sexes ? « Il peut être tentant de sauter la génération des quinquas et de jouer l'avenir avec un duo Panot-Quatennens, épaulé par Bompard », confie un très proche de Mélenchon.
Autre difficulté, comment gérer les différentes nuances de ligne et de stratégie politique ? Pour Raquel Garrido, « il faudra inventer un type de formation politique adapté à la nouvelle période qui ne sera ni le parti avec ses courants, ni le parti gazeux de 2017. Et c'est le projet de Constituante pour une VIe République qui sera le socle le plus rassembleur ». Et comment insuffler la même dynamique que celle qui a prévalu jusqu'à aujourd'hui et qui a permis de contenir les velléités d'aventure individuelle ?
Le succès de LFI dans le paysage politique tient beaucoup à la personnalité de son dirigeant

historique. « En réalité, La France insoumise est avant tout une machine électorale mise au service exclusif d'un seul homme, et risque de ne pas survivre au départ de son géniteur », témoigne un familier.

Un ancien compagnon de route du chef insoumis va jusqu'à imaginer un autre scénario : « Les directions collectives, ça n'a jamais marché et aucun de ses épigones n'a l'étoffe pour lui succéder. Je ne serais pas surpris qu'il se maintienne ou revienne après un faux départ. Et puis, Jean-Luc, c'est Molière ; il restera sur scène jusqu'à son dernier souffle ! »

En définitive, au-delà de la transmission de l'appareil LFI, c'est toute la question de l'héritage du mélenchonisme qui est posée. À de multiples reprises, le leader insoumis a reconnu être soucieux de ce qui restera après son départ. Paradoxalement, une grande partie de la réponse à cette question se jouera les 10 et 24 avril : s'il ne parvient pas à conquérir le pouvoir, Jean-Luc Mélenchon sera confronté au défi d'une retraite politique réussie.

« Lorsqu'on vient d'entendre un morceau de Mozart, le silence qui lui succède est encore de lui » disait Sacha Guitry. À La France insoumise, le silence qui suivra le départ de Jean-Luc Mélenchon sera-t-il encore du Mélenchon ou le mouvement parviendra-t-il à jouer une autre partition ? ■

Jean-Luc Mélenchon boit un smoothie à la fraise avant de tenir son meeting en fin de journée. Bordeaux (Gironde), janvier 2022.

Photo de Thibaud Moritz.

Selon un très proche, il partira voyager pendant plusieurs mois puis prendra la tête de l'Institut La Boétie, un club de réflexion politique créé fin 2020.

La galaxie

ALEXIS CORBIÈRE : LE TRIBUN

Lycéen à Béziers à la fin des années 1980, il adhère au parti trotskiste auquel Mélenchon a appartenu durant les années 1970. Monté à Paris pour suivre ses études (un peu) et militer (beaucoup), il est exclu du parti en 1992 et rejoint la Ligue communiste révolutionnaire (LCR). Devenu enseignant en lycée technique, il rallie, en 1998, le Parti socialiste et surtout le courant de Julien Dray et Jean-Luc Mélenchon. Il se rapproche de ce dernier au début des années 2000 et ne l'a plus quitté depuis. Bientôt 54 ans, il est l'un des rares à assumer des désaccords avec le chef. Doté d'un solide fond politique, incarnant le côté républicain de La France insoumise (LFI), il ne craint personne à l'applaudimètre ; un atout au sein d'un mouvement habitué au talent oratoire.

CLÉMENTINE AUTAIN : L'AFFRANCHIE

Entrée en militantisme *via* le féminisme, elle en dépoussière la façon de communiquer et devient candidate du Parti communiste français (PCF) en 2001 à Paris. Bertrand Delanoë la propulse adjointe à la jeunesse. En 2006, à 33 ans, elle annonce sa candidature à l'élection présidentielle mais ne parvient pas à se faire investir par le PCF. En 2011, elle rejoint le Front de gauche et devient porte-parole de Mélenchon lors de la campagne de 2012. Élue conseillère régionale en 2015 puis députée en 2017, elle a conservé son micro-parti et cultive – un peu trop, aux yeux de certains – les bonnes relations personnelles avec les autres formations de gauche.

ADRIEN QUATENNENS : LE BENJAMIN

Né en mai 1990, il adhère au Parti de gauche en 2013 et est candidat aux municipales à Lille l'année suivante. Élu député du Nord en 2017, il se distingue par un look reconnaissable entre tous mais surtout par sa capacité de travail. Nommé coordinateur de LFI en 2019, il enchaîne meetings et médias et trouve le temps d'écrire un livre sorti fin 2021, *Génération Mélenchon*[1]. Il se vit comme fils spirituel mais ses détracteurs voient en lui un lieutenant sans imagination plus qu'un dirigeant.

MATHILDE PANOT : LA FUSÉE

C'est la femme qui monte. Élue députée du Val-de-Marne à 28 ans, en 2017, elle a succédé à Jean-Luc Mélenchon à la tête du groupe LFI à l'Assemblée nationale, devenant ainsi la plus jeune présidente de groupe parlementaire de l'histoire. Stakhanoviste depuis toujours – une qualité qui lui a permis d'intégrer Sciences Po Paris –, elle a été propulsée à la tête du réseau militant de LFI. Une position qui pourrait s'avérer stratégique le moment venu.

1 – Adrien Quatennens, *Génération Mélenchon*, Seuil 2021.

Mélenchon

ÉRIC COQUEREL : L'UNITAIRE

À 63 ans, le député de la Seine-Saint-Denis n'est pas un perdreau de l'année. Ses premières armes, il les a faites quand il était collégien, en 1973, en manifestant contre la loi Debré. D'abord un peu anarchiste, il entre à la Ligue communiste révolutionnaire d'Alain Krivine et devient chevènementiste en 1998, puis claque la porte en 2003. Navigateur accompli, il évolue dans les eaux de la gauche antilibérale et rejoint Mélenchon lors de la fondation du Parti de gauche en 2008. Unitaire pour dix, il n'a pas son pareil pour arrondir les angles ; un talent intersectionnel qui pourra s'avérer utile dans la période à venir.

MANUEL BOMPARD : LE STRATÈGE

Et de deux. Pour la seconde fois, le député européen de 36 ans est le directeur de campagne du candidat Mélenchon à la présidentielle. S'il n'est pas le plus médiatique ni le plus charismatique des sabras de La France insoumise, Manuel Bompard est réputé pour sa rapidité intellectuelle qui lui a permis d'obtenir un diplôme d'ingénieur et un doctorat en mathématiques. Présent depuis la création du Parti de gauche en 2009, il est un bon point d'équilibre entre les partisans de la stratégie populiste et les tenants d'une ligne politique de gauche.

FRANÇOIS RUFFIN : L'AUTONOME

Lycéen à Amiens dans le même établissement jésuite qu'Emmanuel Macron, il suit des études de lettres et obtient un diplôme de journaliste en 2002. Il fonde le journal *Fakir*, collabore au *Monde diplomatique* ainsi qu'à l'émission de Daniel Mermet sur France Inter. En 2016, *Merci Patron !*, son documentaire consacré à la délocalisation d'une usine du groupe LVMH par son dirigeant Bernard Arnault, remporte un César un an plus tard. Élu député en 2017 avec le soutien du PCF, de Verts et de LFI, proche de l'économiste Frédéric Lordon, il reste documentariste et cultive son autonomie. À 46 ans et, à mi-chemin entre communistes et Insoumis, son réseau de 250 à 300 correspondants de *Fakir* renforce son poids politique et inquiète parfois.

Les outsiders

RAQUEL GARRIDO

Mélenchoniste depuis plus de vingt ans, Raquel Garrido (48 ans) entend mettre à profit sa notoriété de chroniqueuse cathodique et tentera sa chance en Seine-Saint-Denis lors des prochaines législatives.

MANON AUBRY

Ancienne tête de liste lors des élections européennes de 2019, Manon Aubry (32 ans) a rejoint LFI un an avant mais a su s'imposer comme l'une des nouvelles figures du mouvement.

AURÉLIE TROUVÉ

Aurélie Trouvé (42 ans) est passée en quelques mois du mouvement altermondialiste Attac à la présidence du Parlement de l'Union populaire, sorte de comité de soutien du candidat insoumis.

RÉCIT LITTÉRAIRE

DE PÈRE EN FILS

PAR

Alexis Jenni

ILLUSTRATIONS
Camille Deschiens

Mon fils et moi, nous allons régulièrement voir Papi dans son pavillon situé dans un quartier excentré, Papi qui est mon père mais qui est devenu insensiblement Papi avec la naissance de mon fils et le franchissement de la ligne floue de la vieillesse. Il a 75 ans, mon fils 25, moi juste au milieu, nous aimons faire ça, nous réunir en lignée d'hommes, sans femmes parce que pour Papi, plus, pour mon fils, pas encore, et pour moi, c'est compliqué ; on n'en parlera donc pas.

Chez Papi, il y a toujours la télé allumée, quand nous arrivons à la grille, devant le portail, avant même d'entendre sa voix rendue graillonneuse par l'âge, nous entendons le vacarme enthousiaste et sans temps mort de la télévision qui glisse comme une fumée par les fenêtres ouvertes si c'est l'été, un peu étouffé si c'est l'hiver, mais c'est toujours là, une obsession, une signature, un repère pour retrouver le pavillon de Papi dans la rue de pavillons où il habite, tous partageant un air de famille qui pourrait faire s'égarer un visiteur distrait, un livreur trop pressé, ou un facteur néophyte.

Cette bande-son des visites chez Papi, je crois l'avoir toujours connue, avant ça a été des jours entiers de Formule 1 avec la ronde des moteurs déformés par l'effet Doppler, les interminables tournois de tennis avec les frappes régulières de balle interrompues par des « 15-30 » sépulcraux suivis d'une brève salve d'applaudissements, ou les divers animateurs à l'entrain déprimant qui se sont succédé depuis que Jacques Martin est mort. L'apparition des chaînes d'information en continu a été pour lui une bénédiction. Elles n'arrêtent jamais, elles remplissent les pièces de son petit pavillon comme une odeur de cuisine, et je me demande s'il éteint le téléviseur avant de se coucher, parce que comme il en a un autre dans sa chambre, je crois qu'il s'endort devant. Elle est étrange, cette si longue addiction qui continue dans un monde où l'on ne regarde plus la télé, en tout cas plus comme avant, en s'asseyant confortablement devant l'écran à heures fixes, suivre la grand-messe du 20 heures, comme on disait alors, j'ai un jour sorti l'expression devant mon fils, il n'a pas compris. Mais Papi non plus ne la regarde pas vraiment, la télévision, c'est une ambiance sans laquelle il ne peut vivre, il a été précurseur, d'une certaine façon, à s'environner de bruit sans chercher à comprendre le message. Il a essayé LCI, mais l'a trouvée rasoir, il a essayé BFM, mais il les trouve trop mous, c'est CNews qu'il préfère. Et quand Pascal Praud apparaît, il arrête tout ce qu'il fait et fixe l'écran, regarde jusqu'au bout et ne reprend ses activités que lorsque son héros a disparu. Héros, héraut, c'est pareil, les deux vont bien, l'un pour dire l'admiration, et l'autre pour signaler que ce qui est dit à l'écran a été dit pour lui, à la fois à son intention et à sa place. C'est son rôle, à Praud : dire ce qu'il estime que l'on pense, et le dire pour qu'on le pense, c'est circulaire, plus vraiment de l'info, il a inventé une nouvelle discipline, la démagologie. C'est ravageur, un flot continu de CNews, ça agit sur la conscience et le discernement, ça ronge l'esprit et l'entendement, enfin c'est ce que je pense parce que je n'en pense que du mal. Je pense tout à l'opposé, mais c'est Papi qui écoute ça d'une oreille, il est mon père au fond, je peux toujours parler avec lui quoi qu'il fasse, quoi qu'il dise, quoi qu'il pense.

En ce début de 2022 où se préparait la grande cérémonie de l'élection présidentielle, celle qui nous sauve et qui nous tue, se dit-on chaque fois en France, et en fait rien, on se demandait tous les trois quoi voter ; ou plutôt on se demandait s'il était nécessaire de voter plutôt que rien. Mon fils allait voter pour la première fois, il le pouvait depuis quelques années mais il avait toujours été trop indifférent à tout ça pour y aller. « La première fois il faut le faire quand on aime », lui avais-je souvent répété, croyant être sage, et je ne sais pas s'il aime assez un candidat pour se résoudre à glisser un bulletin dans l'enveloppe et ensuite l'enveloppe dans l'urne. Rien de bien compliqué, mais j'ignore s'il est prêt pour le rituel, bulletins en petits tas, enveloppes bleues de papier rugueux, isoloirs à rideaux rouges, appel du nom, présentation des papiers, lancement de l'enveloppe dans l'urne, proclamation d'un sonore « A voté ! », signature une fois qu'on a retrouvé la bonne ligne dans le grand cahier où le nom de tout le monde est écrit, et de voir en tout ça l'exercice de la démocratie réelle. Il n'a jamais voté jusque-là, il préférait les jeux vidéo, suivre des matchs de foot au bar, boire des bières. Je l'avais emmené au bureau de vote un jour d'élection pour qu'il sache comment on fait, c'était comme le faire assister à un mariage pour qu'il sache comment se comporter le jour du sien, mais je ne suis pas certain qu'il soit prêt à l'ambiance ni très sûr de son choix, et je ne sais même pas si c'est une question de choix ou si ce n'est que de l'indifférence.

J'aimerais que nous en discutions, des élections en général, et de cette élection-là, dans trois mois, mais : « À quoi bon ? me dit-il. Quel choix on a ? La droite, la super droite, et un banquier... et puis une série de Schtroumpfs qui ont chacun leur petit dada, leur couleur et leur slogan bizarre, qui se partageront quelques voix, feront un petit discours et disparaîtront. » Le problème, c'est que je suis tellement expectatif que je ne trouve aucun argument à lui opposer pour contrer son indifférence. Ce qui se passe dans cette élection est pour moi mystérieux, je ne suis pas sûr d'en bien comprendre les enjeux, mais je ne suis ni journaliste, ni politiste, ni éditorialiste, ça doit être ça. Lors de mon premier vote à l'aube des années quatre-vingt du vingtième siècle, c'étaient d'autres temps, un autre siècle, les choses paraissaient claires : la gauche désirable contre la droite détestable, il me semblait très évident, ce petit bulletin que j'introduisais pour la première fois dans une enveloppe, j'en avais le cœur battant. Et j'imagine qu'en symétrie, ceux qui voyaient la gauche terrifiante contre la droite rassurante votaient avec la même assurance que moi, les mêmes palpitations que moi, simplement dans un miroir. Maintenant ? Je suis perdu, je ne sais plus, ma latéralisation est brouillée. Mais je vois la guerre qui se livre dans l'esprit des gens, la lutte gramscienne pour l'hégémonie culturelle, la désagrégation de la gauche et le basculement de tout un pays vers la droite, vers une droite, vers des droites qu'il est difficile de définir car elles se multiplient au gré des envolées lyriques, et par scissiparité. Allez donc convaincre un gamin d'aller voter avec tant de doutes.

Papi, je crois que c'est la même chose, malgré ses rodomontades il n'est pas si sûr d'y aller. Il ne croit plus en personne, plus en rien, il se contente de maugréer devant les infos et de s'agiter devant Pascal Praud, son héros. Ou héraut, il faudrait que je lui redemande, le jour où il me l'avait dit je n'avais pas saisi comment il l'avait prononcé, et ce qu'il avait voulu dire.

Ce jour-là, dès le début de l'année 2022, alors que nous étions tous les trois dans le pavillon de Papi, on sonna. C'était un grand jeune homme aux gestes souples qui venait livrer un carton allongé et lourd. Papi signa du doigt sur l'écran d'un petit terminal, une technique qui donne aux clients l'écriture d'un enfant de 6 ans, et le jeune homme repartit sur son scooter, ses jambes trop grandes faisant un angle aigu qui touchait presque le guidon.

Papi ouvrit la boîte, c'était un fusil. Je n'y connaissais rien en fusils mais le canon me parut gros, il répandait autour de lui un parfum de graisse minérale, la boîte de munitions était lourde et compacte, c'était du plomb en rangs serrés.

« Ça se vend par correspondance, ces trucs-là ? » dis-je, éberlué.

Papi grommela quelque chose d'indistinct d'où émergeait vaguement : « ... On peut... si on sait. » Mon fils regardait avec une douce exaltation le canon noir et luisant. Tout le monde aime les armes en ce moment, mon fils comme mon père, chez moi ça a dû sauter une génération, ça sent la poudrière. Papi brandit l'arme :

« Avec ça, dit-il, on arrête un sanglier en pleine course.

– Tu chasses le sanglier maintenant ?

– Bien sûr que non. Mais tu vois où j'habite ? »

Je fis un grand geste vers la fenêtre où l'on voyait des buissons bien taillés et quelques fragments des toits des pavillons voisins.

« C'est sûr qu'il n'y a pas de sangliers ; tu as vraiment besoin d'un fusil ?

– Tu ne comprends rien, bien sûr que je ne parle pas de sangliers. Mais je me prépare. »

Il soupira, posa l'arme et sortit de la pièce. Je le crus fâché, ça n'aurait pas été la première fois, mais il revint avec un livre généreusement corné qui avait été lu et relu.

« Tiens... »

Il me mit dans les mains *La France n'a pas dit son dernier mot*, d'Éric Zemmour, ouvert aux pages 10 et 11.

« Lis. »

Je lus.

« Aucune petite bourgade, aucun petit village de France n'est plus à l'abri d'une équipée sauvage de bandes de Tchétchènes, ou de Kosovars, ou de Maghrébins ou d'Africains qui volent, violent, pillent, torturent, tuent. »

« Mais c'est n'importe quoi, murmurai-je. Comment se fait-il que l'on puisse le prendre au sérieux ? Parce qu'à moins que l'on n'ait soigneusement rasé les ruines et fait disparaître les corps, je ne vois pas par où elles se sont passées, ces invasions barbares.

– Ce type sait de quoi il parle, je l'écoutais tous les jours sur CNews, avant qu'on ne le fasse taire avec une de ces réglementations tatillonnes faites pour empêcher de parler ceux qui gênent. C'est un puits de culture, cet homme, et il a le courage de regarder la réalité en face, et de le dire.

– Un puits sûrement, mais pas de culture, dès qu'on creuse c'est du vent. Relis ce passage, mais lentement : rien n'existe. À part les fantasmes.

– Tu n'es pas d'accord avec le diagnostic qu'il pose ?

– Je suis en opposition totale avec ce diagnostic parce que ce n'en est pas un.

– Tu ne veux pas voir la réalité, alors ?

– Quelle réalité ? Comment peut-on envisager un instant que ce soit la réalité ? Ce sont des angoisses d'homme mûr travaillé par l'andropause, sur lesquelles il brode avec des envolées de plume. De plume ! Du vent.

– Tu n'as pas remarqué, le livreur ?

– Remarqué quoi ?

– Qu'il était noir.

– Oui, et ?...

– Tu n'as pas remarqué que tout le monde est noir maintenant ? Tu ne vois pas que ça change ? Qu'ils nous remplacent ? Mais regarde un peu, on en parle toute la journée à la télévision.

– C'est bien le problème... »

Et voilà, la télé, cette télé, avec l'habitude j'en oubliais qu'elle était toujours allumée, envahissante au point qu'on ne l'entendait plus, elle faisait partie des meubles, elle faisait papier peint. Ce que l'on y disait à longueur d'émission politique prenait part à la lutte gramscienne dont l'enjeu était l'esprit des gens. Quand Bolloré, son propriétaire, avait témoigné devant une commission sénatoriale qui s'inquiétait de la concentration des

médias entre les mains de quelques milliardaires qui, pouvait-on penser, leur faisaient jouer un rôle politique de propagation d'opinion, c'était avec son sourire sympathique et roublard qu'il avait rétorqué aux questions soupçonneuses des sénateurs : « Personne n'a l'ambition de faire des chaînes d'opinion, c'est sans intérêt. L'essentiel du groupe, c'est le divertissement, le sport et les séries. Je le dis pour évacuer le fantasme du projet politique. Les groupes de médias et de culture sont les plus rentables du monde après le luxe. C'est pour ça que je m'y suis intéressé, avait-il conclu avec ses yeux rieurs. Et quand la chaîne a engagé Zemmour comme animateur, personne ne pensait qu'il allait être président de la République. »

Cette dernière réplique, un lapsus sans doute, mais comme tout lapsus il était traître et montrait la queue du loup caché derrière le rideau, l'ombre de ce qui intérieurement est caché, de ce qui est désiré, fit rire mon fils. « Badaboum ! Patatras ! » Il rit. Il aime quand le patronat se prend les pieds dans le tapis, quand les politiques se trahissent. Il adore quand *Quotidien*, l'émission télé de TMC-TF1, la télé du temps où on la regardait, entre irrévérence et démagogie, filme les députés en train de dormir en séance, et aussi il adore *Merci Patron !* de François Ruffin, ce documentaire où le réalisateur aide un couple de licenciés à faire cracher au bassinet le patron, le grand, le riche, l'impeccable Bernard Arnault. Mon fils a la gauche taquine, ironique et un peu de mauvaise foi, il adore Ruffin parce que c'est le Renart du *Roman de Renart*, qui à chaque épisode ridiculise Ysengrin, le loup dominateur, seigneurial et un peu benêt. Quand je lui fais remarquer que c'est quand même pas ça, la gauche, c'est plus collectif et plus social, il rétorque comme un jeune homme qui ferraille contre son père. Pour lui, Ruffin dit des choses fortes, des choses locales et singulières mais fortes : la vie des gens. Et il n'y a que ça d'important, la vie des gens, parce que c'est nous. Il le fait avec des moyens de saltimbanque, mais qui écoute maintenant quelque chose si ce n'est pas dit par un saltimbanque ? Dans la société du divertissement où nous sommes, où l'on peut tout le temps et partout se divertir, il n'y a plus que les saltimbanques qui puissent être entendus, parce qu'eux seuls retiennent l'attention.

Coincé par l'âge entre Papi et mon fils, je me sens le seul raisonnable, mais raisonnable impuissant. L'un ricane et l'autre vitupère, et moi je me tais, je me dandine car je ne sais plus sur quel pied danser. S'il faut voter, qui d'entre nous ira ? Personne ne veut plus voter parce qu'on ne rêve plus que de la violence, l'affrontement direct avec les flics au milieu, barricades et révolution pour la gauche, guerre civile pour la droite, on veut l'embrasement. Voter ? Un truc de vieux, ou de dégonflé, ou bien de dupes. Pour la dernière raison, Macron leur donne raison.

Moi, j'y crois encore par habitude, mais je suis un socialiste des années 1980, alors complètement perdu dans les années 2020, ne sachant plus à qui me vouer, à qui me raccrocher, mon panthéon est vide, il n'y a plus de sphinx à la rose qui marche avec majesté dans ses couloirs souterrains, plus que des notables et des apparatchiks qui rôdent avec les épaules affaissées en emportant leurs archives. Et le vieux truc du barrage républicain ne fonctionne plus : moi ou le fascisme. On m'a bien eu sous Chirac, j'ai été blanc avec Macron, maintenant ça ne m'intéresse plus. Ils voulaient changer la vie, ils ne veulent plus que protéger deux, trois trucs, alors ils disparaissent. Qui invente, maintenant ? Ils se disputent.

À force de parler, au milieu de l'après-midi nous avons commencé à boire, Papi a toujours un excellent armagnac qui réjouit les sens et apaise l'esprit, qui rassemble les extrêmes, émousse les ressentiments, un alcool complexe et rustique qui aplanit d'un coup de fer les discours déformés par les tensions.

En fait, c'est surtout moi qui suis tendu, ayant perdu ma cause. Eux deux en ont trouvé une, de cause, alors ils affectent de ne pas se parler pas directement, ils passent par le neutre, c'est-à-dire moi ; le neutralisé plutôt.

Ils réenchantent la vie, l'un par la colère et le ressentiment, l'autre par la dérision et le jeu de massacre. Voter ? Pourquoi ? Aucun des candidats ne fait ce qu'ils font en leur for intérieur : chérir l'affrontement direct. Sauf Zemmour, pour l'un, assez fou pour faire ce qu'il fantasme, mais peut-être se retirera-t-il en fin de compte, fatigué et heureux de cette belle aventure narcissiquement enivrante, et Ruffin pour l'autre, veilleur, dernière conscience de gauche, lanceur d'alerte et poil à gratter, mais qui ne se présente pas, son métier d'agitateur l'occupe pleinement.

« Regarde, Papa, plus personne ne veut discuter de rien, seulement faire fonctionner la machine. Quand Ruffin est venu à la tribune de l'Assemblée en maillot de foot, il a créé un scandale, une vraie tempête dans un petit verre d'eau. Il voulait soutenir la loi qui aurait taxé un tout petit peu les transferts de joueurs pour des sommes délirantes, totalement hors-sol, pour soutenir le foot amateur, ce réseau d'associations et de bénévoles qui fait exister le sport dans les campagnes et les banlieues où sinon il n'y aurait rien, il voulait soutenir le dévouement des gens qui fait que le pays tient malgré toutes les misères. Son maillot, c'était celui de l'Olympique eaucourtois, un petit club de la Somme que personne ne connaît au-delà des communes voisines, c'était beau, et juste, de faire entrer dans l'hémicycle le visage de ces gens des petits clubs. Et on s'est foutu de ce qu'il apportait et qui aurait rendu le monde un peu meilleur, on n'a pas parlé de la loi, on l'a repris sur le maillot. "Vous revenez avec une tenue correcte et on en reste là", lui a dit le président de l'Assemblée, tu sais, le de Rugy, celui qui n'aime pas le homard parce que ça lui fait mal à la tête, moi je n'ai jamais eu l'occasion d'en manger, celui-là qui est toujours en costard et en cravate bien serrée, toujours impeccable comme si c'était peint sur lui. Et comme Ruffin a refusé, il voulait que l'on garde l'image pour faire passer le discours, eh bien il a écopé d'une amende, un quart de son salaire, de son indemnité plutôt, pour "provocation envers l'Assemblée ou son président". Alors qu'il n'y a aucun texte qui définit la tenue correcte, ni même la tenue normale.

– C'est un détail, non ?

– Pas du tout, c'est un symptôme. Il a été rejeté de façon un peu méprisante par toute une assemblée qui considère avoir acquis par élection le droit de discuter en paix, entre élus, sans que les gens s'en mêlent. Ruffin veut que les gens s'en mêlent, ce qui rendrait la démocratie un peu plus directe.

– Tu as raison, petit-fiston, éructa brusquement Papi. On n'écoute pas le peuple, je le dis depuis un moment, mon crétin de fils, ton père, ne veut pas l'entendre. Il faut écouter la colère du peuple, sinon tout va péter et lui il chipote sur le peuple, trouve que c'est pas le bon mot. Mais le peuple c'est le peuple, et lui il ne sait plus ce que c'est, cet enfant gâté.

– Je ne parle pas de peuple, Papi.

– Mais alors tu parles de quoi ?

– Des gens. Le peuple, c'est abstrait, c'est global, c'est une idée de droite qui met tout dans un même sac et par là n'empêche pas les inégalités ni l'exploitation. Moi je parle des gens. Ruffin parle des gens, chacun avec son nom, son visage, sa vie. Il est documentariste : il va voir, il se mêle, il intervient. Ça devrait être ça, la politique. C'est ce qu'il faudrait faire. Mais quand il vient en parler, parce qu'il n'est pas habillé en pingouin mais comme tout le monde, on le fout à la porte. Alors tu sais, moi, la politique... pourquoi je m'en mêlerais ?

– J'y crois pas, il ne croit pas au peuple », ronchonna Papi en resservant tout le monde.

Nous levâmes tous les trois notre verre, ce n'est pas parce qu'on n'est pas d'accord qu'on ne peut pas boire ensemble : « Au peuple ! lança Papi.

– Aux gens ! rétorqua mon fils.

– À la lutte des classes ! » dis-je d'une voix pas très assurée, parce que moi j'ai toujours tendance à parler de lutte des classes même si plus personne ne me croit.

On fait semblant que les classes n'existent plus, on fait semblant que droite et gauche n'existent plus, alors on ne comprend plus rien et les inégalités prospèrent. Ceux qui subissent la crise perpétuelle, la paupérisation lente, le durcissement du travail quand il en reste, et l'aggravation des inégalités, ceux-là seront-ils le peuple ou bien les gens ? La lutte gramscienne, c'est de bien nommer les choses.

Et CNews de continuer son ronronnement d'ambiance, qui sous le masque du divertissement assène les éléments de langage du libéralisme autoritaire jusqu'à ce qu'on les croit vrais, les seuls vrais. Bolloré avait supprimé *Les Guignols de l'info* sur Canal après avoir racheté la chaîne, il les a réintroduits sur CNews, mais en vrai, vivants, et qui ne se moquent plus de lui.

Et en face, la gauche délabrée qui ne sait plus quoi dire, qui se désagrège sous les yeux de tous en négociant une union électorale ratée plutôt que de parler de ce qui compte : c'est quoi, une société ? À droite on sait, à gauche on ne sait plus. À la super droite on a des idées catégoriques sur tout et on les martèle, à gauche on bricole, on tâtonne, on n'ose plus.

« Vous vous rendez compte que nous appartenons au plus gros parti de France ?

– Pffff, nous n'avons rien de commun, et je n'appartiens à rien, grommela Papi.

– Quel parti ? demanda mon fils, qui voulait quand même savoir, ce qui fait que je ne désespère pas de lui.

– Le parti de ceux qui ne se déplaceront pas, ceux qui ne voteront pour personne et laisseront décider pour eux des gens qu'ils ne connaissent pas.

– Ah, c'est pas faux, soupira Papi.

– Grave ! » lâcha mon fils. Et pour une fois un tic de langage avait un sens.

Nous nous tûmes. La bouteille d'armagnac était vide. Nous allions ne rien faire. ■

30 MILLIONS D'AMIS

Quand les candidats montrent patte blanche

PAR
Lucas Jakubowicz

Il y a quelques années encore, les choses étaient simples. Présidents et candidats se contentaient de poser avec un chien pour montrer leur amour des bêtes. Mais la question du bien-être animal est de plus en plus importante pour les Français. Nos amis à poils et à plumes restent avant tout au service d'un programme politique…

Page précédente : Marine Le Pen visite le refuge Le Ranch de l'espoir. Villefranche (Yonne), septembre 2020.

Photo d'Alain Robert.

27 novembre 2016, François Fillon remporte triomphalement la primaire de la droite et du centre. L'une de ses premières décisions ? Partir au ski. Changement de registre avec Valérie Pécresse, sortie gagnante de la primaire de sa famille politique le 4 décembre 2021. Dès le lendemain, la présidente de la région Île-de-France fête sa victoire en se baladant dans le parc de Saint-Cloud avec son mari Jérôme, ses trois enfants et son chien Drops. Un charmant beagle adopté en 2007 après sa nomination au poste de ministre de l'Enseignement supérieur et de la Recherche. Le tout sous les yeux d'une équipe de *Paris Match*. Une mise en scène bien orchestrée qui répond à un objectif précis : montrer que la néocandidate possède un « accessoire » incontournable pour la présidence de la République.

L'Élysée, chenil médiatisé

Pour incarner pleinement la fonction, le chien semble indispensable, et mieux vaut montrer le sien le plus tôt possible. Depuis l'avènement de la Ve République, tous les successeurs de Charles de Gaulle ont possédé un toutou et n'ont pas manqué de le faire savoir. Georges Pompidou s'est installé au 55, rue du Faubourg-Saint-Honoré en compagnie de Jupiter, placide labrador à la robe chocolat. Valéry Giscard d'Estaing était très attaché à Jugurtha, racé braque de Weimar. Un animal réputé snob, amateur de thé et n'écoutant son maître que lorsque celui-ci parlait anglais. Le molosse a ensuite été remplacé par un animal plus populaire, avec le retour d'un labrador, nommé quant à lui Samba. Malgré l'arrivée d'un président socialiste au pouvoir, le palais de l'Élysée restera le fief des labradors, puisque Nil et Baltique Mitterrand se succéderont dans ses couloirs. Continuons l'énumération du chenil présidentiel : Jacques Chirac fut l'heureux propriétaire du labrador Maskou puis du bichon Sumo, Nicolas Sarkozy a passé son quinquennat entouré du carlin Dumbledore, du chihuahua Toumi et du labrador Clara. François Hollande a trouvé un peu de réconfort avec le labrador Philae. Enfin, n'oublions pas Nemo, croisé labrador retriever-griffon, fidèle compagnon d'Emmanuel Macron.
Si tous ces chefs d'État ont possédé un chien familial, ce n'est pas un hasard. De façon paradoxale, les Français sont dans l'attente d'un monarque républicain, mais exigent que celui-ci soit « proche d'eux ». Le meilleur ami de l'homme est parfait pour incarner cela. Il permet de donner une image de « bon père de famille » auquel le citoyen peut s'identifier. Voilà pourquoi nos présidents se mettent en scène et relaient des anecdotes concernant leurs relations avec leurs compagnons à quatre pattes.

Caresser son chien ne suffit plus

Oui mais voilà. Désormais, prendre la pose avec un chien ne suffit plus. Les Français ne veulent plus seulement être dirigés par un « bon maître ». Ils exigent également que leur président prête une attention particulière à la condition animale. Une étude publiée par l'IFOP en septembre 2021 révèle que 47 % des électeurs à la présidentielle pourraient voter en fonction des propositions d'un candidat sur le bien-être animal. Une proportion qui croît à chaque scrutin, puisque le chiffre était de 29 % en 2012 et de 39 % en 2017. Point important, cet intérêt ne connaît pas de clivage entre gauche et droite. Si 69 % des électeurs de Yannick Jadot et 68 % des mélenchonistes attendent leur candidat au tournant sur la question, le chiffre est de 62 % chez les partisans de Marine Le Pen. Désormais, tous les candidats sont contraints de s'emparer de la question. Ce qu'ils ne manquent pas de faire. Mais attention, si le sujet est abordé, c'est surtout pour confirmer le bien-fondé de leur idéologie...

Jean-Luc Mélenchon et Yannick Jadot : combat de coqs

À gauche, les Verts pensaient posséder le « monopole du cœur ». Leur candidat, Yannick Jadot, propose notamment d'interdire la chasse durant le week-end et les vacances scolaires, et fait de l'interdiction de l'élevage intensif l'une de ses mesures prioritaires. Mais, désormais, le candidat de La France insoumise (LFI), qui a amorcé un virage écologique depuis 2017, fait plus que piétiner ses plates-bandes. Lui aussi veut supprimer les fermes usines et, à l'Assemblée nationale, le groupe LFI a déposé (en vain) des amendements pour mieux réglementer le transport d'animaux vivants ou interdire l'élevage des poules et des lapins en batterie. Une prise de position qui a permis au candidat d'attirer le militant antispéciste Aymeric Caron et de le compter parmi ses soutiens.

La problématique permet également au patron des Insoumis d'enfourcher deux de ses chevaux de bataille : la défense des musulmans de France et la croisade contre le grand capital. Ainsi, dans un post de blog publié le 29 octobre 2021, il réagit à des images diffusées par l'association L214 qui montrent des animaux quasiment torturés dans des abattoirs. Si le Rassemblement national dénonce de son côté les « musulmans égorgeurs d'animaux », le député des Bouches-du-Rhône soutient que « l'abattage rituel est totalement marginal dans l'ensemble des mises à mort d'animaux [...]. Ce qui est en question, c'est l'abattage industriel [...], l'œuvre de quatre groupes dont les soixante-dix établissements couvrent 75 % de l'activité ».

Fabien Roussel, la gauche à l'ancienne

Pourtant, à gauche, un homme fait de la résistance et joue une partition qui détonne : Fabien Roussel, candidat du Parti communiste français. Difficile pour le parti plus que centenaire de se démarquer des forces concurrentes. Mais le député du Nord semble avoir trouvé la martingale. Aux Verts et aux Insoumis les questions sociétales, à lui les questions sociales. Un bon moyen pour les communistes d'incarner les classes populaires de la France périphérique, aux préoccupations bien éloignées de celles des habitants diplômés des centres-villes, qui représentent désormais le noyau dur des électeurs de gauche.

La Journée mondiale des animaux, le 4 octobre dernier, est l'occasion de tester sa nouvelle rhétorique. Alors que Yannick Jadot indique que l'une de ses premières mesures en tant que président de la République serait d'interdire l'élevage industriel, Fabien Roussel lui rétorque, lors d'une conférence de presse : « Quand je lis l'interview du candidat Jadot et que la première mesure qu'il met en place, c'est de libérer les poulets, excusez-moi ! Moi, la première mesure que je mets en place, c'est d'augmenter les retraites et les salaires. » Et d'ajouter, narquois : « Je libérerai les poulets aussi ! »

Le communiste continue sur sa lancée quelques jours plus tard sur France Info en défendant les chasseurs. « J'en ai un peu marre de ces intellectuels condescendants qui n'arrêtent pas de nous donner des leçons sur nos pratiques, sur nos manières de faire, qui nous disent ce qu'il faut manger et comment il faut conduire. »

Le président François Mitterrand en randonnée en compagnie de son labrador Baltique. Solutré (Saône-et-Loire), mai 1991.

Photo de Thierry Chesnot.
© Thierry Chesnot/SIPA

« Quand je lis l'interview du candidat Jadot et que la première mesure qu'il met en place, c'est de libérer les poulets, excusez-moi ! Moi, la première mesure que je mets en place, c'est d'augmenter les retraites et les salaires. »

FABIEN ROUSSEL

S'il clame son attachement à la cause animale, il fait attention à ne pas se mettre les chasseurs à dos. Il est vrai qu'ils forment un électorat prescripteur dans les zones rurales.

Éric Zemmour vs Marine Le Pen : la guerre des bêtes

Une saillie qu'Éric Zemmour pourrait approuver. Le candidat de Reconquête ne s'en cache pas : il s'inspire de Donald Trump, qui a réussi l'alliance des classes populaires victimes de la mondialisation et de la bourgeoisie conservatrice. Pour l'emporter, le New-Yorkais a cassé les codes de la politique traditionnelle en tenant des propos clivants. Détail important, Donald Trump, à l'inverse de ses prédécesseurs, n'a jamais possédé d'animal et n'a jamais cherché à se fondre dans le rôle d'ami des bêtes. Éric Zemmour fait exactement la même chose et va donc à l'encontre de la doxa. Alors que la plupart des candidats soutiennent l'interdiction des cirques avec animaux, il déclare lors d'un débat sur CNews en octobre 2020 que les professionnels du cirque « bichonnent » leurs bêtes et dénonce « ce qui se cache derrière le bien-être animal [...]. On commence par dire que les hommes n'ont aucune légitimité à dresser les animaux, et on termine par dire que les hommes et les animaux, c'est pareil ». Un mois plus tard, dans un entretien accordé au site Chassons.com, il qualifie la chasse de « beau spectacle populaire » et ses pratiquants de « défenseurs majeurs de la nature ». Évidemment, si l'ancien journaliste multiplie les références littéraires, nul ne l'a jamais vu avec un animal domestique. À peine l'a-t-on observé caresser maladroitement un cheval lors d'un déplacement en Normandie.

Une stratégie qui s'oppose à celle de Marine Le Pen. Dès son accession à la tête du parti d'extrême droite, elle lance une vaste opération de dédiabolisation... qui miaule. Celle qui se qualifie de « mère à chats » n'hésite pas à mettre en scène sa passion, réelle, pour les petits félins. Elle se montre aussi à côté d'enfants dans les écoles d'équitation. Ce qui ne manque pas de flair, puisque la Fédération française d'équitation compte plus de 600 000 licenciés, ce qui en fait la troisième fédération de France derrière le football et le tennis. En mettant en scène son amour des chats et des chevaux, elle se fond dans le rôle de mère de famille et casse son image de droite dure, héritée de son patronyme. Mais nos amies les bêtes sont aussi utilisées pour promouvoir les fondamentaux de son mouvement. C'est ainsi que, dès son arrivée à la tête du parti familial, elle part en lutte contre la viande halal – au nom de la protection animale.

Emmanuel Macron au refuge SPA d'Hermeray (Yvelines), août 2017.

Emmanuel Macron au service de la SPA

De son côté, Emmanuel Macron a parfaitement saisi l'esprit du temps. Lui aussi se drape dans la fonction de défenseur des animaux. Mais avec la dose de « en même temps » qui le caractérise. S'il clame son attachement à la cause animale, il fait attention à ne pas se mettre les chasseurs à dos. Il est vrai qu'ils forment un électorat prescripteur dans les zones rurales...

La fameuse Journée mondiale des animaux du 4 octobre est l'occasion pour lui de montrer ce que certains qualifient de sens de la synthèse, d'autres de schizophrénie. Pour fêter ce jour de plus en plus important dans l'agenda politique, il se rend dans un refuge SPA à Gray, en Haute-Saône. Une association bien connue du président, qui y a adopté son chien Nemo à l'été 2017, à grand renfort de com'. Selon l'Élysée, le président veut montrer « l'action menée en faveur des animaux de compagnie, en particulier le plan inédit de lutte contre l'abandon lancé en décembre 2020 ». Un clin d'œil à l'intention des défenseurs de la cause animale : certains parlent, il agit ! « Personne ne veut des pratiques cruelles qui ne correspondent plus à la manière dont nous voyons les animaux », expose-t-il lors de sa visite au refuge. Mais, « en même temps, nos compatriotes sont attachés à la ruralité et à des traditions. Un chasseur, il aime son chien, il aime les animaux, il aime la nature ».

Reste à voir la stratégie qu'adoptera la candidate des Républicains. Jouera-t-elle la carte du « en même temps » ? Représentera-t-elle les intérêts des chasseur ? Jouera-t-elle le rôle de protectrice des animaux ? Aucune stratégie ne semble arrêtée. Mais une certitude demeure : il lui faudra faire plus qu'exhiber son beagle. Même si, avouons-le, celui-ci est particulièrement mignon.

ENQUÊTE

MAIS QUI FAIT LA POLICE ?

Des réseaux Pierre Joxe à ceux de Nicolas Sarkozy, aujourd'hui passés chez Valérie Pécresse, des conseillers à la fibre sécuritaire bien trempée sont devenus des incontournables des campagnes présidentielles.

PAR
Brendan Kemmet

La petite phrase a électrisé les médias au retour de la trêve des confiseurs. La scène se passe le 6 janvier dernier du côté de Cavaillon, petite ville du Vaucluse où le trafic de stups s'enracine. Au pupitre, en tailleur brique et chemisier blanc sur fond bleu, Valérie Pécresse assène devant les caméras : « Alors moi, je veux que la peur change de camp. » Un clin d'œil sans aucun doute à Charles Pasqua et à sa petite phrase – la même – de mars 1986 accolée à une formule restée célèbre, « terroriser les terroristes », employée par l'hôte de Beauvau de l'époque, partisan des solutions musclées et des coups de menton. La candidate des Républicains poursuit sur le même ton offensif. « Les caïds, les voyous, les dealers, les mafieux, les prêcheurs de haine… C'est eux que je veux harceler et priver de leurs droits civiques. Alors oui, je passerai le Kärcher ! Ça fait dix ans que François Hollande et Emmanuel Macron l'ont rangé à la cave ! Il est temps de nettoyer les zones de non-droit. » C'est le grand retour du Kärcher ! La veille déjà, la candidate l'avait ressorti des cartons lors d'un entretien à *La Provence*. Idem quelques heures plus tôt, à Salon-de-Provence,

Les forces de l'ordre mettent un terme à la prise d'otages dans une épicerie du 12e arrondissement de Paris, décembre 2021.

Photo de Lionel Urman.

Valérie Pécresse et Frédéric Péchenard lors d'un meeting au siège du parti Les Républicains (LR). Paris, octobre 2021.

Photo de Mylène Deroche.

pendant une visite de terrain où elle disait vouloir mettre fin à l'« impunité » dans les quartiers. Comme un air de déjà-vu...
« Dès demain, on va nettoyer au Kärcher la Cité des 4 000. On y mettra les effectifs nécessaires et le temps qu'il faudra, mais ce sera nettoyé », avait lancé en juin 2005 Nicolas Sarkozy, alors ministre de l'Intérieur, et pas encore candidat à l'Élysée. Puis, quelques mois après, sur la dalle d'Argenteuil, il promettait de « débarrasser » la cité de la « racaille ». Bien sûr, la marque allemande de nettoyeurs haute pression a râlé. Face aux propos « déplacés et réitérés » de Valérie Pécresse, elle a demandé aux personnalités politiques et aux médias de « cesser immédiatement tout usage de sa marque dans la sphère politique ». La petite phrase a aussi provoqué la stupeur parmi certains proches de Pécresse car, à l'origine, elle n'était pas prévue lors de ce déplacement méridional. Il a fallu improviser et reprendre l'initiative à la suite des propos d'Emmanuel Macron, deux jours plus tôt dans *Le Parisien*, sur sa très grande envie d'« emmerder » les non-vaccinés.
Le coup du Kärcher et le souvenir de Sarkozy en 2005 ramène à un même homme : Frédéric Péchenard, même s'il semble n'être pour rien dans la saillie de Cavaillon. Préfet hors cadre et ancien ténor de la police judiciaire, cet ami de jeunesse de Sarkozy, dont il fut également le voisin, est aujourd'hui l'un des quatre membres du staff de la candidate en charge des questions de sécurité, avec Patrick Stefanini, Éric Ciotti et l'avocat Thibault de Montbrial. Péchenard, c'est le technicien, l'homme de la « maison » police, puisqu'il l'a dirigée de 2007 à 2012, c'est-à-dire jusqu'à l'élection de François Hollande. Ce quatuor de poids lourds symbolise bien l'air du temps. Pas de programme présidentiel de nos jours sans un volet police-sécurité et sans conseillers spéciaux pour le concocter. C'est aussi une période déterminante pour la chasse au maroquin ministériel ou aux hautes fonctions de la République. Un pari qui peut réussir, ou coûter cher. Des carrières se sont brisées pour avoir choisi le mauvais cheval. Si les « flics » sont si prisés dans les staffs des candidats, c'est que la sécurité a été au cœur des campagnes présidentielles récentes. L'affaire « Papy Voise », ce septuagénaire agressé à Orléans à trois jours du premier tour de l'élection de 2002, a coûté cher à Lionel Jospin. Très cher. Le visage tuméfié du retraité posant pour les caméras du JT devant sa maison calcinée aurait, selon certains commentateurs, propulsé Jean-Marie Le Pen au second tour face à Chirac. Puis, en 2007, c'est un Nicolas Sarkozy « premier flic de France » qui l'emporte avec une image d'homme d'action prompt à s'attaquer à la « racaille » et à « kärchériser » les cités.
Péchenard et Montbrial occupent-ils le même créneau ? Déjà colistiers de Valérie Pécresse pour l'Île-de-France aux régionales en 2021, ils ne sont pas étrangers à son ton et à son volet sécuritaire, qui, selon les médias, constitue l'une des grandes priorités de l'élue des Yvelines. Au menu : lutte contre les « zones de non-droit, de non-France », « brigades coup de poing », « centres de détention provisoire » un peu fumeux dans des lieux désaffectés... Ou encore stopper l'immigration, rétablir l'ordre dans la rue et bien sûr davantage de moyens donnés aux policiers et gendarmes... Thibault de Montbrial, parfois décrit comme l'« avocat de la BAC », alors qu'il défend tous types de fonctionnaires de police, comme ceux grièvement brûlés à Viry-Châtillon en 2016, décrypte : « Notre programme se construit assez naturellement. On consulte des professionnels qu'on côtoie dans la vie professionnelle. On consulte des magistrats, des fonctionnaires. C'est passionnant ! Quant au Kärcher, il faut d'autant plus le sortir qu'il n'a jamais servi ! »

Les flics du président

En cas de victoire, l'avocat parisien ne cracherait pas sur un beau ministère. « Pour l'instant, ce n'est vraiment pas le sujet, nuance-t-il immédiatement. Cela dit, il va de soi que je me suis engagé dans cette aventure parce que j'ai envie d'améliorer les choses. Si la question se pose, je l'étudierai avec attention. » Mais il pourrait trouver sur sa route Éric Ciotti et même Frédéric Péchenard, jadis pressenti à l'Intérieur. « Péchenard, c'est une personnalité pétillante, très sympathique, une intelligence vive qui rebondit sur tout », reconnaît un ancien collègue du « 36 [1] », qui pourtant l'affronte politiquement. Et d'insister : « Il est sympa, brillant, mais il vient de la haute bourgeoisie, il ne faut pas l'oublier... » Entré dans la police en 1981, comme commissaire, la « Pèche » – son surnom –

1 – En référence au 36, quai des Orfèvres, à Paris, le bâtiment où se trouvaient le siège de l'état-major et les services communs de la Direction régionale de la police judiciaire de la préfecture de Police de Paris.

a fait carrière au sein de la PJ parisienne, dirigeant la brigade de répression du banditisme puis la fameuse Crim', avant de prendre la tête de l'ensemble du « 36 » et de connaître une accélération de carrière en 2007 quand Nicolas Sarkozy le nomme directeur général de la Police nationale (DGPN), une première, le poste étant dévolu depuis longtemps à des préfets et non à des policiers. Il saute avec l'arrivée de François Hollande, puis se lance en politique, gravissant les échelons de l'UMP puis des Républicains. Évidemment spécialiste des questions de sécurité, son influence reste importante au sein de la « Grande Maison », même si les flics de sa génération, qui pourraient lui être redevables en termes de carrière, ont tendance à être atteints par la limite d'âge.

Autre poids lourd beaucoup plus discret du dispositif, le préfet Philippe Klayman, ancien patron des CRS pendant huit ans (un record), dont la cérémonie de départ plutôt martiale avait fait le buzz sur les réseaux sociaux. Aujourd'hui inspecteur général de l'administration, l'IGA, autrement appelée le « cimetière des éléphants », il a rejoint l'été dernier le Centre de réflexion sur la sécurité intérieure, le think tank de Thibault de Montbrial. « Ils ont récupéré Klayman, qui s'est fait virer des CRS par Darmanin, affirme un syndicaliste policier. Les politiques en campagne adorent le haut fonctionnaire placardisé ou congédié ! » À l'image de Roger Marion, ancien numéro deux de la PJ, que Ségolène Royal avait recueilli en 2007 alors qu'il était sans affectation. Tout comme Jean-Pierre Havrin, père de la « police de proximité », démis par Nicolas Sarkozy dès 2004.

De son côté, « Péchenard a créé lui aussi son propre think tank, avec Linda Kebbab, la syndicaliste », observe un grand patron de la police. Une policière très médiatique ralliée à un « cercle de réflexion » qui compte dans ses rangs l'ex-chef du RAID Jean-Michel Fauvergue, macroniste convaincu, qui ne rempilera pourtant pas comme député.

« Ils parlent tous de Kärcher mais une fois au pouvoir ils ne savent pas le faire marcher », peste un flic lepéniste qui préfère rester discret, à l'image des éventuels soutiens d'Éric Zemmour dans les rangs de la « maison poulaga[2] ». Les alliés de Zemmour, s'il en possède, font partie des inconnus de la campagne. Il y a bien Bruno Attal, un flic tatoué et grande gueule issu de la base, sous-brigadier, ou « sous-baloche », comme on dit en interne, policier depuis vingt-trois ans et proche de l'extrême droite. Loin des commissaires et des grands patrons des services longtemps sympathisants du RPR, Attal est secrétaire général du microscopique syndicat France Police, une organisation de « policiers en colère » classée très, très à droite. « Le syndicaliste policier qui dérange », disent les réseaux sociaux. Mais quand, en novembre

2 – Argot pour désigner la préfecture de Police de Paris.

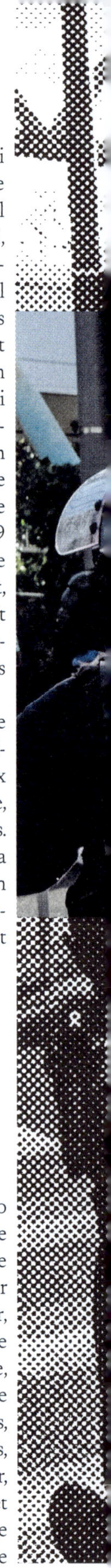

Si les « flics » sont si prisés dans les staffs des candidats, c'est que la sécurité a été au cœur des campagnes présidentielles récentes.

dernier, lors de sa brève tournée marseillaise, Zemmour a – par sécurité – garé sa voiture devant l'Évêché, haut lieu de la police phocéenne, il n'y a pas reçu le moindre soutien. Contrairement au Rassemblement national, qui y dispose de militants apparus publiquement lors des municipales en 2020. Éric Zemmour a cependant été très bien accueilli par le syndicat de policiers Alliance, classé à droite, lors d'un « grand oral » à Paris le 2 février, au cinéma du Club de l'Étoile, près de l'Arc de Triomphe. Il y a été chaudement applaudi après avoir lancé, lui aussi, la formule traditionnelle qui ne serait pas due à Charles Pasqua mais à Alain Peyrefitte, dernier garde des Sceaux de Giscard : « Avec moi, la peur changera de camp »...

Quant au président sortant, ses opposants brocardent son manque d'appétence pour la chose policière et les questions de sécurité. À son arrivée à l'Élysée, Emmanuel Macron n'a-t-il pas eu le plus grand mal à trouver des alliés dans la police ? L'affaire Benalla l'a ainsi démontré, quand la haute hiérarchie s'est vue court-circuitée par des directeurs subalternes à la préfecture de Police. Cinq ans plus tard, il y a désormais pléthore de flics « Macron-compatibles ». Ainsi que des préfets de premier plan. Comme Frédéric Veaux, grand commis de la PJ, actuel DGPN, Nicolas Lerner, patron de la DGSI, Laurent Nuñez, coordinateur national du renseignement, ou Georges-François Leclerc, actuel préfet du Nord, promis à un grand avenir en cas de réélection de Macron. Sans oublier le préfet de Police de Paris, Didier Lallement, champion de la répression des manifs des Gilets jaunes, qui a joué un rôle non négligeable pour contrecarrer Anne Hidalgo et sa police municipale, bien qu'il s'en défende. En créant ce corps, la maire socialiste de Paris espérait se tailler une image régalienne. Elle a lancé son projet début 2019 mais a dû attendre novembre dernier pour le mettre en place. « Anne Hidalgo et le préfet, une cohabitation sous haute tension », écrivait *Le Monde* encore récemment, les dernières frictions étant apparues autour des consommateurs de crack dans le 19e arrondissement.

Aucun policier n'est engagé dans la campagne naissante d'Emmanuel Macron, du moins officiellement. Pas besoin ! « Il a utilisé ces deux dernières années pour préparer son programme, attaque Thibault de Montbrial, des Républicains. Beauvau de la sécurité, États généraux de la justice... Mais sur le fond, c'est le règne du "en même temps", avec Darmanin qui parle d'ensauvagement et Dupond-Moretti de "sentiment d'insécurité". »

Les « flics de gauche » aux abonnés absents

À gauche, le jeune mélenchoniste Ugo Bernalicis, 32 ans à peine, a déjà une vraie connaissance de la police puisque, dans la vraie vie, il est affecté au secrétariat général pour l'administration du ministère de l'Intérieur, le Sgami, cher aux syndicalistes de la Grande Maison. Il semble bien seul. Côté socialiste, le point « sécurité » du programme d'Anne Hidalgo arrive à la 46e place de ses propositions, sur 70. Au sein de l'équipe de la maire de Paris, Michaël Delafosse, nouvel édile de Montpellier, où, selon *Le Figaro*, il « s'attaque à l'insécurité et aux dérives communautaires », est en charge de ce « pôle thématique ». L'ancien ministre

Intervention de police contre des manifestants devant un meeting d'Éric Zemmour. Paris, décembre 2021.

Photo de Florent Bardos.

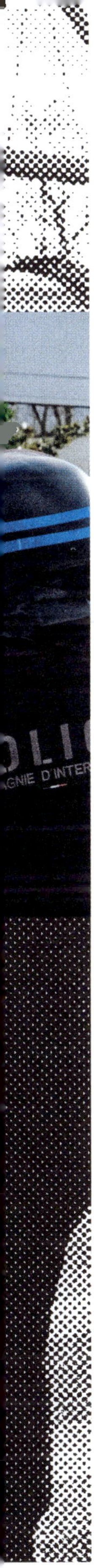

de l'Intérieur, Bernard Cazeneuve, sur tous les fronts lors de la vague terroriste de 2015, figure également dans l'équipe de campagne de la maire de Paris, plutôt discrètement. En réalité, les années Valls-Hollande ont signé la fin d'une spécificité socialiste : les « flics de gauche ». Longtemps, en effet, le PS a eu ses ténors en matière de sécurité. Les fameux « réseaux Joxe », hérités du passage de Pierre Joxe place Beauvau sous Mitterrand. Tout a volé en éclats avec l'élection de François Hollande à l'Élysée. La faute à Manuel Valls, affirment certains. Retour au printemps 2012. Hollande est le candidat de la rose. Il s'appuie sur son ami de trente ans, François Rebsamen, maire de Dijon, et lui confie le soin de rédiger le volet sécurité de son programme. Pour cela, Rebsamen s'appuie à son tour sur celui qui passe pour le « M. Sécurité » du PS, Patrice Bergougnoux, ancien officier des CRS devenu directeur général de la Police nationale sous Jospin. Une équipe expérimentée. Tout cela doit propulser Rebsamen place Beauvau et pourquoi pas Bergougnoux à la tête de la préfecture de Police. Mais patatras, Manuel Valls vient contrarier ces beaux projets en s'imposant comme l'omniprésent directeur de la com' de Hollande. On connaît la suite. Ce qui est moins connu, en revanche, ce sont les états d'âme de dernière minute de François Hollande, tels qu'ils nous ont été décrits par un proche de l'équipe Rebsamen, battue sur le fil dans la course à l'Intérieur. « Au dernier moment, Hollande a eu des remords, ou a en tout cas fait semblant d'en avoir, et a proposé Beauvau à Rebsamen, mais à une condition : qu'il lâche sa ville de Dijon pour les élections municipales suivantes. » Une proposition inacceptable pour Rebsamen, qui n'était pas encore touché par la loi sur le cumul des mandats. Depuis, celui qui est toujours maire de la métropole bourguignonne a signé en avril 2021 une tribune dans *Le JDD* avec le fidèle Bergougnoux et Jean-Christophe Cambadélis, l'ancien premier secrétaire du Parti socialiste. Tous trois y appelaient à définir une « vision d'ensemble » face au « fléau de la montée des violences ». Un appel qui résonne aujourd'hui dans le vide, le trio étant aux abonnés absents dans la campagne socialiste. À moins que les anciens « réseaux Joxe » ne se réservent pour un éventuel retour de François Hollande en politique, après la présidentielle ?

PAR

Sylvain Fort

ANCIEN CONSEILLER D'EMMANUEL MACRON À L'ÉLYSÉE

PARTI PRIS

QU'EST-CE QUE LE MACRO

À l'approche de l'échéance d'avril 2022, on entend au sujet du pouvoir sortant cette antienne : « Après cinq ans, on ne sait toujours pas ce qu'est le macronisme… » Et d'aucuns ajoutent : « … ni qui est Emmanuel Macron. » Je me concentrerai ici sur le premier aspect, n'ayant pas le goût (ni le talent) de la psychologie appliquée.

NISME ?

Nous n'avons plus le temps de sauver la démocratie, nous n'avons plus le temps de préserver nos modèles de vie, nous n'avons plus le temps de nous inscrire dans la marche accélérée d'un monde devenu un peu fou.

Page précédente : Emmanuel Macron lors d'une conférence de presse au sommet du G20. Rome, Italie, octobre 2021.

Photo d'Eliot Blondet.

Pour commencer, on aura beau jeu d'observer que nul n'a jamais cherché à donner au hollandisme, au sarkozysme ou au chiraquisme les fondements théoriques qu'on attend du macronisme. En l'espèce, on s'est largement contenté de puiser dans les repères un peu usés de la tradition politique française et d'y mêler la connaissance qu'on croyait avoir de la personnalité du chef pour aboutir à une équation politique plausible. On observera aussi immédiatement que si les attentes à l'égard du macronisme sont plus élevées, c'est à la fois parce que cette « mouvance » a d'elle-même affirmé sa rupture avec les courants traditionnels (appelant pour le moins une explicitation), et qu'elle a prétendu d'emblée reposer sur une grille de lecture conceptuelle donnant à sa politique une cohérence propre. Ayant créé cette attente, les macronistes, parvenus au pouvoir, se sont un peu soustraits à l'effort de dérouler le fil rouge pédagogique qu'avait amorcé le candidat pendant sa campagne (que ce soit dans son interview-fleuve à *Challenges* ou dans son livre, *Révolution* [1]).

Ainsi, les indices régulièrement semés pour établir cette cohérence et rappeler la continuité intellectuelle et politique de l'action menée l'ont été le plus souvent par le président de la République lui-même (par exemple en livrant au *Grand Continent* les clés de sa lecture géopolitique), et non par l'action conjuguée de porte-voix qu'aurait par exemple assignés à cette charge La République en marche. En outre, les secousses endogènes (Gilets jaunes) ou exogènes (Covid) ont mené à construire des réponses au fil des événements, tenant davantage du pragmatisme pur que de la stratégie politique. Ces limites, imposées de façon somme toute très classique par l'exercice du pouvoir, ont fait le jeu des reproches commodes de relativisme intellectuel, voire de confusionnisme (le « en même temps » devenant une sorte de mistigri ironique), sans même parler du procès ordinaire en « droitisation » permettant à certains observateurs de renouer avec les repères faciles de la chronique politique.

Après cinq années d'exercice du pouvoir, il a pourtant imposé sa nature, ses priorités et sa logique. Il est ainsi possible d'en définir les fondamentaux non seulement en partant des références intellectuelles et des concepts fondateurs énoncés pendant la campagne de 2017 par le candidat Macron, mais en faisant à la politique menée le crédit de la cohérence. On ne se livrera cependant pas ici à un bilan détaillé du quinquennat, ni à un examen critique de ses réformes. D'autres le feront bien mieux, et nous ne prétendons proposer ici qu'une grille d'analyse dont chacun pourra à son gré remplir les cases.

Si l'on revient un instant du côté des concepts fondateurs, on se rend compte que l'un des problèmes originels fut peut-être d'avoir rattaché le macronisme à la figure de Paul Ricœur, qui fut le maître de philosophie d'Emmanuel Macron. De fait, certains nœuds ricœuriens ont indéniablement nourri la doctrine politique du futur candidat – que l'on songe à l'importance accordée par Ricœur au responsable politique comme « éducateur » (d'où le retour de la prévalence des discours, parfois très longs), au refus du dualisme traditionnel (qu'on retrouve dans le « en même temps »), ou dans la notion de « capacités » qui est au cœur de la recherche politique de l'« émancipation ». Il était pourtant clair depuis le début que cette référence intellectuelle ne pouvait être un guide pour l'action. Aussi n'a-t-elle jamais été présentée ainsi. Tout au plus aurait-il été possible de se reporter à cette référence pour mieux comprendre le solidarisme sous-jacent au macronisme. Ainsi, dans la vision ricœurienne, l'individu n'existe pas comme monade isolée, mais bien à raison de son lien avec les autres individus. La métaphore des premiers de cordée aurait dû être comprise à la lumière de cette vision-là, et non comme un éloge des premiers de la classe. Ce qui est important dans la notion de « premiers de cordée », ce n'est pas le rang de premier, mais bien l'idée de

1 – Emmanuel Macron, *Révolution*, XO Éditions, 2017.

cordée, c'est-à-dire d'interdépendance : ceux qui bénéficient des plus grands privilèges sociaux doivent naturellement « hisser » les autres et endosser à cet égard leur responsabilité.

Si Emmanuel Macron a étudié la philosophie de Ricœur, il a aussi étudié Hegel. Là s'enracine le macronisme. Hegel avait décrété la « fin de l'Histoire ». Notre temps assiste à son recommencement inexorable, et même à son invraisemblable accélération. Il n'est pas sûr que notre vision du monde, les valeurs qui sont les nôtres comme Occidentaux (droits humains, libertés, solidarités sociales) y survivent. Il faut être aveugle pour ne pas le voir, quand Vladimir Poutine et Xi Jinping, lors de la cérémonie d'ouverture des Jeux olympiques de Pékin, publient un texte commun pour poser leur stratégie commune d'éviction de l'Occident. Quand les adversaires du capitalisme cherchent à saper jusqu'à la racine les fondamentaux de nos sociétés occidentales, accusées soudain d'avoir promu tous les vices. Quand les islamistes fanatiques désignent l'Occident comme cible particulière de leurs exactions. Quand, enfin, ce que l'on croyait être la fleur de l'Occident – la démocratie libérale – se trouve contestée de l'intérieur même des nations occidentales. Le cœur conceptuel du macronisme est là : dans un regard pessimiste sur l'Histoire « redevenue tragique », telle qu'elle est en train de se faire, croisé avec un nécessaire « optimisme de la volonté », indispensable pour surmonter les menaces nouvelles et dessiner les voies d'un avenir français.

Cette dialectique est centrale dans toutes les décisions et toutes les initiatives prises depuis cinq ans. Elle dessine, en somme, ce qu'on pourrait appeler une doctrine de l'urgence. Sans doute y a-t-il là quelque chose de générationnel, conforme au mot d'ordre si souvent entendu à propos notamment du climat : « Nous n'avons plus le temps. » Oui, nous n'avons plus le temps pour le climat, mais en vérité nous n'avons plus le temps de sauver la démocratie, nous n'avons plus le temps de préserver nos modèles de vie, nous n'avons plus le temps de nous inscrire dans la marche accélérée d'un monde devenu un peu fou.

C'est cette doctrine de l'urgence qui, pour commencer, a dynamité le paysage institutionnel, et le jeu partisan. Depuis des décennies, le jeu partisan s'était résolu à une hémiplégie organisée.

Emmanuel Macron à l'espace collaboratif L'Escalier, lors d'une visite du village de Saint-Léonard-de-Noblat (Haute-Vienne), janvier 2022..

Photo de Stéphane Lemouton.

On s'interdisait de puiser dans ce qu'on croyait être la doctrine du camp d'en face les solutions qui se révéleraient utiles face à certains problèmes. Face à une urgence qu'ils pressentaient, les Français étaient priés par le système partisan d'attendre que chaque mandat apporte sa part de solution (à la droite, l'économique, à la gauche, le social) pour peut-être, avec un peu de chance, composer à la fin une solution entière. L'alternance était devenue une procrastination institutionnelle. Le « dépassement » théorisé par le macronisme ne consiste à pas à nier toute utilité aux partis politiques, comme le croit encore François Hollande, mais à considérer que l'action gouvernementale doit, face à l'urgence, se doter de l'intégralité des leviers disponibles, quelle que soit la tradition politique qui les revendique, pour obtenir rapidement les résultats qu'impose l'accélération de l'Histoire. La « respiration démocratique » que semblaient organiser les partis politiques était devenue en réalité un étouffement politique.

Sur le plan de l'action, la doctrine de l'urgence s'articule avec une notion plus complexe qu'il n'y paraît, axe moteur de toute politique macroniste : l'efficacité. Terrorisées à l'idée qu'une politique puisse rechercher un effet sur le réel sans se réclamer d'abord d'une grille idéologique bien identifiée, consternées par l'usage d'un vocable réservé d'ordinaire au gouvernement d'entreprise et non à la noblesse politique, atterrées qu'il faille répondre à l'impératif de s'adapter au monde quand nous devrions conserver l'orgueil de voir le monde s'adapter à nous, épouvantées qu'une nation puisse décider que le pragmatisme vaut mieux que les combats de l'identité nationale, les oppositions ont vu dans l'éloge macroniste de l'efficacité quelque chose de presque obscène. Semblant relever du bon sens, cette notion a constitué une rupture culturelle à elle seule.

À quoi correspond-elle ? Pour le comprendre, il faut relire le diagnostic posé par le discours relatif au plan « France 2030 », où jamais nos retards, nos atermoiements, nos impasses, nos non-choix n'ont été énoncés de manière aussi objective, avec la conscience claire qu'ils aboutiront dans quelques années non à un simple défaut de compétitivité, mais à la privation de la plupart de nos leviers d'action, de développement et d'influence. Il faut se replonger dans le discours des Mureaux où, à travers la reconnaissance de contradictions et de blocages devenus inextricables dans la façon dont l'islam vit en France, sont posés les jalons de la loi Séparatisme. Il faut relire sous ce jour le discours de la Sorbonne sur l'Europe, où étaient exposés les apories et les échecs d'une Europe devenue vitale pour faire face aux résurgences impériales. À chaque fois, ce qui est pointé, c'est le lien inextricable entre inefficacité et déclin. Les protestations de vertu et les bonnes intentions qui n'aboutissent pas

1 – Georges Pompidou, *Le Nœud gordien*, Plon, 1974.
2 – Charles Morazé, *Les Bourgeois conquérants*, Éditions Complexe, 1999.

L'efficacité se mesure à la capacité à « transformer », parce que ce qui compte, c'est cette action sur le réel, et non l'idée qu'on s'en fait. Il y a là une mystique de l'action où l'on retrouve Hegel : « Ce qu'est le sujet, c'est la série de ses actions. »

creusent notre tombe. L'efficacité repose à cet égard systématiquement, dans le logiciel macroniste, sur un diagnostic étayé, dégagé des partis pris idéologiques, sur une approche granulaire du réel, donnant lieu à la définition d'un « cap » supposé faire migrer ce réel d'origine vers les intérêts nationaux, que suit immédiatement une décision d'action. L'efficacité se mesure à la capacité à « transformer », parce que ce qui compte, c'est cette action sur le réel, et non l'idée qu'on s'en fait. Il y a là une mystique de l'action où l'on retrouve Hegel : « Ce qu'est le sujet, c'est la série de ses actions. »

L'efficacité a aussi plus de profondeur historique qu'on ne le dit lorsqu'on en fait, trop aisément, un totem de la *start-up nation*. Ce credo n'est pas totalement nouveau dans l'histoire de France. Le macronisme a parlé de « progressisme », de « révolution », de « renaissance » pour inviter les Français à embrasser cette relance vers l'avant mais de Gaulle, face aux enjeux de la reconstruction, ne parlait pas autrement. Dans *Le Nœud gordien*[2], Pompidou ne disait pas autre chose. Giscard, après 1968, a agi dans le même sens. On pourrait remonter plus loin encore. On remarquerait alors que le macronisme s'inscrit dans le mouvement de fond de notre histoire si bien décrit par Charles Morazé dans *Les Bourgeois conquérants*[3], vaste fresque braudélienne décrivant la façon dont la « bourgeoisie » (c'est-à-dire, en réalité, les « classes moyennes » : le titre anglais de cet ouvrage est *The Triumph of Middle Classes*) a édifié le monde – et notamment la France dès la fin du XVIIIe siècle à force d'esprit de conquête et de confiance en l'avenir. C'est là qu'il faut chercher l'ancrage anthropologique de l'efficacité macroniste.

Les coordonnées fondamentales du macronisme se trouvent dans la croyance, séculaire en France, en la raison, la science, l'industrie, le travail, le risque, l'esprit d'entreprise (et non de rente), la technique, l'exploration, enfin dans cet esprit de conquête qui progressivement a valu à la vieille aristocratie d'être remplacée par des classes nouvelles, moins fascinées par la tradition et l'héritage que par la modernité et les lendemains supposés chanter. Dans cette grammaire politique, les classes moyennes et la bourgeoisie occupent une fonction d'entraînement fondamentale. Ceux dont la société a consacré le parcours ont pour mission d'entraîner les autres à leur suite. Tout corporatisme est vu comme défaillant. Le conservatisme est une mort lente. L'immobilisme est une promesse de défaite. Ce n'est pas une mystique des champions, à l'américaine, mais bien plus une célébration des modèles à imiter, des trajectoires individuelles qui animent le collectif, des exemples qui mettent en mouvement le reste de la société – et dont le « héros » est la quintessence.

Dans cette part de l'histoire française, l'État a joué un rôle important d'incitation ou de pilotage. Non pas en décidant de tout, mais en se réservant le privilège d'impulser et de guider. Le Second Empire et les Républiques qui suivirent eurent en partage cette façon de faire. L'État y est perçu comme un garant et facilitateur de la prospérité collective, comme une instance de promotion et de propulsion. Dans un pays où chaque impétrant à la magistrature suprême invente cinq ou six nouvelles taxes pour complaire à son électorat, cet usage de l'État organisateur au lieu d'être simplement taxophile a surpris. Cesser de faire du levier fiscal un outil d'action majeur (réflexe souvent lié à des motifs idéologiques) a suscité la critique du « président des riches », quand tous nos voisins savent bien que le bon impôt est celui qui ne tue pas la prospérité. On a vu accusations

Emmanuel Macron, alors candidat à l'élection présidentielle, et son directeur de la communication, Sylvain Fort, après une visite au commissariat du 20e arrondissement de Paris, mars 2017.

Photo de Francois Mori.

de néolibéralisme venus de la gauche contraster avec les indignations d'une droite libérale croyant voir le retour du dirigisme. Là encore, l'inspiration en est plus classique, quelque part entre ordolibéralisme et planisme à la française : l'État a la responsabilité d'enclencher le cercle vertueux qui permet la création de richesses.

La version sociale de ce credo considère qu'il faut avant tout donner les moyens à chacun d'aller au bout de sa trajectoire. D'où l'accent historique placé sur l'apprentissage ou encore les mesures d'accompagnement pour les jeunes commençant dans la vie, dans la certitude qu'il faut non réformer mais débloquer, et que la vraie réforme est celle qui ouvre des possibles, non celle qui décide à la place du citoyen – lui aussi appelé dès lors à faire preuve d'efficacité pour son compte. On voit bien là à l'œuvre une sorte de prime aux meilleurs, aux plus débrouillards, de coup de pouce aux plus déterminés, etc. Il se pourrait que, socialement, le macronisme soit un élitisme assumé.

Dans un pays où, les années passant, les notions de partage, de redistribution, d'égalité, de discrimination positive, de lissage fiscal, d'abrasion des diplômes ont pris une place plus grande que les notions plus classiques d'excellence, de compétition, de récompense, de mérite, d'ambition, de réussite, de succès, devenues ringardes voire suspectes, le macronisme apparaît comme un peu décalé dans sa réhabilitation des parcours individuels, dans cette foi affirmée dans la réussite individuelle, suspectée aujourd'hui de n'être que le fruit du cynisme et de privilèges de départ. Pas assumé ou maladroit.

L'idée qu'il faille débloquer des freins administratifs, ouvrir des possibilités neuves, faciliter la vie des citoyens les plus empêchés a été réduite à un éloge de la réussite sociale, considéré comme un marqueur d'arrogance. Cet éloge fut pourtant pendant des siècles le credo fondamental de toute politique sociale. Il y a là un paradoxe français que le macronisme a dû endosser.

Une question douloureuse autant que radicale a même émergé, notamment au moment des Gilets jaunes : l'esprit de conquête, oui, mais à quoi bon ? Plus que de l'ambition, les Gilets jaunes ont exigé de la considération, de l'attention, de la consolation, de la réparation... Où le macronisme enjoint à la société d'embrasser l'avenir, les Gilets jaunes ont répondu qu'ils n'avaient aucune envie de l'avenir qu'on leur promettait, quand eux-mêmes se sentaient déjà passablement décrochés du présent. Certes, les réponses budgétaires massives destinées à réparer radicalement le tissu social français, à

Emmanuel Macron après la cérémonie d'hommage à Georges Clemenceau (1841-1929). Mouchamps (Vendée), juin 2018.

Photo de Thibaud Moritz.

Parce que le macronisme est à sa manière un internationalisme, nourri de l'analyse permanente des bouleversements en cours sur la planète.

la faveur de la sortie de la crise pandémique et des taux d'intérêt très bas, peuvent colmater bien des brèches. Mais l'insécurité culturelle et la nostalgie identitaire demeurent très vivaces en France, et le macronisme peine à y offrir un remède parce que, foncièrement, il s'est construit sur une foi irréfragable en l'avenir. Il n'a d'autre choix que de rendre désirable un futur que par ailleurs il sait plein de menaces.

Le macronisme est aussi, de façon revendiquée, cette tension politique, cet équilibre permanent, entre des réalités diverses et complexes, dans un monde d'extrémités (politiques, militaires, financières) qui ne se laisse pas simplifier. Le « en même temps » qu'on brocarde est d'abord celui du monde où nous vivons, perclus d'abîmes. Parce que le macronisme est à sa manière un internationalisme, nourri de l'analyse permanente des bouleversements en cours sur la planète, il est sommé de construire un pont entre sa vision du monde et la tentation d'une partie du peuple français de se replier derrière ses frontières. L'équation est difficile. À ce carrefour de préoccupations, on voit émerger de façon toujours plus puissante la notion de « souveraineté ». Ce concept a le mérite de corréler le cours des affaires mondiales à notre pré carré national. Il articule tout l'intérêt que nous avons à prendre part aux évolutions géopolitiques si nous voulons préserver notre ordre et nos valeurs. La pandémie aura, à cet égard, démontré de façon décisive à la fois notre interdépendance et la nécessité pour nous, par gros temps, de compter sur nos ressources propres. Elle aura validé le lien établi depuis cinq ans par le macronisme entre les enjeux extérieurs et les enjeux intérieurs. La présidence française du Conseil de l'Union européenne en est la pierre de touche. Aussi importait-il de ne pas y renoncer pour cause de campagne présidentielle : elle est en effet le moyen d'attester de façon récurrente l'interpénétration de nos intérêts français et des intérêts européens en ces temps de crise. Qu'on se soit étonné de cette volonté d'en assumer la charge a de quoi étonner.

En cinq ans, le macronisme aura démontré qu'il n'est plus de politique nationale rationnelle et efficace si elle n'est pas branchée sur le monde tel qu'il va. Cet aggiornamento politique, pour l'instant, dévitalise les partis traditionnels, qui n'ont pas pris au sérieux la victoire de 2017, se contentant paresseusement de l'attribuer au hasard et à la chance. N'émergent vraiment que ceux qui ont compris qu'il faut se réinventer en miroir du macronisme pour exister réellement dans le jeu : c'est le cas, à sa manière, d'Éric Zemmour, dont la campagne est entièrement calquée sur celle de 2017 et qui est à la lecture l'inverse, terme à terme, du macronisme. Tout ce qu'on peut souhaiter à la classe politique française, c'est que, digérant l'humiliation de 2017, elle accepte d'en tirer quelques leçons simples, ce qui suppose qu'elle admette et comprenne l'existence du macronisme comme doctrine politique.

Pour cela, il faut aussi que les Français et leurs responsables politiques entendent que l'ère qui vient n'est pas réductible aux mots d'ordre activistes ni aux slogans commodes. On m'a souvent demandé pourquoi moi, classé plutôt à droite, je m'étais en 2016 rangé aux côtés d'un candidat issu des rangs socialistes. La raison en est simple : le macronisme m'est alors apparu comme une tentative historique de rebâtir une lecture politique du monde à partir du réel, et non l'inverse, et de fonder une méthode politique sur les nécessités de plus en plus évidentes de l'action. La façon dont le monde, ces dernières années, a vécu choc sur choc – politique, sanitaire, économique, civilisationne – confirme que notre pays doit impérativement être de ceux qui influeront sur le monde en devenir, sous peine d'y perdre son âme et son existence même. Je crois encore, cinq ans après, que notre temps appelle la conquête et non le repos, le mouvement et non le relâchement ni le fatalisme. Écrire l'Histoire est un combat de chaque instant, et le temps presse. Il y faut sans doute une bonne part d'impatience. Je préférerai toujours les impatients à ceux qui restent assis. ■

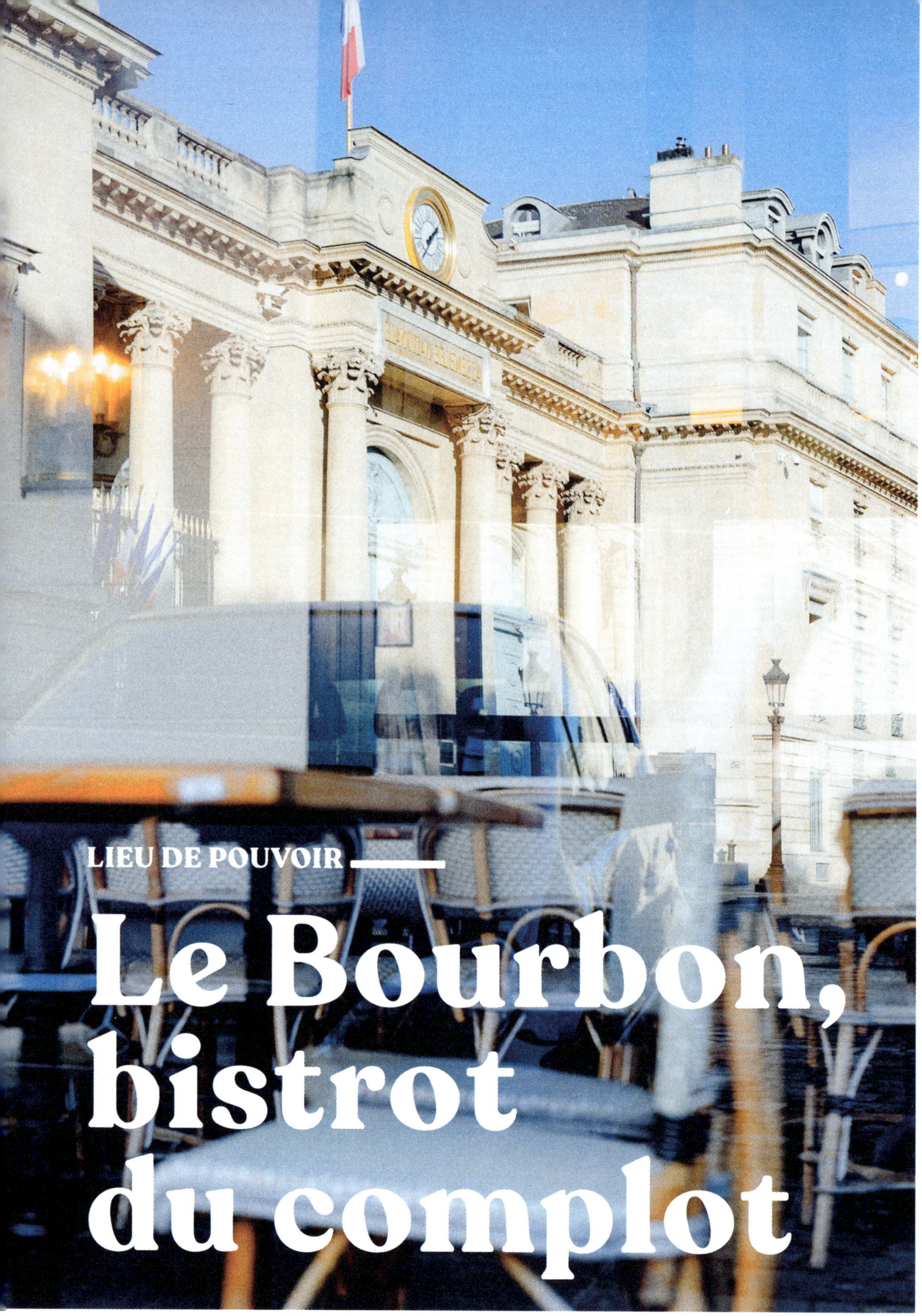

LIEU DE POUVOIR

Le Bourbon, bistrot du complot

Pénétrer dans cette brasserie historique proche de l'Assemblée nationale, c'est entrer dans l'intimité des grands leaders et des conseillers du pouvoir. Ils s'y donnent tous rendez-vous. Quitte à y sceller des pactes inattendus et à y fomenter quelques complots à l'approche des échéances électorales.

PAR

Michaël Moreau

PHOTOREPORTAGE

Thomas Cecchelani

Brasserie Le Bourbon.
Paris, février 2022 .

Photos de Thomas Cecchelani.

Et tout le monde a tourné la tête dans leur direction. Le 6 octobre dernier, alors que la campagne présidentielle commence à agiter les esprits, Édouard Philippe, l'ancien chef du gouvernement, et Olivier Dussopt, le ministre délégué chargé des Comptes publics, prennent place à la terrasse vitrée, première rangée. Mais pas dans n'importe quel établissement. Nous voici à la brasserie Le Bourbon, véritable institution, à deux pas de l'Assemblée nationale à Paris. Depuis plus d'un siècle, les politiques, les journalistes, les lobbyistes même s'y pressent. Les partis de tous bords le fréquentent. Avant chaque combat politique, c'est entre ses murs que se trament certains rendez-vous stratégiques, ainsi que quelques autres coups montés et trahisons fomentés ces dernières décennies.

Ce midi-là, même en tendant l'oreille, les clients n'auront rien entendu de la conversation des deux hommes ; ils auront seulement pu scruter leurs visages. « Je les ai vus, on ne pouvait pas les rater. Ils étaient à la première table à gauche en entrant », s'amuse Simon Pecnard, collaborateur parlementaire La République en marche (LREM), devenu depuis la plume de la ministre déléguée à l'Industrie, Agnès Pannier-Runacher. Assise deux tablées plus loin, une journaliste de *Politico* fera fuiter l'information la première. Édouard Philippe et Olivier Dussopt avaient prévu la scénographie et le timing de cette apparition publique, en duo, devant un tartare et des verres de vin blanc. Trois jours plus tard, l'ancien Premier ministre lance son propre parti, Horizons – une initiative qui agace et inquiète la Macronie. Trahira-t-il le président de la République au prochain scrutin présidentiel ? Le même jour, Olivier Dussopt prend lui aussi la tête d'un parti politique, Territoires de progrès, qui entend défendre des « valeurs de la gauche sociale-démocrate » au sein de la majorité. Les deux hommes sont issus de familles politiques opposées, le premier ayant d'abord évolué à l'UMP dans l'ombre d'Alain Juppé et le second au Parti socialiste (PS). Cette fois, ils ont affiché – sans avoir à prononcer un seul mot – sinon leur alliance, du moins leur unité. Une forme de pacte du Bourbon.

1, place du Palais-Bourbon

Siroter un expresso au Bourbon, à trois euros quatre-vingt-dix la tasse, peut être un acte politique. C'est cette brasserie que deux membres du gouvernement, Clément Beaune et Jean-Baptiste Djebbari, ont choisie pour se mettre en scène sur les réseaux sociaux le matin de la réouverture des cafés, le 19 mai 2021, publiant une photo d'eux devant un petit-déjeuner copieux (trois croissants et deux pains au chocolat). Benjamin Griveaux avait lui aussi opté pour Le Bourbon à l'été 2020, après les élections municipales. Des apparitions en terrasse en compagnie de figures de la majorité plutôt que dans les médias, pour laisser planer le doute quant à un possible retour, quelques mois après l'affaire de la *sextape*.

De son côté, Sibeth Ndiaye, l'ancienne porte-parole du gouvernement, continue de rencontrer des journalistes dans ce même café. « C'est un lieu commode pour des rencontres de travail, et plus agréable que bon nombre de bureaux de députés », dit-elle. Marine Le Pen opte souvent pour le fond de la salle, tandis que son garde du corps surveille les lieux depuis la terrasse. C'est tout un monde politico-médiatique qui se côtoie poliment dans cet entre-soi certain, même si la brasserie est ouverte à tous. Le sondeur de l'IFOP Frédéric Dabi y salue le sénateur socialiste Patrick Kanner. Nicolas Bay, député européen du Rassemblement national (RN), s'installe en terrasse à quelques mètres du député communiste André Chassaigne. Robert Ménard y reçoit ses invités autour d'une grande table ronde. Les avocats du cabinet star de Didier Seban ne sont jamais bien loin, leurs bureaux du boulevard Saint-Germain se situant à quelques pas.

Au Bourbon, il existe pourtant un sous-sol, pour les rendez-vous plus confidentiels. « Un haut lieu du complot ! »

Des rencontres plus étonnantes encore peuvent s'y dérouler. L'ancien député de droite et magistrat Georges Fenech se rappelle y avoir engagé la conversation avec le chanteur Doc Gyneco, ancien soutien de Nicolas Sarkozy. « Il avait un problème avec la justice à ce moment-là, confie-t-il. Connaissant ma formation, il a abordé le sujet. »

Il fut un temps aussi où Alexandre Benalla fréquentait régulièrement les lieux. C'était même ici qu'il avait vu Vincent Crase, le 2 mai 2018, le lendemain des fameuses manifestations du 1er mai. Ce n'est décidément pas pour rien que *Baron noir*, la série politique de Canal+, a opté pour le décor si feutré de ce café, où Kad Merad a tourné quelques scènes.

La brasserie est si fréquentée que le personnel politique l'utilise parfois à des fins stratégiques. « On y lance de fausses rumeurs », sourit Jonas Haddad, avocat et jeune visage des Républicains (LR). « Certains ne veulent pas qu'on entende ce qu'ils disent, mais juste montrer avec qui ils sont », ajoute le conseiller Simon Pecnard. « Les journalistes y passent leur temps à picorer telle ou telle info : qui a déjeuné avec qui ? Qui a parlé avec qui ? », explique Jérôme Lavrilleux, l'ancien bras droit de Jean-François Copé, ajoutant que, pendant la guerre entre son ex-patron et François Fillon en 2012, les équipes ont soudainement cessé de s'aborder dans cette brasserie. « C'était trop visible... »

Le Bourbon réserve aussi de mauvaises surprises aux novices. À l'été 2019, un membre de l'équipe de communication de Benjamin Griveaux y dévoile, s'adressant à l'interlocuteur assis en face de lui, la stratégie détaillée du candidat à la mairie de Paris, sans s'apercevoir qu'un élu des Républicains est installé, oreilles tendues, juste à côté. Lequel s'empresse d'envoyer le contenu de la conversation à son parti, dans des boucles Telegram. « On savait tout de A à Z », crâne un élu LR.

Le sous-sol des conjurés

Au Bourbon, il existe pourtant un sous-sol, pour les rendez-vous plus confidentiels. « Un haut lieu du complot », affirme l'ancien député Georges Fenech. Ce sarkozyste en sait quelque chose. En février 2017, après le « Penelopegate », il y avait orchestré un dîner de parlementaires pour tenter de fomenter une « conspiration », comme il le dit lui-même, visant à débarquer François Fillon de la présidentielle, alors que le candidat se trouvait en déplacement à La Réunion. Nadine Morano, Henri Guaino ou encore Claude Goasguen avaient répondu présents. Un « vrai défouloir » contre le candidat, se souvient Georges Fenech, qui compta dix-sept participants – même s'il en espérait le double. Certains se surnommèrent le « groupe des conjurés ».

« Le regretté Claude Goasguen m'avait conseillé cet endroit, explique Georges Fenech. C'était un clin d'œil à Jacques Chirac, car c'est là qu'il avait mené la fronde contre Chaban. » En avril 1974, Jacques Chirac avait constitué l'« appel des 43 », un manifeste signé par quarante-trois parlementaires qui soutenaient Valéry Giscard d'Estaing à la présidentielle plutôt que l'ancien Premier ministre Jacques Chaban-Delmas. La légende, tenace, dit que le complot se trama dans les salles du sous-sol du Bourbon. La réalité est un

peu plus complexe. Ces salles n'existaient pas encore, et n'ont été construites qu'en 1983, au milieu des caves. « Il y a eu un certain nombre de réunions là-bas, dévoile Olivier Stirn, ancien franc-tireur de la politique. Même si la plus importante s'est déroulée en présence d'une équipe restreinte dans le bureau de Jacques Chirac au ministère de l'Intérieur. Mais c'est au Bourbon que nous avons entraîné d'autres signataires. »

À la table des grands

Le Bourbon a accompagné la vie des différents régimes du XXe siècle. Des prémices de son histoire, il n'existe pourtant qu'une seule photographie. Elle date de 1910, lors de la grande crue de la Seine à Paris. La place du Palais-Bourbon fut inondée. Les députés durent se rendre en barque à l'Assemblée nationale. Sur l'un des clichés d'époque, on aperçoit cet établissement qui fait l'angle avec la rue de l'Université. Il s'appelle alors le Café de la Chambre, et arbore déjà un certain standing. Des garçons de café en tablier posent sur les embarcations. Le nom du propriétaire est inscrit sur la devanture : Cochard.
Durant des décennies, ce bistrot a pour seule particularité d'être placé à quelques encablures de la fabrique des textes législatifs. Pendant trente ans, jusqu'à sa mort en 1966, Paul Reynaud, le dernier président du Conseil de la IIIe République, en a été un prestigieux voisin, lui qui vivait au 5, place du Palais-Bourbon. En 1975, le siège du Parti socialiste, en pleine conquête du pouvoir, prend ses quartiers au numéro 7 bis, dans un immeuble de quatre étages. « Un symbole de renouveau du parti », écrivait alors François Mitterrand qui, tous les jours, déambulait devant le café. Michel Rocard en devient l'un des clients les plus réguliers. Il y retrouve très souvent Jacques Delors pour tenter d'analyser la situation politique et syndicale, et pourquoi pas prendre le pouvoir. Des stars parmi les plus prestigieuses de la photographie fréquentent également le quartier et l'établissement : le studio légendaire du magazine *Vogue* est alors installé lui aussi sur la place. Helmut Newton y fabrique des chefs-d'œuvre.
Dans les années 1970, l'établissement vieillissant est tenu par une veuve et son fils, et reste portes closes soirs et week-ends. L'histoire du Bourbon prend une nouvelle tournure lorsque Henri et Yvette Viala rachètent l'établissement en 1983. Dès leur arrivée, ces natifs du Cantal, qui se sont rencontrés et sont tombés amoureux dans un bal auvergnat à Paris, dépoussièrent les lieux, rétrécissent considérablement le comptoir pour agrandir la salle de restaurant, dont la vie est rythmée par les grands événements des Champs-Élysées et de la place de la Concorde, à proximité.
Les futures célébrités de la politique, comme Nicolas Sarkozy ou François Hollande, prennent bientôt leurs habitudes au sein de l'établissement. Après son départ de l'Élysée, le premier y retournera avec son fils. Quelques années plus tard, on apercevra un jeune ministre de l'Économie prometteur y travailler au corps les députés pour soutenir son texte, la fameuse « loi Macron ». Jean-Louis Debré se souvient de « dîners de députés dans la salle en dessous ». François Fillon parle d'un « lieu mythique » qu'il a « beaucoup fréquenté ». « Nous proposions souvent à Philippe Séguin de venir déjeuner avec nous au Bourbon, poursuit-il. Il commençait toujours par décliner sous prétexte d'un régime alimentaire, mais finissait à chaque fois par nous rejoindre, le plus souvent pour commander une énorme choucroute ! » L'ancien Premier ministre évoque « beaucoup de dîners avant une séance de nuit. [...] Plusieurs serveurs et serveuses étaient devenus proches au fil du temps. Le Bourbon est une institution aussi fameuse que la buvette de l'Assemblée nationale ». À une époque, il était aussi à peu près sûr d'y retrouver Franck Riester ou Jean-François Copé. L'ancien ministre Pierre Moscovici

continuera d'en faire son QG une fois nommé commissaire européen. Les députés restent d'autant plus fidèles à la brasserie que, depuis une révision constitutionnelle de 1995, défendue par Philippe Séguin, alors président de l'Assemblée nationale, ils siègent désormais neuf mois par an, et non plus pendant deux courtes sessions d'un trimestre.

En 2017, les nouveaux clients LREM

À la fin des années 1990, de grands travaux bannissent la plupart des véhicules de la place du Palais-Bourbon. Les trottoirs s'élargissent, la terrasse du Bourbon gagne en confort. C'est aussi au début des années 2000 que le futur sénateur de Paris Yves Pozzo di Borgo emménage au-dessus de la brasserie. Aujourd'hui, il tweete régulièrement des clichés de la place pris depuis son appartement. C'est lui qui le dit : il doit au café son élection au palais du Luxembourg, en 2004. Il comptait alors sur le soutien et le vote de Claude Goasguen, conseiller de Paris, quand, depuis sa fenêtre, il le vit débarquer au Bourbon en compagnie de Jacques Dominati, ancien secrétaire d'État et père de Philippe Dominati, son adversaire aux sénatoriales. « Je suis descendu exprès, raconte Yves Pozzo di Borgo. Ils étaient gênés de me voir, mais j'ai compris qu'il me fallait trouver d'autres voix. Si je ne les avais pas vus, je me serais reposé sur le vote de Claude, dont j'étais sûr. »

En 2007, à quelques semaines de la présidentielle, le sénateur assiste aussi à une curieuse scène. Nicolas Sarkozy, qui ne tient pas en place et se lève régulièrement, s'affaire au Bourbon, avec Claude Guéant et Brice Hortefeux. « Il n'y avait pas trop de monde. Brice est venu à ma table m'expliquer qu'ils étaient en train d'appeler Gilles de Robien. » L'ancien directeur de campagne de François Bayrou en 2002 annoncera soutenir Nicolas Sarkozy dès le premier tour. Alors que les partis politiques, inspirés par les pratiques américaines, se mettent à l'heure des primaires, les différents candidats rassemblent, avant chaque échéance, des troupes dans la brasserie. En 2011, François Hollande comme sa rivale Martine Aubry y enchaînent les rencontres et y comptent leurs soutiens. Le 20 juin 2012, une émeute médiatique accueille les premiers pas de Marion Maréchal, petite-fille de Jean-Marie Le Pen, à l'Assemblée nationale et... à la brasserie Le Bourbon. Avec Gilbert Collard, lui aussi élu, elle y emmène, comme un rite initiatique pour se faire adouber par ses pairs, les caméras de télévision et tient la pose devant un mur de photographes. Les serveurs tentent de contenir la cohue. Mais c'est surtout après les élections législatives de 2017 que l'ambiance change, avec l'arrivée des nouveaux députés de La République en marche. « J'ai pris un coup de vieux, raconte le patron, Jean-Pierre Viala. Soudainement, les députés sont devenus plus jeunes que moi. » Un trombinoscope aide, dans un premier temps, le personnel à reconnaître les visages des nouveaux élus. « Vous cherchiez qui était l'assistant et qui était le député, poursuit le propriétaire. Alors que jusqu'ici, nous ne nous posions jamais la question. » Le journaliste politique Nicolas Domenach confie s'être installé pendant plusieurs semaines au Bourbon pour tenter de faire connaissance avec ce nouveau personnel politique. « Tout le monde reconnaît qu'on est encartés LREM, rigole le conseiller Simon Pecnard, car nous sommes tous habillés pareil. [...] On va tous chez Jonas & Cie », tailleur fétiche d'Emmanuel Macron.

« Quand je suis arrivé, ce qui m'a frappé, c'est la solennité, l'impression d'être dans un lieu d'histoire, mais aussi que tous les politiques que je voyais à la télé étaient juste là, poursuit-il. On apercevait Mélenchon boire son café. » « Soudainement, les copains députés ont tous disparu, relate Yves Pozzo di Borgo. C'était une rupture brutale. » Comme à la buvette de l'Assemblée nationale, les commandes de verres de vin rouge ont chuté, et celles de Coca Zéro à six euros explosé.

Siroter des cocktails... Molotov !

Le samedi 17 novembre 2018, la crise des Gilets jaunes débute. « Ce jour-là, il y avait une grande réunion du RN et une autre du PS à l'Assemblée nationale », se souvient Jean-Pierre Viala. Les élus viennent déjeuner au Bourbon, mais en début d'après-midi, la situation se tend

C'est surtout après les élections législatives de 2017 que l'ambiance change, avec l'arrivée des nouveaux députés de La République en marche. « J'ai pris un coup de vieux, raconte le patron, Jean-Pierre Viala. Soudainement, les députés sont devenus plus jeunes que moi. »

Brasserie Le Bourbon

dans les rues aux alentours. « Personne ne pouvait plus sortir. » Les représentants du RN et du PS se retrouvent enfermés ensemble au Bourbon. Les week-ends suivants, le quartier est placé en quarantaine. La brasserie est sous très haute protection, et sert de base arrière aux CRS.
La crise du Covid perturbe aussi les habitudes. Tard dans la soirée, lors de l'examen du projet de loi de finances, les collaborateurs du ministre Bruno Le Maire n'ont d'autre choix que de se retrouver au Bourbon, la fameuse buvette de l'Assemblée nationale étant soumise à un couvre-feu. À la réouverture des cafés, la terrasse peut considérablement s'étendre sur la grande place et devient un passage obligé pour chaque député. « Une centaine de couverts en plus par jour », précise Jean-Pierre Viala.
Entre-temps, Le Bourbon est redevenu un lieu du quotidien des parlementaires. Les lobbyistes tentent d'y glisser des amendements auprès de députés, devant un menu entrée-plat-dessert à trente-cinq euros. Les élus y mènent des entretiens d'embauche pour recruter leurs collaborateurs. Des attachés parlementaires de camps opposés s'y rencontrent « en lieu neutre », pour reprendre l'expression de Benjamin Buffault, conseiller de Bruno Le Maire qui a débuté en stage à l'Assemblée nationale auprès du député LR Olivier Marleix. « Déjà depuis les attentats de 2015, la sécurité de l'Assemblée avait été renforcée, et il fallait déposer le nom de ses invités trois jours à l'avance, précise-t-il. Le Bourbon est devenu le lieu où il était aisé de monter un rendez-vous. D'autant que la buvette de l'Assemblée est très *select*, et puis ça résonne ! Ce n'est pas l'endroit pour avoir une vraie discussion. » « C'est là où beaucoup de choses peuvent se dénouer, confesse un ancien dirigeant politique. C'est une zone qui n'est pas anecdotique et qui peut entretenir des passerelles. » Des conférences de presse y sont aussi régulièrement convoquées.
Le mardi, en marge des questions de l'Assemblée nationale au gouvernement, l'affluence est forte et les bonnes places rapidement occupées. « Les rois sont ceux qui arrivent à réserver le midi une table juste à droite en entrant, sur une partie un peu surélevée », à la vue de tous et avec vue sur la place, se souvient l'ancien bras droit de Jean-François Copé, Jérôme Lavrilleux. « Même si des députés pressés choisissent plutôt la terrasse pour montrer qui est avec eux, comme Nicolas Dupont-Aignan. »
« On vit au Bourbon nos émotions de la vie de l'Assemblée, comme le stress avant chaque vote, confie Simon Pecnard. C'est aussi un lieu de fête après les petites victoires et les amendements passés. » « J'y ai célébré quelques victoires parlementaires en séance », se souvient en écho François Fillon ; comme déjà, au début des années 1980, « mon premier discours à la tribune sur le budget de la défense nationale ». Une vingtaine d'années plus tard, en juillet 2020, le jeune député LREM Sacha Houlié s'y relâche aussi en compagnie de ses troupes, à la sortie d'un échange très houleux avec Gérald Darmanin en commission des lois. Simon Pecnard reconnaît aussi avoir passé des « soirées au Bourbon avec cocktails après des journées un peu longues ». Le mojito et le tequila sunrise sont à douze euros. « C'est une soupape pour les collaborateurs, un sas de décompression. »

Au 1, place du Palais-Bourbon, la campagne présidentielle de 2022 se prépare. « Sur la même terrasse, l'autre jour, il y avait des journalistes, des conseillers de ministres et des députés, éparpillés mais parlant tous de la même chose en même temps : de la campagne d'Éric Zemmour », poursuit le jeune conseiller. Plus l'échéance électorale approche, plus les tablées sont épiées. Qui soutiendra qui ? Et qui trahira qui ? La brasserie attend aussi de découvrir les prochains visages de l'hémicycle – ils seront ses nouveaux clients.

AFFAIRE DE FAMILLE

ISABELLE SAPORTA, LA POLITIQUE EN POINTILLÉ

La journaliste, éditrice et militante joue une musique singulière dans l'univers écolo, ce qui exaspère les responsables d'Europe Écologie Les Verts (EELV) mais qui, espère-t-elle, aidera un jour à faire gagner la gauche unie autour de son compagnon Yannick Jadot.

PAR
Bérengère Bonte

Cédric Villani a reçu ce SMS à la fin de la campagne pour la primaire EELV courant septembre 2021. « Bravo à ta candidate, elle a été excellente, elle a su porter haut des débats cruciaux, elle est incroyable. Je t'embrasse. » Signé Isabelle Saporta. Son ancienne colistière aux municipales de 2020 à Paris, redevenue journaliste, polémiste et éditrice, n'est officiellement pas impliquée dans ce scrutin qui vise à désigner le candidat écolo à la présidentielle. Au dire de plusieurs de ses amis, elle est vaccinée contre la politique. « Elle a trop morflé ! » Mais elle tient à féliciter Cédric Villani pour la campagne de Delphine Batho qu'il a accompagnée. « Sans pour autant renier son homme », s'empresse de préciser le député et mathématicien. L'homme en question, Yannick Jadot, est lui aussi en lice. À l'issue du second tour, nouveau SMS : « C'est important que Delphine et toi soyez aux côtés de Yannick. Vous allez vivre une belle campagne... » Tellement belle que Delphine Batho deviendra finalement porte-parole de la campagne du candidat EELV en remplacement de Matthieu Orphelin, écarté en raison de sa proximité avec Nicolas Hulot.

Pas de doute, en tout cas, Isabelle Saporta est dans le jeu. N'en déplaise aux figures du parti écologiste qui, pour la plupart, jurent n'avoir « rien à dire sur elle ». « Je ne parle pas de la copine de Yannick », argumente le très libre Daniel Cohn-Bendit avant, finalement, de se raviser. Quand je m'étonne de cet embarras à tous les étages, beaucoup finissent par concéder qu'elle est bien une conseillère stratégique importante pour lui. Même si aucun organigramme de campagne ne l'officialise et qu'elle n'apparaît plus à ses côtés.

Disons-le clair et net, Isabelle Saporta n'est pas d'abord la « femme de ». À 45 ans, l'intellectuelle, docteure en science politique, passée par l'EHESS après avoir terminé Sciences Po en 2000, existe sans le député européen. L'inverse est vrai aussi. Mais le 26 mai 2019, le jour des élections européennes, c'est elle qui choisit d'assumer publiquement cette relation connue de la seule sphère écolo. D'abord avec des photos au bord du canal de l'Ourcq pour *Paris Match*. Ensuite sous les projecteurs de la soirée électorale, au moment du discours du candidat célébrant ses 13,47 % et sa troisième place surprise. Dans la

Isabelle Saporta distribue des tracts au marché Edgar-Quinet. Paris, mars 2020.

Photo de Daniel Derajinski.

Celle qui choisit ce moment-là pour entrer en campagne pour les municipales est sans cesse renvoyée à son statut de « compagne de ». Elle a pourtant pris soin d'intégrer la liste de Gaspard Gantzer et non celle d'EELV.

régie du grand studio de RTL, Jacques Esnous, le patron de l'info, ne cache pas sa surprise en voyant sa chroniqueuse matinale apparaître sur les écrans. « Ce qui était insupportable, c'était d'être mis devant le fait accompli, s'agace un autre membre de la direction de la radio, même si Isabelle Saporta n'a jamais été prise en défaut. On a des temps de parole des proches des candidats à livrer au CSA, et des comptes à rendre à nos auditeurs. Le comble, c'est qu'elle s'épanchait facilement sur la difficulté d'être mère célibataire. Elle n'a jamais dit un mot sur son couple. »

Entre deux eaux

Dans l'interview accordée à *Paris Match*, Isabelle Saporta revendique un rôle de premier plan allant jusqu'à l'écriture de certains discours. « Cette bataille, on l'a menée ensemble. C'est un peu notre victoire. » C'est clair mais risqué, selon Daniel Cohn-Bendit, qui a toujours mis un point d'honneur à ne pas médiatiser sa conjointe : « Si tu te laisses aller à faire la une de *Match* avec une histoire de couple, même si c'est humain, à la fin, tu perds. »

De fait, celle qui choisit ce moment-là pour entrer en campagne pour les municipales est sans cesse renvoyée à son statut de « compagne de ». Elle a pourtant pris soin d'intégrer la liste de Gaspard Gantzer et non celle d'EELV, « histoire de montrer à tout le monde qu'elle peut faire de la politique sans son mec », décrypte le chercheur du GIEC François Gemenne, qu'elle édite chez Fayard. La militante n'aime pas ce parti qu'elle trouve sectaire, recroquevillé sur lui-même, ces maires écolos avec « une idée à la con par jour », selon son expression aux *Grandes Gueules* du 11 septembre 2020 sur RMC – allusion au Tour de France « machiste et polluant » de Grégory Doucet à Lyon, ou encore au sapin de Noël, « arbre mort » exfiltré du centre de Bordeaux par Pierre Hurmic. « Elle leur en veut de prêter le flanc, avec ces caricatures d'eux-mêmes », analyse encore Gemenne. À ses yeux, l'incarnation de tout ça s'appelle Julien Bayou. Quand la campagne publicitaire conçue par le secrétaire national d'EELV à l'intention des jeunes électeurs ne lui plaît pas, elle ne se gêne pas pour le faire savoir à l'antenne. Et c'est un autre écolo médiatique, Aymeric Caron, qui se charge de l'explication de texte sur Twitter : « Bien sûr que l'affiche d'EELV qui s'en prend aux boomers est nulle. Mais on ne peut vraiment comprendre la tirade d'Isabelle Saporta contre Julien Bayou qu'en se souvenant qu'elle est la compagne de Yannick Jadot, concurrent et adversaire de Bayou au sein d'EELV. C'est mieux avec un décodeur. »

Même traitement lorsqu'elle ironise sur Brune Poirson, sur le plateau de *C l'hebdo* : « La pauvre, elle rame quand même. Ça fait presque un peu pitié en fait. Elle est là en train de dire : "En 2040, promis juré, tout sera terminé avec le plastique à utilisation unique." On rêve, quoi ! Il y a 250 kilos de plastique qui finissent dans l'océan chaque seconde ! Et là, on est là en train de se poser des questions sur vingt ans... » La réponse de la secrétaire d'État à l'Écologie touche de nouveau à la vie privée : « On ne peut pas tellement lui en vouloir, en étant l'épouse de Yannick Jadot et elle-même en campagne, c'est dans l'ordre des choses. »

« Impétueuse », selon le mot de Cédric Villani. « Exaltée, préfère son ami du *Figaro Magazine*, Jean-Christophe Buisson. Elle vit toutes les injustices avec flamme et fougue. Parfois, c'est Munch, le cri silencieux. Mais quand le cri sort vraiment, là, on arrête de jouer. » Pascal Durand, l'ancien secrétaire national d'EELV, la dit « radicale et courageuse ». Au point, en 2016, de claquer la porte du talk-show *Actuality*, présenté par Thomas Thouroude sur France 2, après un clash avec Maud Fontenoy. L'ancienne navigatrice, désormais vice-présidente de la région PACA, vient présenter son livre, *Des tempêtes, j'en ai vu d'autres*[1], Saporta l'agonit de reproches : « Vous êtes pro-gaz de schiste, pro-OGM, vous avez défendu le Roundup corps et âme, pro-lobby depuis toujours... Vous ne pouvez pas venir nous parler d'écologie le cœur sur la main ! » et présente sa démission dans la foulée. « Elle n'était plus à l'aise avec l'émission et, plus ou moins consciemment, voulait se mettre en position de sortir avec panache », analyse l'ami du *Fig Mag*. Comme journaliste consommation chez *Marianne*, chroniqueuse aux côtés de feu Jean-Pierre Coffe sur la malbouffe, polémiste aux *Grandes Gueules* sur RMC, voire comme auteure, elle ne fait ni dans la nuance, ni dans le prévisible. « Le matin aux *Grandes Gueules*, elle sort un truc incendiaire sur EELV », raconte Maxime Switek, journaliste et présentateur, qui se réjouit de la voir débouler le soir, dans son tour de table sur BFMTV, « avec un pull ou des chaussures vert flashy, histoire de dire : "Vous voyez, moi aussi je suis verte, moi aussi j'ai des convictions. Et je n'ai pas envie de les taire." »

Observatrice ou actrice ?

Dans l'édition, elle démarre chez Fayard en 2011 avec son plus gros best-seller à ce jour, *Le Livre noir de l'agriculture*, presque cent mille exemplaires vendus, poche inclus. Une longue enquête de terrain dans laquelle elle dénonce les ravages sur la santé et l'environnement des cultures conventionnelles juste avant un Salon de l'Agriculture. Un communicant breton se souvient que des éleveurs l'appelaient, inquiets : « Est-ce qu'on se met une étoile verte au Salon ? » « Elle parlait de l'agriculture comme d'un symbole du patriarcat, la charrue qui éventre la terre tel le sexe de l'homme qui éventre la femme », se souvient Hervé Le Prince, expert en communication, qui notera une évolution dans ses prises de position six ans plus tard dans *Circuits courts*[2]. « On ne savait plus très bien de quel côté elle était : parfois elle se mettait à défendre l'agriculture conventionnelle contre le bio, trop cher pour les classes populaires. Peut-être un avant-goût de son côté Gilets jaunes. »

Dans l'intervalle, Isabelle Saporta est devenue directrice littéraire chez Fayard en janvier 2021. Avant même d'avoir un bureau au siège, à Montparnasse, l'intellectuelle, fille de médecin et de psy, et mère de deux adolescentes, donne tous ses rendez-vous sur le boulevard, au Select voisin où on l'entend un jour lancer à l'un de ses auteurs de la Fondation Nicolas-Hulot : « Au fait, si tu veux me propulser à la tête de la FNH, tu me dis. » Puis : « Non mais je rigole. » Cela ne l'empêche pas de garder sa radicalité dans les combats sociaux ou écologiques, même si elle a élargi sa palette, continuellement à l'affût des voix qui vont compter, quelle que soit leur position sur l'échiquier politique. « C'est une grande gueule dénicheuse de grandes gueules », dit un journaliste du *Figaro* qui l'a repérée très tôt, « car beaucoup plus détendue que les autres écolos ». Elle édite aussi bien le « jeune réac » de RMC Maxime Lledo sur la jeunesse face au Covid[3] que le policier Abdoulaye Kanté qui défend ses collègues à coup de tweets[4], ou encore François Gemenne[5], rencontré sur la plateau de *Circuits courts*. « Elle m'a couru après dans les couloirs d'Europe 1, raconte le chercheur spécialisé dans les migrations. Le contact était bien passé à l'antenne. Elle m'a dit qu'elle voulait un livre sur l'immigration. Que les voix sensées sur ce sujet n'étaient plus audibles dans le débat public. » Elle n'est pas malheureuse de dérouter les observateurs en érigeant Cyril Hanouna en éditorialiste politique face à Christophe Barbier[6]. Un joli coup de com'... malgré des ventes finalement décevantes[7]. Le battage médiatique permet à l'éditrice d'assurer en personne la tournée avec ses poulains, histoire, par exemple, de recoller les morceaux avec RTL – elle est restée meurtrie de

1 – Maud Fontenoy, *Des tempêtes, j'en ai vu d'autres*, Plon, 2016.
2 – Émission diffusée sur Europe 1.
3 – Maxime Lledo, *Génération fracassée*, Fayard, 2021.
4 – Abdoulaye Kanté, *Policier, enfant de la République*, Fayard, 2022.
5 – François Gemenne, *On a tous un ami noir*, Fayard, 2020.
6 – Cyril Hanouna (avec Christophe Barbier), *Ce que m'ont dit les Français*, Fayard, 2021.
7 – Un peu plus de 7 000 ventes en quatre mois (source GFK).

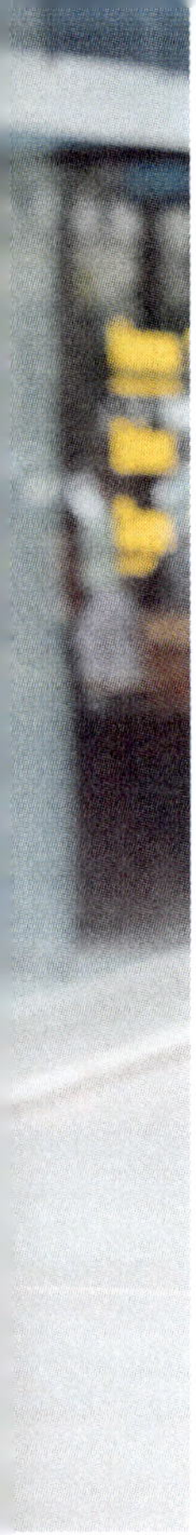

Depuis le franchissement de l'obstacle de la primaire EELV – dont elle ne voulait pas, persuadée qu'il allait être broyé –, elle s'est remise à rêver d'une gauche unie autour de Yannick Jadot.

ce qu'elle qualifie toujours d'« injuste départ ». Bien sûr, la politique pure n'est jamais très loin. Le destin présidentiel de Yannick Jadot en particulier. « Je nourris de très grandes ambitions pour mon mec », a-t-elle dit un jour à Daniel Cohn-Bendit. Chaque fois qu'ils se retrouvent, elle lui fait profiter de ses découvertes éditoriales. Tel Benoît Biteau, paysan en guerre contre la FNSEA, devenu l'auteur de *Paysan résistant !*[8], puis onzième sur la liste Jadot et finalement député européen. Dans un autre style, elle le convainc d'emmener François Gemenne sur le terrain après les inondations meurtrières de Liège. « J'étais parfaitement en phase », précise le chercheur belge du GIEC qui, depuis, a pris la présidence du Conseil de la démocratie scientifique de sa campagne présidentielle.

Observatrice ou actrice ? À deux mois du premier tour de la présidentielle, profitant d'une interview sur LCI, Yannick Jadot revendique haut et fort de ne plus exposer Isabelle Saporta, conscient qu'« elle a beaucoup perdu à cause de sa carrière politique ». Sur Europe 1 et CNews où elle continue toutefois de débattre de l'actualité, y compris politique, la chroniqueuse s'entend régulièrement rappeler par la présentatrice Laurence Ferrari sa proximité avec le candidat EELV. « Elles en plaisantent entre elles », observe-t-on en régie, soulignant une forme de transparence décomplexée. « Mon rôle reste politique puisque je participe au débat public[9] », assume l'éditrice et chroniqueuse. « Elle contribue à élargir la base, notamment vers des écolos moins obsédés par le parti, du type Pascal Brice », reconnaît Daniel Cohn-Bendit, qui a conçu EELV dans cette même logique d'ouverture en 2009. Brice, ancien patron de l'Ofpra et ami de trente ans de Yannick Jadot, est le seul énarque de la garde rapprochée du candidat. « Isabelle est quelqu'un qui cherche des compromis et des majorités, à la façon des Grünen allemands, exactement comme Yannick », souligne Pascal Durand, l'eurodéputé écolo passé chez LREM. C'est peut-être ce qui l'a amenée sur la liste de l'ancien PS Gaspard Gantzer aux municipales à Paris. Pour étendre le champ des possibles. » De là, elle n'avait plus qu'à pousser en faveur d'un rapprochement avec EELV et les socialistes. Ce qu'elle a fait après avoir bifurqué sur la liste du dissident macroniste Cédric Villani. Son idée : imaginer une « coalition climat » afin de partir unis dès le premier tour pour la bataille de Paris. Ce 6 février 2020, sur la scène du Trianon pour le meeting de Villani

8 – Benoît Biteau, *Paysan résistant !*, Fayard, 2018.
9 – Interview à *Livres Hebdo*, 25 janvier 2021.
10 – La révélation de vidéos intimes du candidat macroniste.
11 – Abel Mestre, « Un apéro avec Isabelle Saporta : "À gauche, je me sens de droite. À droite, je me sens d'extrême gauche" », *Le Monde*, 6 mars 2021.
12 – Isabelle Saporta, *Rendez-nous la France !*, Fayard, 2020.
13 – Le célèbre castrat d'opéra.

pour elle, sur celle du Trabendo aux côtés de Belliard pour lui, Isabelle Saporta et Yannick Jadot plaident en faveur du regroupement des listes. Deux semaines plus tard, l'équipe resserrée Villani-Saporta est en négociation secrète avec la garde rapprochée du camp Belliard lorsque éclate le « GriveauxGate [10] » qui rebattra les cartes et fera capoter le projet de fusion. Depuis le franchissement de l'obstacle de la primaire EELV – dont elle ne voulait pas, persuadée qu'il allait être broyé –, elle s'est remise à rêver d'une gauche unie autour de Yannick Jadot. Elle pense qu'il a loupé le coche quand Olivier Faure lui a proposé une candidature commune au printemps 2021. « Socialistes, écologistes, radicaux et le mouvement Génération.s ont pris un engagement, avait dit le patron du PS. Dans un an, il y aura un candidat commun. » Que n'a-t-il pas accepté ? Cohn-Bendit s'en agace, lui aussi : « Ça nous aurait évité le problème Hidalgo ! »

Ni décroissante ni collapsologue, cette passionnée de littérature se décrit avant tout comme une « poujado de gauche [11] ». *Rendez-nous la France* [12], son dernier livre, paru en 2020, veut « redonner les moyens aux fantassins sur le terrain, et pas aux technos. On réarme les services publics, on s'intéresse aux catégories populaires ! » Haro sur les « métastases bureaucratiques » et la « caste ». Et retour au logiciel de départ, celui de l'UNEF puis de SUD Étudiant de ses années Sciences Po, avant même les questionnements écolos. En meeting devant des étudiants durant la campagne pour les municipales, elle a raconté « sa » grève sur les bourses : « On avait rebaptisé l'amphi Boutmy "amphi Farinelli [13]". Pour qu'on ne coupe pas les bourses des étudiants. »

Si elle avait dû voter au lendemain de la primaire écolo, un ami proche est persuadé que son bulletin de cœur aurait été pour Arnaud Montebourg. Souverainiste de gauche. Avec aussi une approche du nucléaire moins radicale que celle de Yannick Jadot. Question de souveraineté là encore ! « Ça aurait été l'esprit de *Marianne*, de ses débuts, de Jean-François Kahn, analyse Jean-Christophe Buisson. Elle en veut à la gauche d'avoir abandonné certains sujets, certains quartiers, certaines thématiques et figures comme Jeanne d'Arc, figure de gauche par excellence. Trahie par l'Église et la royauté, la pucelle sera finalement récupérée par la droite. » ■

Isabelle Saporta s'engage politiquement aux côtés de Gaspard Gantzer chez Parisiennes, Parisiens. Paris, septembre 2019.

Photo de Stéphane Ruet.

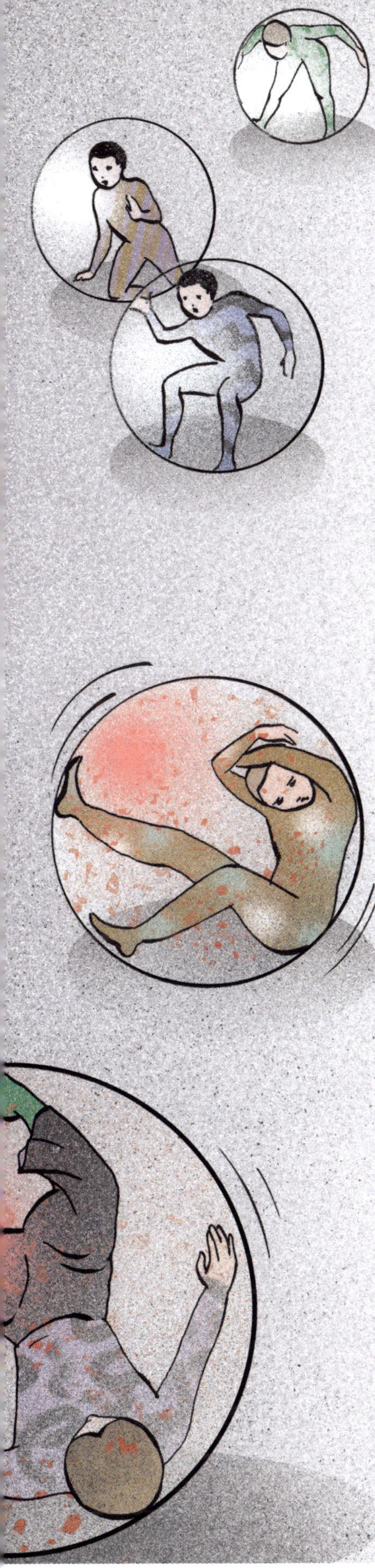

PAR
Yann Diener

ILLUSTRATIONS
Élodie Bouédec

Pandémie : de la métaphore au délire

La pratique de la psychanalyse offre un observatoire idéal si l'on s'intéresse aux inflexions de la langue et aux changements politiques afférents. L'expérience du divan met l'analyste autant que l'analysant en prise directe avec les effets des discours sur les corps, sur les pratiques et sur les groupes.
Par exemple, un enfant de 8 ans me raconte que ses parents vont bientôt divorcer. Il veut me dire qu'ils se sont encore disputés, mais il dit : « Ils se sont encore *dépistés*. » Nous entendons tous les deux le lapsus, et nous en sourions. Mais intérieurement, ça me glace un peu. Comment les mots du registre sanitaire ou sécuritaire peuvent aussi rapidement s'insérer dans l'intime de la parole ? Pour pouvoir refouler le signifiant « disputé », cet enfant a saisi un mot dominant dans le discours courant. Le terme « dépisté » assone suffisamment avec « disputé » pour pouvoir servir à l'opération de censure.
Le champ sémantique de la contagion s'est considérablement étendu ces derniers temps, mais cela fait bien longtemps que la métaphore épidémique est utilisée à tout bout de champ. On dit d'une vidéo qu'elle est « virale » pour dire qu'elle est très regardée ; on parle de contagion du suicide chez les adolescents, et la métaphore sert également à qualifier un krach boursier.

Nous avons peut-être atteint un sommet dans la confusion quand les antivax ont arboré l'étoile jaune au cours de manifestations où l'on pouvait aussi entendre des propos antisémites.

L'imaginaire de la contagion intervient aussi bien dans des situations dramatiques que pour parler d'un intérêt singulier ou d'une passion : « Il a chopé très jeune le virus du jeu d'échecs. » Ça me rappelle que le terme allemand que l'on traduit par « transfert », *Übertragung*, peut également signifier « transport », mais aussi « contagion ». Dans les premières traductions des textes de Freud en français, *Übertragung* était d'ailleurs rendu par « transport affectif ». Parce que les analysants – et les analystes – transportent dans la relation analytique des affects qu'ils ont d'abord éprouvés avec leurs parents. C'est ce que vise le dispositif divan-fauteuil : que ces affects viennent sur la scène du transfert pour pouvoir être mis à plat et analysés. Une cure psychanalytique est en ce sens une contagion affective voulue, provoquée.

Dans *La Contagion des idées* [1], l'anthropologue Dan Sperber propose une approche épidémiologique des représentations, des idées et des croyances. Pour lui, expliquer la culture, c'est expliquer pourquoi certaines idées sont contagieuses. Dan Sperber nous rappelle que le mot « épidémiologie » vient du grec ancien *épidèmia*, qui voulait dire « séjour » ou « arrivée dans un pays ». Ce terme avait d'abord été utilisé à propos de l'arrivée de personnes dans un pays ou une ville, et ensuite pour parler de l'arrivée de marchandises, de maladies ou de coutumes.

Dans tous les domaines du savoir, cette métaphore de la contagion a été utilisée pour décrire le passage d'un concept d'un champ épistémique à un autre. Les linguistes ont forgé un modèle épidémique pour décrire le passage de mots entre deux langues. Il est ainsi question de « contagions linguistiques », par exemple, dans l'étude du latin médiéval, dont l'usage a oscillé entre purisme et désir de modernisation impliquant l'intégration de termes techniques, avec des emprunts aux langues romanes, à l'arabe, au grec, aux langues germaniques ou à l'hébreu. Le linguiste Benoît Grevin s'est ainsi intéressé aux querelles de lettrés opposant les tenants d'un latin « pur » et les défenseurs d'un latin « contaminé » [2].

Contagion et confusion

L'idée ou le fantasme de contagion, qui la plupart du temps fait échec au savoir médical, a toujours alimenté les délires. Mais nous avons peut-être atteint un sommet dans la confusion quand les antivax ont arboré l'étoile jaune au cours de manifestations où l'on pouvait aussi entendre des propos antisémites. L'antivax se met à toutes les places : il se considère comme un juif stigmatisé, pourchassé, empoisonné, assassiné ; et en même temps il use de la plus pure rhétorique d'extrême droite des années 1930, condensant par exemple le terme « coronavirus » avec le patronyme du président de la République en encourageant à se débarrasser du « macronovirus ». (Mais on a aussi vu, dans des manifestations d'enseignants ces dernières semaines, des pancartes avec le visage de Jean-Michel Blanquer et cette légende : « C'est toi le virus. ») Et puis les antivax écrivent « paSS sanitaire » avec une graphie qui rappelle le nazisme. Que ces expressions ou ces sigles nazis reviennent si facilement dans un contexte de crise sanitaire nous indique que l'histoire de la composante sanitaire du discours nazi n'a pas encore été suffisamment faite, ou en tous les cas est encore trop méconnue. Nous assistons à un retour dans le réel de ce qui a été forclos, rejeté du symbolique.

Alors, comme souvent, on compte sur le travail des historiens pour remettre les choses à leur place, pour nous aider à sortir de la confusion.

On sait que les nazis étaient coutumiers des métaphores biologisantes : dès leurs premiers discours et leurs premiers écrits, ils considéraient les juifs comme des germes menaçant la santé de l'organisme national. Johann Chapoutot montre comment les nazis sont passés très vite d'une

1 – Dan Sperber, *La Contagion des idées. Théorie naturaliste de la culture*, Odile Jacob, 1996.
2 – Benoît Grevin, « Langues hybrides ou langues "impures" ? De l'hiberno-latino à l'arabo-latin (VIe-XVe siècle) », dans *De la contagion*, Béatrice Delaurenti et Thomas Le Roux (dir.), Vendémiaire, 2020.

analogie à une équivalence entre le juif et le virus ou le microbe – et comment ils ont tiré des conséquences génocidaires de ce glissement. De « Les juifs sont comme des rats, vecteurs de maladies », ils sont passés à « Les Juifs sont des rats », justifiant ainsi une nécessité de les « marquer », de les « parquer », puis de les exterminer pour préserver la santé des Allemands. À partir d'une lecture de la presse de l'époque, Johann Chapoutot montre comment le « discours nazi est saturé de termes biologiques, des termes "*Seuche*" (épidémie) ou "*Pest*" ». En instaurant les ghettos, les nazis ont créé les conditions des maladies contagieuses par lesquelles ils ont justifié leur politique d'extermination ; la SS et la police allemande se définissant comme le corps médical prenant soin de la nouvelle Allemagne : « La performativité du discours nazi et la circularité du rapport entre imaginaire et réel sont exemplaires : les nazis construisent l'ennemi non seulement par le discours et par l'image, mais aussi par des pratiques qui produisent une biologie dégradée, ensuite exhibée comme preuve de la justesse du discours nazi[3]... »
Johann Chapoutot cite également un article de Werner Best, docteur en droit et lieutenant-colonel de la SS sur la conception organique de l'unité du peuple allemand ; pour préserver l'unité et la santé de l'organisme national, le national-socialisme a créé une police politique : « Nous la concevons comme une institution qui surveille avec soin l'état de santé politique du corps allemand, qui repère à temps tout symptôme de maladie et qui situe et élimine les germes de destruction, qu'ils soient issus d'une dégénérescence interne ou d'une contamination volontaire par l'étranger. Voilà l'idée et l'éthique de la police politique dans l'État raciste de notre temps, conduit par le Führer. »
Voilà qui pourrait permettre de relativiser le procès en nazisme que les antivax font aux pouvoirs publics français actuels. Mais les travaux des historiens sur les archives ne changeront malheureusement pas le fait que les signifiants nazis, qui ont médicalisé l'antisémitisme, ont circulé allègrement dans la logosphère pendant une bonne partie du XXe siècle. Ça laisse des traces durables, ça produit des frayages dans la langue, donc dans l'inconscient. Il y a comme un traumatisme linguistique, qui n'a aucune raison de ne pas se répéter.
Cette saturation du discours politique par un vocabulaire médical ne s'est pas arrêtée avec le nazisme : cette terminologie a même été utilisée par les adversaires du nazisme, qui ont parlé de « peste brune ». Cette saturation linguistique fait son retour aujourd'hui dans la grande confusion qui entoure la « gestion de la crise sanitaire ».
Les antivax les plus virulents s'identifient en même temps aux « juifs-virus » et aux nazis qui se faisaient fort de détecter les virus cachés. Si l'on trouve le plus souvent l'expression « macronovirus » dans la fachosphère, on la trouve aussi dans d'autres horizons politiques, comme sur le blog de la section Oswald-Calvetti

3 – Johann Chapoutot, « Éradiquer le typhus : imaginaire médical et discours sanitaire nazi dans le gouvernement général de Pologne (1939-1944) », *Revue historique*, 2014.

du PCF, Rouge cerise, où l'on peut lire un texte vitupérant contre les médias « atteints par des macronovirus et des patronovirus », dans le plus pur style des pamphlets des années 1930.

Les ministres de l'Intérieur adorent s'inquiéter publiquement de la contagion des idées d'extrême droite comme d'extrême gauche. Surtout à l'approche d'une élection. Le risque de contagion et le dépistage sont dans toutes les conversations, sur tous les registres, à la maison, au travail, dans les cours d'école ; pas étonnant que ça parte en vrille, que ça dérape dans le langage et dans les actes.

Je repense au lapsus de mon patient, quand il a dit « dépisté » à la place de « disputé ». Ironiquement, j'imagine que dans un avenir proche, il y aura des tests antigéniques et génétiques pour toutes les questions que nous nous posons, surtout pour les questions lourdes, ou qui font conflit : pour savoir de quelle maladie on va mourir, ou si l'on doit divorcer – et puis pour préciser nos idées politiques. Nous aurons bientôt à notre disposition un kit d'autotests pour préparer les élections présidentielles : un petit coup d'écouvillon dans les narines, et après quelques minutes d'attente, je sais enfin ce que je pense, en qui je crois, et pour qui je vais aller voter. Un caryotype express au labo en bas de chez moi, et je sais si je me situe dans le camp de la raison, ou si j'ai un gène de l'autisme ou de la psychopathie.

La raison est-elle contagieuse ?

Anéantir[4], le dernier roman de Michel Houellebecq, est un livre sur la peur de la parole. Le personnage principal, Paul Raison, haut fonctionnaire automate, est conseiller du ministre du Budget. Très à l'aise dans ce corps de l'État où il n'est question que de chiffres. Mais dans beaucoup de situations de sa vie, il a du mal à parler, il est comme anesthésié. Dans un contexte de bouleversement familial et d'attentats inédits de par le monde, Paul Raison commence à ressentir des douleurs dentaires, qui vont s'intensifier tout le long du livre ; il boit de l'alcool pour calmer ces douleurs, il remet à plus tard une visite chez son dentiste.

Le soir de l'élection présidentielle qui voit la victoire de son camp, Paul sent un goût fétide se répandre dans sa bouche. Et puis, « les mouvements de sa langue étaient devenus difficiles ». L'ORL qu'il finit par aller voir diagnostique très vite un cancer de la mâchoire et de la langue.

Le premier chirurgien qu'il consulte utilise les mêmes termes que celui qui a opéré Freud de son cancer de la mâchoire : il est question de mandibulectomie ou d'exérèse – une ablation de la tumeur. Quand le chirurgien lui parle de glossectomie, d'ablation de la langue, Paul ne répond rien. Le deuxième chirurgien qu'il

4 – Michel Houellebecq, *Anéantir*, Flammarion, 2022.

consulte lui conseille de lire Le Lambeau, de Philippe Lançon. Mais Paul refuse qu'on lui coupe la langue. Lui qui était si mal à l'aise avec la parole, lui qui était pétri d'éléments de langage, il veut mourir avec sa langue malade, il ne veut pas qu'on la lui coupe pour seulement gagner quelques mois de survie.

Pour dire que la parole nous est imposée – et que seuls les psychotiques s'en rendent compte et s'en plaignent –, Lacan disait que la parole est un parasite, et même : « La parole est la forme de cancer dont l'être humain est affligé. » C'est vrai que, depuis que l'homme parle, ça le rend malade, il se prend les pieds dans le tapis du langage. On refoule, on se censure, mais ça finit toujours par ressortir, d'une manière ou d'une autre, sous forme de symptômes, de cauchemars, de gaffes ou de lapsus embarrassants.

C'est pourquoi l'homme a toujours rêvé d'un langage universel : la parole a pas mal d'avantages sur la communication des abeilles et le langage des grands singes, mais ça comporte aussi un certain nombre d'inconvénients, puisque le fait de parler crée aussi de l'incompréhension, des malentendus, des embrouilles. Alors, pour mettre fin à la discorde, l'homme s'est inventé des dieux porteurs de discours totalisants. Aujourd'hui, c'est l'informatique et le numérique qui nous tiennent lieu de langage universel : les traducteurs automatiques et les flux d'images écrasent les nuances et les mots trop compliqués. Nous demandons à nos petites machines intelligentes de nous guérir de la parole.

En fin clinicien, Michel Houellebecq nous parle de la langue rongée par la novlangue, il continue à tisser les signifiants du moment. *Anéantir* est peut-être son livre le plus freudien : Houellebecq insère de nombreux récits de rêves et de cauchemars au fil du roman, à chaque fois sans transition, sans changer de paragraphe : pendant quelques lignes, on ne sait pas si Paul est éveillé ou endormi. Le fort caractère de réalité qui peut marquer un rêve ou un cauchemar, cet inquiétant-familier n'est pas facile à retranscrire par l'écriture, parce qu'elle rend linéaire ce qui ne l'est pas dans un rêve. En cela, Anéantir nous parle aussi très efficacement de notre monde contemporain, où la confusion entre les faits et les vérités alternatives généralise une frontière floue entre délire et réalité. Cet *Unheimlich*, cette « inquiétante étrangeté » permanente, finit par affecter notre vie quotidienne.

Paul Raison se prépare à mourir d'un cancer de la langue. Il essaie de parler à son père. C'est peut-être une allégorie de la raison malade de la communication politique. L'élément de langage « camp de la raison » a été largement testé l'an dernier par le parti présidentiel. Aujourd'hui, cette expression fait dissension au sein même des proches du président : Clément Beaune, secrétaire d'État aux Affaires européennes, avait parié que la campagne se ferait sur un clivage entre ceux qui « assument la complexité, la raison, la science, une forme de modération verbale et politique, et ceux qui jouent des effets de polémique et de division ». Gabriel Attal s'est quant à lui explicitement opposé à ce que la campagne soit menée sur cette ligne de clivage : il considère que l'expression « camp de la raison » risque de révéler une arrogance et un mépris social. C'était en juillet 2021, pour inciter les Français à se faire vacciner, qu'Emmanuel Macron avait lancé le crash test de cet élément de langage : « Nous sommes une grande nation. Une nation de science, celle des Lumières, de Louis Pasteur. Alors quand la science nous offre les moyens de nous protéger, nous devons les utiliser avec confiance dans la raison et le progrès. »

Attention au clivage archaïque entre la raison et la folie : certes, les philosophes des Lumières se sont distingués en prônant la raison, mais ils ont aussi œuvré à réintégrer les fous dans la Cité.

Je pense encore au lapsus de mon patient à propos de ses parents « dépistés ». Ça me rappelle qu'au début d'*Anéantir*, quand Paul Raison se sépare d'avec sa femme, leurs proches ne leur posent aucune question ; Houellebecq écrit : « Les couples qui vont bien n'aiment pas, en général, se pencher sur le sort des couples qui vont mal, on dirait qu'ils éprouvent une espèce de crainte, comme si la mésentente conjugale était un état contagieux. »

En serait-il de même pour un groupe humain ? On aurait peur de la contagiosité de la discorde, on préférerait ne pas en parler ? Nous verrons si le président décidera de faire campagne sur le clivage entre les « raisonnables » et les « irresponsables ». Il peut faire le pari de la raison ; mais son idéalisation ne suffira pas à la rendre aussi contagieuse que la confusion. ■

RÉSEAUX

L'ARMÉE, OTAGE DES AMBITIONS PRÉSIDENTIELLES

PAR

Paul Deutschmann et Clément Fayol

Quand la droite cherche à s'approprier l'armée pour en faire un symbole, la gauche, elle, craint de contrarier une partie de son électorat. Fortes des maladresses du quinquennat Macron, les tentatives de récupération de l'institution la plus populaire auprès des Français se multiplient.

ILLUSTRATIONS
Charles Monnier

La silhouette fluette traverse la salle d'embarquement de l'aéroport Charles-de-Gaulle. En cet après-midi du mercredi 22 décembre 2021, Éric Zemmour s'apprête à décoller pour Abidjan. Tenue décontractée, petite chemise blanche sans cravate, le candidat à l'élection présidentielle prend place dans la cabine business d'un Boeing 777 d'Air France. À ses côtés, sa directrice stratégique, Sarah Knafo. Un peu plus loin, le général Bertrand de La Chesnais, ancien numéro deux de l'armée de terre, s'installe. Il a été nommé quelques jours plus tôt directeur de campagne. Ses anciennes fonctions vont immédiatement être mises à profit. Car cette escapade express d'une journée à peine est un coup politique en direction de l'armée. Jusqu'à la dernière minute, le voyage a été soigneusement tenu secret. À Abidjan, le trio veut mettre en scène la rencontre d'Éric Zemmour avec les militaires du camp de Port-Bouët, qui abrite les soldats français positionnés en Côte d'Ivoire.

La visite n'est pas uniquement une déambulation opportune d'un candidat à l'élection présidentielle. Elle doit permettre de dessiner un profil inédit de chef des armées à celui qui était encore, à peine un mois auparavant, un polémiste de plateaux télé. Le voyage s'est décidé seulement une poignée de jours plus tôt, le week-end précédent, à la faveur de l'annulation par l'Élysée de la visite du président français à Bamako. Au Mali, Emmanuel Macron aurait dû réveillonner avec les militaires de l'opération Barkhane sur la base de Gao. Raté : l'accélération de la propagation du variant Omicron mais surtout de graves tensions avec le pouvoir local en ont décidé autrement. L'équipe du candidat Zemmour flaire le bon coup. Dans la matinée du 19 décembre, elle sollicite discrètement le ministère des Armées afin d'obtenir l'autorisation de rendre visite aux militaires tricolores. La demande est validée dans la foulée. Avec une consigne stricte et sans appel : pas de photo du candidat avec les soldats, ni de communication officielle susceptible d'instrumentaliser l'armée en période pré-électorale. Si le règlement est particulièrement clair à cet égard, le coup est trop beau pour l'ancien chroniqueur. Il n'appliquera aucune des consignes de Paris. À peine a-t-il rencontré les militaires français qu'une dizaine de clichés habilement choisis par l'équipe de com' du candidat sont distillés sur ses réseaux sociaux. Celui qui se cherche une stature présidentielle l'a trouvée avec cette mise en scène de passage en revue des troupes. Les éléments de langage sont distribués à l'entourage : « Éric Zemmour réveillonne avec les valeureux militaires français déployés en opé-

ration en Afrique quand Emmanuel Macron est au fort de Brégançon. » « C'était un joli coup, avouez-le », sourit encore un collaborateur du polémiste. La séquence agacera l'Élysée. Elle suscitera aussi le malaise au ministère des Armées dont le porte-parole, Hervé Grandjean, se fendra d'un communiqué pour dénoncer l'attitude du polémiste.

> **« Marine Le Pen est plus à l'aise à un barbecue de syndicalistes policiers qu'à un pince-fesses aux Invalides. »**
>
> **UN TRANSFUGE DU RN**

Sur les photos de la discorde, Éric Zemmour met aussi largement en scène le général Bertrand de La Chesnais, mâchoire carrée et costume civil aux plis impeccables. « Ce n'est pas un hasard si Zemmour a choisi un officier général pour le poste de directeur de campagne, il sait que les Français sont très attachés à la figure du militaire », note le collaborateur précédemment cité. L'annonce de sa nomination, lui qui fait partie de la deuxième section – comprendre les retraités qui pourraient techniquement être rappelés sous les drapeaux –, a fait grincer des dents du côté de son ministère de tutelle. Il a été invité en janvier à prendre sa retraite complète de l'armée. Ancien proche du Rassemblement national (RN) et du Parti chrétien-démocrate, il s'est fait élire en 2020 au conseil municipal de Carpentras (Vaucluse). Il avait alors le soutien du parti sans qu'il ait été proche des sphères dirigeantes. Plutôt tendance Marion Maréchal que Marine Le Pen, l'ancien général n'a jamais été repéré par les instances du RN, dans lesquelles la culture militaire est très peu répandue. Hormis Renaud Labaye, saint-cyrien puis haut fonctionnaire au ministère de l'Économie, attaché parlementaire de Marine Le Pen, ensuite directeur de cabinet à l'occasion de la présidentielle, les militaires se font rares dans l'entourage de la candidate. « Marine n'aime pas les cathos versaillais qui sont plutôt ceux qui auraient pu la rejoindre ou qui soutiennent Marion, souffle un transfuge du RN. Labaye est un bon soldat, même en politique, donc il avale les couleuvres, mais sa patronne est plus à l'aise à un barbecue de syndicalistes policiers qu'à un pince-fesses aux Invalides. » Pas étonnant, donc, que cette petite niche socio-idéologique de militaires qui ne se retrouvaient pas dans le RN soit l'une des premières à soutenir Éric Zemmour.

Outre La Chesnais, lors de l'escapade ivoirienne, on distingue également en arrière-plan la silhouette d'un homme inconnu du grand public. Chemisette à carreaux et montre GPS, il s'agit de Jean-Michel Lavoizard, officier des forces spéciales reconverti dans l'intelligence économique en Afrique. En coulisse, c'est lui qui a préparé le happening abidjanais et la rencontre avec les militaires français. « C'était un vrai souhait du candidat de rencontrer nos hommes présents en Afrique. Mais Paris a tout fait pour nous en empêcher, on a même interdit à Zemmour de déambuler entre les tables durant le déjeuner ! » glisse l'ex-officier avant d'ajouter que « les valeurs que porte Éric Zemmour parlent à l'armée qui reste un creuset national. C'est le seul candidat qui est prêt à faire passer le budget de la défense à 60 milliards d'euros ». L'ancien militaire devenu « référent Afrique » du mouvement Reconquête a rencontré Bertrand de La Chesnais en 1993 à Sarajevo quand ce dernier, jeune officier, commandait un détachement de soldats sous pavillon onusien. L'ex-force spéciale n'est pas le seul officier qui s'active dans l'entourage de Zemmour. Selon l'organigramme de campagne, ils seraient officiellement moins d'une petite dizaine. En réalité, ils sont beaucoup plus. « On est plus d'une cinquantaine d'officiers retraités à aider et soutenir Zemmour », se vante un membre de l'équipe, lui-même ancien lieutenant-colonel. L'ex-chroniqueur d'*On n'est pas couché* dispose même depuis cet automne d'un collectif de soutien, Les Militaires avec Zemmour.

Macron et l'armée chahutée

Fuites de documents classifiés, tribunes, nominations refusées, etc. Éric Zemmour le sait : le quinquennat d'Emmanuel Macron a été particulièrement chahuté par les épisodes de tensions qui ont rythmé les relations entre l'exécutif et les militaires. À peine deux mois après l'élection de ce dernier, la passe d'armes avec le chef d'état-major des armées (CEMA),

« C'est assez facile de faire parler anonymement des militaires qui ont un droit de réserve en faisant croire qu'ils parlent au nom de tous, mais ni Éric Zemmour ni Marine Le Pen n'ont le monopole des militaires. »

UN PROCHE DE L'ÉLYSÉE

le général Pierre de Villiers, avait donné le ton. Quelques jours avant la première cérémonie du 14 juillet du président, le CEMA avait critiqué face à une poignée de parlementaires la baisse du budget de la défense. Le 13 juillet, à l'hôtel de Brienne, devant un parterre d'invités du gratin politico-militaire, le président français remet sèchement en place le général avec lequel il défile, la mine grave, sur les Champs-Élysées, le lendemain. Trois jours plus tard, le général Pierre de Villiers démissionne avec fracas. Une première dans l'histoire de la Ve République. « L'épisode a été vu comme un vrai traumatisme pour une partie des officiers. On ne s'attaque pas au CEMA comme cela », fustige un ancien colonel. Pierre de Villiers quitte le ministère des Armées sous les applaudissements de ses troupes, à l'initiative d'une très symbolique « haie d'honneur ». Des images scrutées de près à l'Élysée, où l'on croit déceler une défiance du monde militaire pour le premier président français qui n'a pas fait son service. La maladresse du 13 juillet n'a pas fonctionné, mais il faut l'assumer, remettre de l'ordre. Après avoir brièvement tenté de dissuader Villiers de démissionner, Emmanuel Macron nomme le général François Lecointre, 55 ans à l'époque. « Sa nomination a surpris. C'était l'une des premières fois que le CEMA était plus jeune que le chef d'état-major de l'armée de terre. Dans l'armée, ces signes comptent », note un gradé en poste à Balard. Tandis que l'Élysée assume sa position d'agitateur d'une institution qu'il ne comprend pas toujours, les nominations et montées internes sont perçues comme une autonomie excessive. À l'été 2021, en refusant d'être reconduit pour une cinquième année, le général Lecointre a voulu décorréler le politique de la fonction régalienne et neutre de l'armée. Un choix qu'il justifie sur RTL : « je n'ai pas voulu indexer ma fonction sur celle du président de la République. »

Le fantasme d'une armée factieuse

À l'aune de la panique créée par deux tribunes publiées dans *Valeurs actuelles*, on peut évaluer la fébrilité du pouvoir en place face à l'armée. Mais aussi sa profonde incompréhension de son fonctionnement et de ses principes. Lorsque les deux minutes de haie d'honneur ont été terminées pour remercier Pierre de Villiers d'avoir défendu les intérêts matériels des différents corps, les militaires ont regagné leurs bureaux et se sont remis au travail. Du plus bas au plus haut des chaînes de commandement, ce sont bien les tâches et missions à accomplir qui guident le quotidien, peu importe les convictions politiques des uns ou des autres. « L'armée est un corps social comme d'autres, avec des spécificités évidemment, mais avec des convictions politiques qui varient très largement selon les milieux sociaux, les grades. Croire qu'il y a une homogénéité, c'est démontrer qu'on n'a jamais mis les pieds dans une caserne », commente un officier. La première tribune dans *Valeurs actuelles* a eu un écho considérable du fait que le monde politique s'en est emparé. Mais surtout parce que le ministère des Armées et l'Élysée s'en sont saisis sans aucune retenue. Au lieu de se contenter d'enquêtes internes pour déterminer si des principes disciplinaires du Code de l'armée ou la loi avaient été violés, c'est une cellule de crise qui est lancée. Pour empêcher la publication d'un deuxième texte, croyant y voir des « ingérences russes ou chinoises », puis pour répondre publiquement comme s'il s'agissait d'un remake du putsch des généraux de 1961. Début mai, le cabinet de Florence Parly organise même une réunion afin de lever le voile sur l'éventuelle influence d'opérateurs étrangers, notamment russes, dans la diffusion des deux tribunes sur les réseaux sociaux. Un an plus tard, à l'Élysée, on a pris du recul sur l'épisode : « C'est assez facile de faire parler anonymement des militaires qui ont un droit de réserve en faisant croire qu'ils parlent au nom de tous, mais ni Éric Zemmour ni Marine Le Pen n'ont le monopole des militaires. »
La psychose causée par des textes politiques loin des thèmes de l'armée s'explique par le contexte post-Gilets jaunes. Fossoyeur de la gauche et de la droite de gouvernement, on imagine à l'Élysée l'éventualité d'un candidat

antisystème qui parviendrait à catalyser les oppositions populaires. Entre Éric Zemmour et Jean-Marie Bigard, le nom de Pierre de Villiers revient alors avec insistance dans l'entourage du président français. « Sa démission tonitruante lui a offert un espace médiatique inédit pour un militaire », confie un proche de l'ancien CEMA. Une exposition que ne boudera pas vraiment l'intéressé mais qu'il utilisera plutôt pour publier successivement trois livres au succès commercial évocateur. « L'équipe de Zemmour rêverait du soutien du général de Villiers. C'est une figure très puissante pour un candidat », glisse un proche du polémiste. Le général reste néanmoins réticent à franchir le Rubicon. Il est pourtant un proche du général de La Chesnais tandis que son frère, Philippe de Villiers, a été l'une des premières figures publiques à rejoindre le candidat de Reconquête. « C'est mal connaître Pierre de Villiers que de penser qu'il pourrait soutenir un candidat », conclut un autre général cinq étoiles qui l'a longtemps côtoyé.

À l'image de ce qu'il était en interne, l'ancien chef d'état-major des armées cultive une position non clivante et bénéficie lui-même de l'excellente image de l'institution. En juillet 2021, un sondage d'OpinionWay donnait près de 86 % d'opinion favorable des Français pour leur armée. C'est presque le double des 46 % pour la police, selon une étude de l'IFOP publiée en 2020. « L'antimilitarisme a quasiment disparu en France alors qu'il était encore très fort dans les années 1980. Regardez qui a gagné *La France a un incroyable talent* en 2021 : le chœur militaire de Saint-Cyr ! Si ce n'est pas un signe ! » s'exclame un officier.

Les ambiguïtés mélenchoniennes

L'endroit est discret. Dans un renfoncement, à l'étage d'une brasserie connue du 8e arrondissement de Paris, quatre personnes sont assises sur d'épais sièges. Le lieu s'est imposé de lui-même. Juste en face de l'École militaire, le haut gradé de l'armée n'a eu qu'à traverser la rue. L'objet de la rencontre est vague et pas vraiment officiel. À gauche Jean-Luc Mélenchon, à droite un contre-amiral deux étoiles. Plus d'active, il est tout de même resté connecté, lui qui était chargé d'une revue sise au ministère de la Défense. Nous sommes au milieu du quinquennat de François Hollande. Le dirigeant du Parti de gauche s'apprête à lancer son mouvement populaire à la faveur des déceptions de l'électorat de gauche pour la politique du PS au pouvoir. Les contestations sociales grondent. « Si l'on observe les grandes tendances de la société, on voit bien qu'il existe un balancier entre la colère populaire et le système. Nous, en tant qu'armée, c'est un sujet de réflexion de fond et historique, de quel côté l'armée doit-elle être en cas d'affrontement ? » philosophe le général. Avec la répartie politicienne qu'on lui connaît, Mélenchon s'empresse de s'inclure dans la réflexion : « Moi, l'avantage que j'ai sur les autres, c'est que j'ai un pied de chaque côté, je connais la colère sociale et le système aussi, après mes années de sénateur, de ministre et de politique. » Le courant passe bien entre les deux hommes que tout sépare hormis cette conviction inébranlable de connaître le « peuple », l'un depuis son estrade, l'autre depuis les casernes. La discussion file puis les ramène à leurs divergences. « Je comprends le zèle contestataire, lance le général, s'oubliant presque, j'ai découvert les manifestations et ce que ça donne comme énergie. » « Ah oui, s'amuse Jean-Luc Mélenchon, vous avez manifesté dans quel contexte ? » « La Manif pour tous », répond le gradé, refroidissant considérablement l'ambiance.

Pour un homme de sa génération, 71 ans cette année, le patron des Insoumis connaît peu l'institution. Il n'a pas fait son service militaire, l'armée ne voulait pas de lui, dit-il. C'est sur le tard que Mélenchon s'est frotté au monde

« Je comprends le zèle contestataire, lance le Général s'oubliant presque, j'ai découvert les manifestations et ce que ça donne comme énergie. – Ah oui, s'amuse Jean-Luc Mélenchon, vous avez manifesté dans quel contexte ? – La Manif pour tous », répond le gradé, refroidissant considérablement l'ambiance.

Impossible de discuter avec un officier ou un connaisseur du monde militaire sans aborder la crainte qui monte de conflits à haute intensité.

militaire. Et pas seulement au gendarme qui gardait la porte des locaux de son parti lors de la perquisition de 2018 et qui, stoïque, encaissait le désormais célèbre « La République, c'est moi ». Pour combler ses lacunes, il s'est appuyé sur l'aile régalienne de son mouvement. Deux hommes étaient chargés de ces questions. Tous deux issus du Parti de gauche, première force politique créée après le départ de Jean-Luc Mélenchon du Parti socialiste, ils font partie des mélenchonistes canal historique. Arnaud Le Gall, passé par la cellule diplomatique de la mairie de Paris, désormais en charge des affaires internationales pour La France insoumise (LFI) et Djordje Kuzmanovic, ancien militaire et humanitaire. Ce dernier a été décoré plusieurs fois et a reçu la croix du combattant et le Titre de Reconnaissance de la Nation. Entre 2009 et 2018, Kuzmanovic est très actif pour tisser des liens avec les milieux de la défense en général. Cadres ou anciens cadres de sociétés d'armement, avocats, journalistes ou experts de ces questions sont régulièrement sollicités pour des rencontres informelles ou des conférences. La ligne de crête est accidentée. La campagne présidentielle de 2017 avait été lancée dans la salle d'honneur des Invalides. Képis et écharpes rouges se mêlaient dans l'assistance alors que Jean-Luc Mélenchon déclamait une position stratégique qui plaisait à l'audience : indépendance vis-à-vis des États-Unis et de l'OTAN, géopolitique de la mer, « nos amis russes », ou opposition au principe d'une défense européenne. L'opération est un succès pour l'audience qui enchaîne ensuite avec une réception au Cercle national des armées. Mais provoque des remous au sein d'Ensemble !, le mouvement de Clémentine Autain, qui a depuis fait alliance avec La France insoumise. Le microparti publie sur son site une charge peu amène. Photo de Vladimir Poutine torse nu portant une arme en illustration et titre offensif[1], les airs martiaux de Jean-Luc Mélenchon déplaisent à l'aile gauche du mouvement. Fin 2018, Djordje Kuzmanovic, bête noire des militants d'Ensemble !, mais aussi Charlotte Girard et François Coq, représentants d'une sensibilité plus régalienne de la gauche, quittent La France insoumise avec fracas. Au palais Bourbon, un député insoumis a néanmoins pris le relais depuis 2017 et phosphore sur les questions militaires : Bastien Lachaud. Professeur d'histoire-géographie et membre de la commission de la Défense nationale et des Forces armées, le quadragénaire est particulièrement écouté par Jean-Luc Mélenchon.

À la recherche de la gauche régalienne

Au Parti communiste de Fabien Roussel, qui reste à distance de LFI pour 2022, les sujets militaires sont pris au sérieux mais le Covid a emporté en mars 2021 la figure historique qui gérait cette question, Yann Le Pollotec. Il a depuis été remplacé par un lieutenant-colonel réserviste moins connecté. Chez les Verts, et malgré la posture d'écologiste « mesuré » et porté sur les enjeux régaliens adoptée par Yannick Jadot, les questions militaires restent encore secondaires. Dans le programme dédié à vivre « libres en sûreté », le seul point dévolu à l'armée consiste à « réduire l'empreinte environnementale » de celle-ci. Le 23 janvier dernier, sur le plateau de *C dans l'air*, sur France 5, le candidat écologiste tentera néanmoins de se montrer percutant sur les questions de sécurité internationale, de la crise ukrainienne au Sahel.

De son côté, le Parti socialiste d'Anne Hidalgo déploie plusieurs points dans le domaine. Mais la candidate ne s'aventure que rarement sur le sujet. Il y a quelques années, le parti avait pourtant une poignée de généraux jugés « compatibles ». Il a aussi compté plusieurs anciens ministres de la Défense qui ont marqué l'institution et transmis des bases programmatiques. « On avait même une filière pour se faire réformer », rigole un ancien apparatchik du Sud. Député et pilier du PS, Jean-Yves Le Drian s'était en son temps construit un solide réseau

1 – Ariane Pérez, *« Jean-Luc Mélenchon : "Nouvel indépendantisme", nouveau "campisme" ou... pire encore ? »*, Ensemble-fdg.org, 16 février 2016.

au sein de l'appareil militaire. « On raconte même que certains généraux ont partagé des barbecues bretons avec le ministre », glisse un haut gradé. Un entregent que le Breton mettra largement à profit lors de son arrivée à l'hôtel de Brienne en 2012. Il formera avec son « dircab », Cédric Lewandowski, un duo redoutable lors du quinquennat de François Hollande. À telle enseigne que l'une des premières manœuvres d'Emmanuel Macron – après son OPA sur l'aile régalienne du PS – fut de séparer le binôme qui représentait, à ses yeux, un État dans l'État. Le Drian au Quai d'Orsay, loin de ses réseaux militaires, et Cédric Lewandowski de retour chez EDF, d'où il était issu.

Finalement, depuis le début de la campagne présidentielle, à gauche, seul l'ex-candidat Arnaud Montebourg a cherché à envoyer des signaux à l'armée. Il avait ainsi fait l'effort, somme toute modeste, de traverser Paris pour rencontrer l'association Le Souvenir français. Créée en 1887 et forte d'environ 200 000 membres, elle rassemble les anciens combattants et adhérents de toute la France qui font vivre les monuments aux morts et autres lieux de mémoire. Un maillage territorial qui n'a rien à envier aux chasseurs avec ses 1 600 comités à travers la France.

La défense victime de déclarations chocs

Les enjeux militaires ont rarement été aussi importants dans l'histoire moderne. Impossible de discuter avec un officier ou un connaisseur du monde militaire sans aborder la crainte qui monte de conflits à haute intensité. Une crainte fondée, alors que l'armée française est plus habituée aux conflits asymétriques loin de son territoire. Le sujet n'est pourtant abordé que sommairement par les huit principaux candidats à la présidentielle. Symbole d'une armée otage des déclarations chocs et rhétoriques de campagne : l'annonce par Valérie Pécresse, début janvier, lors d'un déplacement en Provence, d'envoyer l'armée dans les quartiers jugés difficiles. Un vieux fantasme politique dont se sont fait l'écho hommes et femmes politiques de droite comme de gauche depuis presque deux décennies. Signe que les temps changent néanmoins, aucun des principaux candidats n'a encore osé dégainer la traditionnelle – et détestée par les militaires – carte du « retour du service militaire obligatoire ».

ÉLECTEUR TYPE

Qu'est-ce qu'un macroniste ?

PAR

François Salaün

ET

Lulu la Nantaise

Perçu par les aigris comme un nanti imbu de lui-même, le macroniste n'est en vérité rien de plus qu'un homme heureux. Heureux en amour, pour commencer : l'amour qu'il porte à cette époque qui le comble de tous ses bienfaits. Dans quel improbable Moyen Âge pourrait-il en effet deviser gaiement avec ses collègues dans le cadre chaleureux de l'open space avant d'aller siroter un spritz sur une terrasse végétalisée ? Dans quelle Antiquité pourrait-il commander en ligne sa nouvelle paire de *sneakers* ainsi que les sushis qu'il dégustera devant une bonne série Netflix ? Quelle Renaissance lui offrirait la 5G et Amazon Prime ? Si bien qu'il déambule dans cette période bénie entre toutes comme dans un rêve. Que l'on puisse remettre en cause ce paradis terrestre le dépasse. Vacciné contre toute forme de doute, il adhère sans réserve à l'ordre existant dont il perçoit tout le bien-fondé.
D'où son scepticisme face aux réfractaires de tout poil. « De quoi se plaignent tous ces gueux ? » s'étonne-t-il. Car, dans la rue, la révolte gronde. À intervalles réguliers, on prend à partie cette élite en l'accusant de ne défendre que ses intérêts, en lui prêtant un mépris congénital pour les masses et un dédain souverain pour le principe même de démocratie. Autant de slogans ineptes braillés par des bouches aussi édentées qu'inutiles. Bouches que l'on prend pourtant la peine de nourrir en rognant sur les revenus justifiés des premiers de cordée. On comprend dès lors le chagrin de l'individu face à cette ingrate populace.
Mais il se montre magnanime et laisse la hargne à ces pauvres gens. Le macroniste est avant tout empreint d'ouverture et de tolérance. Il fait donc preuve de pédagogie envers ces bambins capricieux. Trop occupés qu'ils sont à faire les poubelles ou à courir les dépôts de vêtements, ils ne prennent plus le temps de savourer l'existence et de mesurer l'étendue de leurs privilèges. La gourmandise et la coquetterie les perdraient si l'on n'y prenait pas garde ! Si bien qu'une leçon s'impose. Quand ils soupçonnent la vaste transhumance moderne de biens, de capitaux et de personnes de leur être néfaste, n'est-ce pas là la tentation du repli sur soi qui s'exprime ? Lequel mène immanquablement au fascisme ? Quand ils sous-entendent, avec la naïveté qu'on leur connaît, qu'il y aurait d'obscures collusions entre les milieux d'argent et le pouvoir, et que leur prétendu déclassement en serait la conséquence, ne sont-ce pas là les prémices du complotisme ? Lequel conduit au populisme qui, lui-même, ne saurait déboucher que sur le totalitarisme – et l'Histoire a démontré combien on s'en lassait vite. Lorsque les malheureux s'excusent, le regard embué, de leur égarement, l'heure est à la miséricorde. Mais qu'on ne les y reprenne plus !

Lulu la Nantaise et François Salaün croquent un électeur type. En toute subjectivité.

N'allons toutefois pas croire que ce sage serait incapable de remise en question. Chaque jour, sur France Inter, il aime à ébranler ses certitudes en écoutant les enfants turbulents de la Macronie fustiger le monde des adultes. De leur voix de crécelle, ceux-ci n'hésitent pas à dénoncer les méchants policiers, à critiquer le racisme, à injurier les chasseurs, à conchier les petits commerçants et à déplorer la misère dans le monde. Il leur arrive même de dire du mal du grand capital. Après s'être injecté cette dose salutaire de subversion quotidienne, le macroniste peut se consacrer à sa prochaine fusion-acquisition l'esprit apaisé. Toutes les audaces sont décidément permises dans cette société où la pluralité d'opinions n'est pas un vain mot !
Si jamais ces troubadours radiophoniques peinaient à dérider nos *happy few*, il ne faudrait nullement y voir les affres d'une dépression mais simplement le symptôme d'une exigence accrue. Le progressisme officiel n'est tout simplement plus assez à droite pour le macroniste. Mais dans ce monde marchand admirablement huilé, le désir se forme à peine que l'offre se tient déjà prête. Lassé de son champion, notre néolibéral autoritaire pourra opportunément se rabattre sur sa cousine Valérie. Pour compléter sa panoplie, il lui suffira de troquer ses *sneakers* contre une paire de mocassins à glands et d'inscrire sa marmaille à Saint-Jean de Passy.

Étant établi qu'il n'existe pas d'alternative à ce régime dont la perfection saute aux yeux pourvu que l'on ne les ait pas plus gros que le ventre, le macrono-pécressiste peut attendre le scrutin l'esprit tranquille. Le jour venu, il ne lui restera qu'à savourer un spritz de plus en regardant le bétail se ruer dans l'isoloir pour que le meilleur des mondes perdure. ■

AVEC
TAUBIRA 20
22
PARIS
30 JANVIER 2022

RÉCIT

CHRISTIANE TAUBIRA : PASSE, IMPAIR ET MANQUE

PAR
Julien Chabrout

L'ex-ministre de la Justice, qui a remporté la Primaire populaire le 30 janvier, avait hésité pendant des mois avant de redescendre dans l'arène politique. Celle qui apprécie particulièrement le contact avec ses sympathisants rêvait de rassembler une gauche fragmentée. Mais elle a contribué à ses divisions.

« Je ne peux pas venir contribuer à l'éparpillement [...]. Je vais faire campagne et d'une façon ou d'une autre je vais trouver ma place »

Christiane Taubira se souviendra sans doute longtemps du 2 février 2022. Ce jour-là, elle fête ses 70 ans. Mais sa journée d'anniversaire est gâchée. La faute à un grand oral raté devant la Fondation Abbé Pierre sur la question du mal-logement, où elle bafouille pendant plusieurs secondes, une scène qui tourne ensuite en boucle sur les réseaux sociaux. En arrivant dans les locaux du Parti radical de gauche (PRG), à Paris, la candidate consacrée à la Primaire populaire prend quelques minutes pour débriefer sa prestation auprès de ses équipes, avant de nous recevoir avec sa conseillère en communication. Imperturbable, l'ex-ministre de la Justice répond à nos questions comme si de rien n'était et tente malgré tout de garder le sourire.

Christiane Taubira avait été beaucoup plus convaincante dans un tout autre registre. Le 27 novembre 2021, au Zénith de Paris, l'ex-garde des Sceaux vole la vedette à Gaël Faye devant plusieurs milliers de personnes. Elle fait une apparition surprise au concert de l'artiste franco-rwandais et récite un texte par cœur pendant six minutes. Les applaudissements retentissent. « Je suis intimement persuadé que nous avons la plus grande femme poétique de France », dira quelques jours plus tard Gaël Faye sur le plateau de Quotidien, où elle était également invitée. Des proches de Christiane Taubira assistant au concert ce soir-là expliquent avoir observé les regards admiratifs de leurs voisins. « En voyant ça, j'ai dit à Christiane Taubira que l'on ne pouvait pas rester comme ça », confie ainsi l'ex-député socialiste Daniel Goldberg, qui a quitté le Parti socialiste (PS) en 2021. Au Zénith, Gaël Faye et Christiane Taubira jouent les premières notes d'une petite musique qui montera les jours suivants : et si elle se présentait à l'élection présidentielle ?

Depuis son départ du gouvernement, en janvier 2016, à la suite d'un désaccord avec François Hollande sur la déchéance de la nationalité, ses apparitions publiques se font rares. L'ex-garde des Sceaux, qui partage son quotidien entre la Guyane et Paris, donne des conférences et publie des livres. En 2019, le PS, Europe Écologie Les Verts (EELV), et Génération·s lui proposent de se présenter sur leurs listes aux élections européennes, elle décline. En février 2017, dans *Paris Match*, à la question « Serez-vous encore candidate à une élection ? », elle répond : « Non. En politique, il faut savoir partir. »

Page précédente : Discours de Christiane Taubira au Point Éphémère après l'annonce de sa victoire à la Primaire populaire. Paris, janvier 2022.

Photo de Raphaël Lafargue.

Clap de fin ? Pas tout à fait. L'ancienne députée de la Guyane souffle le chaud et le froid sur ses intentions. Elle n'a pas totalement fermé la porte à tout retour en politique ces dernières années. « S'il se dégage que c'est à moi qu'il reviendra de tenir le gouvernail, de prendre les rênes, de me bander les muscles [...] et de tenir pour qu'on avance ensemble [...], oui, je serai là », avance-t-elle sur France Inter le 26 septembre 2019. Mais, le 16 septembre 2021, encore sur France Inter, elle tire un trait sur une éventuelle candidature à la présidentielle : « Je ne peux pas venir contribuer à l'éparpillement [...]. Je vais faire campagne et d'une façon ou d'une autre je vais trouver ma place. » Quelques jours plus tard, le 25 septembre, lors d'un dîner chez le résistant Claude Alphandéry, elle réitère son refus devant Samuel Grzybowski et Mathilde Imer, les deux porte-paroles de la Primaire populaire, une initiative lancée en mai 2021 ayant pour but de rassembler la gauche et de permettre à celle-ci d'avoir une candidature unique, avec l'élaboration d'un socle programmatique commun.

« Je viendrai vous butiner »

En septembre dernier, l'ex-ministre rencontre pour la première fois des soutiens regroupés autour du collectif citoyen Taubira pour 2022, dont elle salue la « pugnacité » et la « vitalité » militante. Ce collectif, né sur Facebook en juin 2020, s'est par la suite structuré localement. « Quand je les rencontre, la première phrase que je leur dis, c'est : "Est-ce qu'on est bien d'accord que votre initiative ne me lie pas ?" » tient à préciser Christiane Taubira dans les locaux du Parti radical de gauche (PRG) où nous l'avons rencontrée, le 2 février 2022 à Paris, le jour où elle a fêté ses 70 ans. Elle ne leur donne pas l'impression de vouloir se présenter sans pour autant fermer la porte. Elle leur dit qu'elle fera campagne à leurs côtés et qu'elle « viendra les butiner », l'une de ses expressions favorites. Elle fait également passer un message à double sens : la présidentielle est un sprint et non pas un marathon. Surtout, elle ne dissuade pas ses soutiens de la parrainer dans le cadre de la Primaire populaire. Résultat : le 11 octobre 2021, au moment de la clôture de la phase des parrainages, c'est elle qui en récolte le plus grand nombre. « Jusqu'en octobre, la question était pour moi de savoir comment le paysage politique allait se clarifier à gauche. Mais au lieu de se clarifier, il s'épaississait et il se crispait », regrette Christiane Taubira. L'ex-ministre prend alors son bâton de pèlerin. Depuis la Guyane, début novembre, elle appelle Anne Hidalgo, Yannick Jadot et Jean-Luc Mélenchon. Dès les premières minutes de la conversation avec chacun des trois candidats, elle leur dit qu'elle « ne voudrait pas se reprocher deux mois plus tard de ne pas avoir essayé de favoriser la dernière opportunité de l'union ». Peine perdue : aucun d'entre eux ne fait un geste en faveur de l'union. « Mi-novembre, il est évident qu'avec toutes ces candidatures, c'est foutu pour la gauche », observe-t-elle.

En arrivant à Paris, courant novembre, Christiane Taubira rencontre notamment Benoît Hamon. Après cet entretien, il n'est pas du tout convaincu qu'elle va se lancer. Pour certains interlocuteurs avec qui elle échange à ce moment-là, Christiane Taubira, candidate à la présidentielle de 2002 sous les couleurs du Parti radical de gauche (elle réalise alors un score de 2,32 %), semble déconnectée des enjeux de la politique nationale. Samuel Grzybowski et Mathilde Imer, eux, notent son changement de ton lors d'une nouvelle rencontre, fin novembre. Cette fois, l'ex-députée européenne franchit un cap : elle ne dit ni oui ni non à une éventuelle candidature.

« Au départ, elle ne voyait pas d'autre chemin politique que celui des livres, des émissions, de la défense de ses valeurs », raconte l'ancien député Christian Paul, attablé dans un café du 12e arrondissement de Paris. La montée en puissance d'Éric Zemmour dans les sondages joue également un rôle dans sa décision, selon ses proches. « On était dans un tel climat politique que ne rien faire était une faute politique », estime Daniel Goldberg. « À cette époque-là, c'est le jeu du chat et de la souris entre le PS et EELV pour savoir qui sera devant dans les sondages. Elle considère que ce n'est pas à la hauteur des enjeux », raconte Guillaume Lacroix. Le président du Parti radical de gauche n'est pas un intime de l'ex-adhérente, qui n'a jamais renouvelé son adhésion depuis 2006. Les deux personnalités se rencontrent fin novembre 2021. Christiane Taubira s'interroge alors sur les conséquences d'une éventuelle

candidature. « Elle ne veut pas arriver directement en sauveuse, mais par jalons, avec sa vidéo le 17 décembre, puis avec des déplacements », déclare le responsable du PRG, entre deux cigarettes. « La question qui se pose pour moi à ce moment-là est de savoir comment j'entre dans cette campagne. Si je rejoins un ou une candidate, alors j'acte la division et la défaite, et je les cautionne. En restant plus longtemps à Paris et en voyant plus de monde, je me dis que si jamais je dois prendre ma part, je la prendrai au plus haut niveau de risques et de responsabilités : descendre dans l'arène politique », explique Christiane Taubira.

Bancale, improvisée

Christiane Taubira entre finalement dans la course à l'Élysée le 17 décembre. « Si elle se lance au dernier moment, c'est aussi grâce à notre travail, car nous avons préparé le terrain avec des actions militantes. Elle a entendu parler de nous et elle a ensuite fait son petit bonhomme de chemin », raconte Léanie Buaillon, l'une des quatre porte-paroles du collectif Taubira pour 2022, au premier rang des actions militantes. « Christiane Taubira était en Guyane en train de bouquiner. Avec l'âge qu'elle a, elle ne joue pas sa carrière politique. Si elle s'est lancée, c'est pour transformer le pays », justifie Olivia Fortin, adjointe au maire de Marseille et porte-parole de la campagne. Plus qu'une ambition personnelle, celle qui se réclame de la « gauche des valeurs » dit avoir pour préoccupation l'état de la société et la vie des citoyens. « Je ne fais pas de la politique pour être installée sur la scène, mais je fais de la politique avec des engagements, des idéaux que j'assume et que je décline », dit-elle.

Elle sillonne la France avec son carré de fidèles, composé de son directeur de campagne, Axel Urgin, d'Elie Patrigeon, son ancien chef adjoint de cabinet place Vendôme, ainsi que de Christian Paul, en charge du projet, et d'Olivia Fortin. Ces deux derniers sont des amis de Samuel Grzybowski. De quoi fluidifier les relations entre l'équipe de la candidate et celle de la Primaire populaire. La campagne de Christiane Taubira est souvent artisanale, parfois bancale et improvisée. L'essentiel de son financement repose sur les mini-dons des sympathisants, qui ne dépassent souvent pas deux chiffres. Début février 2022, l'équipe de Christiane Taubira tablait aussi sur les 800 000 euros de remboursement de frais de

Christiane Taubira annonce sa candidature à l'élection présidentielle de 2022 dans le quartier de la Croix-Rousse. Lyon, janvier 2022.

Photo de Mathis Boussuge. © Mathis Boussuge/ABACA

« La Primaire populaire a permis de légitimer ma candidature. J'ai une légitimité citoyenne qui est supérieure à l'addition des autres légitimités. »

campagne versés par l'État à tous les candidats ayant obtenu les 500 parrainages, quel que soit leur score, et à condition que leurs comptes soient validés par la Commission nationale des comptes de campagne et des financements politiques (CNCCFP).

La candidate vise d'emblée les électeurs sensibles aux questions écologiques, plutôt urbains et jeunes. Ce n'est pas anodin si, le 15 janvier, sous un épais brouillard, elle officialise sa candidature à Lyon, depuis le quartier de la Croix-Rousse, là où les écologistes avaient récolté 25 à 30 % des voix aux européennes de 2019, le double du score national.

Christiane Taubira ne voulait pas être une « candidate de plus », pourtant, celle qui rêvait de faire l'union divise encore un peu plus une gauche fragmentée. Depuis, l'accusation revient en boucle. Concernant ces divisions et ces nombreuses candidatures, Christiane Taubira affiche sa confiance : « Chacun s'en explique aujourd'hui et chacun s'en expliquera dans deux ans, dans dix ans... Plus le temps s'écoulera et plus il me sera facile de m'expliquer, et moins j'aurai à le faire, quoi qu'il advienne en avril. » Si elle a longtemps été accusée d'avoir contribué à éliminer Lionel Jospin du second tour de la présidentielle de 2002, elle a balayé ces accusations fin décembre 2019 dans un long entretien à la revue *Zadig* : « J'avais toute légitimité à être candidate. Je n'ai aucun regret [...]. S'il fallait recommencer, je recommencerais, différemment, pour qu'on entende mieux ma voix. » « Je sais ce que j'ai porté en 2002 et je crois qu'aujourd'hui je m'en serais voulu si je ne l'avais pas fait », complète-t-elle le 2 février 2022.

« J'ai une légitimité citoyenne »

Le 18 décembre, lors de son premier déplacement de campagne à Saint-Denis, la possible candidate apporte son soutien à la Primaire populaire. « Tout le monde savait que c'était le dernier espace pour essayer quelque chose à gauche », justifie-t-elle. Pourtant, son entourage laisse encore planer le doute. Afin de propulser une candidature arrivée très tardivement, Christiane Taubira a donc joué la carte citoyenne. « La Primaire populaire a permis de légitimer ma candidature. J'ai une légitimité citoyenne qui est supérieure à l'addition des autres légitimités », se gargarise-t-elle. « J'ai accepté un risque, j'y suis allée et je me suis exposée », martèle la candidate. Sans parti

derrière elle, elle n'avait pas d'autre choix que de miser sur cette initiative. « L'existence de la Primaire populaire lui donne la possibilité de concourir », admet Christian Paul. « Yannick Jadot et Jean-Luc Mélenchon auraient dû sortir vainqueurs de cette délibération avec un chouïa de bienveillance et de volonté et on aurait pu se rassembler derrière eux », veut croire Samuel Grzybowski.

C'est Christiane Taubira que les 392 738 participants de la Primaire populaire (sur les 467 000 inscrits) placent en tête le 30 janvier. Elle obtient la mention « bien + », devant Yannick Jadot (« assez bien + »), Jean-Luc Mélenchon (« assez bien – »), Pierre Larrouturou (« passable + ») et Anne Hidalgo (« passable + »). Dans ce système, inventé par les mathématiciens français Rida Laraki et Michel Balinski, on se prononce sur chaque candidat. Pour gagner, il faut obtenir la meilleure mention médiane, c'est-à-dire celle avec laquelle est d'accord une majorité de votants.

« C'était une Primaire populaire pour Christiane Taubira », juge Yannick Jadot sur TF1 dans la foulée des résultats. « Cette initiative était faite au départ pour un candidat écologiste car les soutiens de la Primaire populaire font partie de la galaxie du pôle écologiste », nuance un haut dirigeant du PS. « On a décrété que la Primaire populaire était faite pour moi mais les partis politiques qui l'ont critiquée se sont rendus à leurs réunions pendant un an, ce qui n'était pas mon cas », rétorque l'accusée. Christiane Taubira est convaincue qu'elle aurait de toute façon remporté la victoire dans le cadre d'une primaire classique. « Le résultat aurait été pareil, j'ai quand même obtenu 49 % de mentions très bien », observe-t-elle.

Plutôt confiants, ses soutiens organisent une soirée électorale au Point Éphémère le 30 janvier. Dans cette petite salle, ses partisans donnent de la voix au milieu des caméras. Bonne oratrice – même si certains lui reprochent d'utiliser des tournures parfois difficilement compréhensibles –, l'ex-ministre apprécie le contact avec ses sympathisants, qui lui vouent une admiration parfois irrationnelle. « J'aime vraiment les gens. J'aime qu'ils me parlent et qu'ils me touchent, qu'ils me remettent des lettres... Ils me donnent des petites choses à eux en souvenir. Ce sont eux qui donnent du sens à l'engagement politique », insiste Christiane Taubira. Elle ajoute : « Je n'ai pas de parti mais j'ai plus

de 100 000 personnes qui s'obstinent depuis plus d'un an pour moi. Ce n'est pas rien. »
Ses proches évoquent à l'envi ce côté « rock star », contribuant de fait à la personnalisation de la vie politique. « Lors de son déplacement à Saint-Denis, il y a eu des scènes de liesse que je n'ai pas vues à gauche depuis dix ans », s'enthousiasme Guillaume Lacroix. Christiane Taubira en joue, avec ses formules bien caractéristiques, comme lors de son meeting à Bordeaux, le 27 janvier, devant de nombreux jeunes : « Je vous picore, je vous butine, je vous aspire, je vous respire. » Le 30 janvier, après avoir terminé son discours et salué la salle au fond de la scène, la candidate, vêtue de son inséparable veste rouge, tout sourire, décide finalement de reprendre le micro, comme une chanteuse à qui l'on réclamerait un rappel. « Je vous aime, vous me donnez tellement d'amour et de bonheur », lance-t-elle en envoyant de la main des baisers à son public. Un besoin de communion que ne renierait sans doute pas Gaël Faye. ■

Discours de Christiane Taubira au Point Éphémère après l'annonce de sa victoire à la Primaire populaire. Paris, janvier 2022.

Photo de Raphaël Lafargue.

« C'était une Primaire populaire pour Christiane Taubira. »

YANNICK JADOT

PAR

Lucien Gurbert
et Clément Osé

LES ELECTIONS LA FIN DU MONDE ET MOI

CLEMENT OSE — LUCIEN GURBERT

… Nous sommes en guerre ! …
CLAP CLAP CLAP
HO ! Venez ! Y a un blessé ! …
Pas d'ordre public sans justice sociale !
Demain, nous serons le 11 novembre. Ne laissons plus la place à ceux qui veulent nous conduire à des logiques de guerre !
Nous sommes les héritiers de Jaurès, assassiné en 1914 par un nationaliste !
… Suspecté alors d'être un agent de l'Allemagne !
… Un "germano-gauchiste" si je puis dire !
Il faut en finir avec cette Ve République ! Nous devons renouer avec ce fondement de notre République : l'expression de la volonté générale.
CLAP CLAP CLAP CLAP
Je frissonne en écoutant CORBIÈRE discourir. Il est très fort en variations. C'est un professionnel.
6e extinction …
Les COP sont inutiles et ridicules !
Il nous faut dégager MACRON et sa clique !
inaction climatique !
Puis c'est au tour de Mathilde PANOT. Elle s'exprime sur l'environnement. C'est du solide, je la suis sur le constat…
Fin du nucléaire …
énergies 100% renouvelables …
… des centaines de milliers de nouveaux emplois !
?
… mais pas sur les mesures. Elle ne parle jamais d'une éventuelle décroissance énergétique.
Soudain, je ne suis plus dedans… Ce parti, dont je partage les idées, m'apparaît alors comme une grande messe évangélique.

Dans ma ferme décroissante, je peux vous dire qu'on a l'espoir capricieux concernant la politique nationale...
L'écologie politique institutionnelle a échoué. Depuis quarante ans qu'elle existe, les émissions n'ont fait qu'augmenter.
De toute façon, une action écologiste radicale irait à l'encontre des intérêts de la classe dirigeante.
À la ferme, on a essayé de s'attaquer aux questions politiques d'une autre façon, en expérimentant un mode de vie écologique.
Notre recherche de sobriété passe par celle de l'autonomie
en eau ...
...énergie...
...nourriture, partiellement.

Quand le tracteur est tombé en panne, on a trouvé une solution sans pétrole pour entretenir les prairies. Nous sommes décroissants.
On a même tourné "collapsos" : nous sommes convaincus que notre société de consommation thermo-industrielle va s'effondrer parce qu'elle n'est pas viable. Alors nous cherchons un autre moyen d'être heureux.
On est pas convaincus par les discours qu'on entend pendant les élections !
On trouve que ça manque de radicalité, que c'est de l'aveuglement, ou plutôt de la malhonnêteté par rapport à l'ampleur de la catastrophe écologique et sociale.
Bref, j'ai complètement décroché du meeting, et je me suis alors demandé :
À quoi ressemblerait un meeting présidentiel "collapso" ?
BON ! Je vais être honnête : on a merdé.
La "croissance verte", la transition écologique, les solutions technologiques, les "énergies vertes"...
... c'est un mirage du capitalisme qui cherche à s'adapter !
Quoi qu'il arrive, on va avoir un choc ! L'enjeu, c'est de freiner pour limiter la violence du choc.
Voilà quelques propositions pour nous sortir de la panade :
Relocalisation de la production alimentaire, plan national de reconversion des bullshit jobs en métiers de la terre, exode urbain...

...Interdiction de la publicité et cures de désintoxication au consumérisme, création d'un centre national de la recherche basse technologie, plan national de décrue énergétique "10 fois moins, 10 fois mieux", prime au reconditionnement des voitures en charrettes hippotractées, taxation des smartphones...
En ce qui concerne les villes, elles accueilleront les services mutualisés d'éducation supérieure, de santé, de recyclerie, de production low-tech, ainsi que les services d'accueil des personnes migratrices. Une partie des centres commerciaux seront rasés puis remis en culture. Un programme de recherche sur le réemploi du béton et du goudron sera lancé.
Les banques seront reconverties en banques alimentaires, en locaux de troc. Les hautes tours seront reconverties en moulins, en retenues d'eau et en zones de nidification des oiseaux migrateurs
Quant aux zones industrielles, raffineries et autres centrales nucléaires, certaines seront transformées en musées de l'anthropocène... c'est notre devoir de mémoire...
En bref, on doit diviser notre consommation par 10, ça va faire un peu drôle au début, mais ça va aller. Il faut juste changer de disque, redéfinir le "progrès", mais ça n'empêche pas d'être heureux et ça permet surtout de rester en vie!
Ce serait pas gagné pour l'élection...
WOO!!
C'est pour ça qu'on conclut souvent nos discussions ainsi:
Notre système politique est inadapté pour répondre au problème auquel nous faisons face.
Alors parfois on est tenté de "sortir du système", de se replier dans un autre monde, entre nous. Mais c'est impossible de se couper du monde. Il n'y a qu'un seul bateau et nous sommes tous dessus. D'ailleurs ce serait triste, on s'ennuierait, bunkerisés dans nos certitudes.
Ce qui est "bio", c'est la diversité!

Pour mieux faire société, il nous faudrait aussi un nouveau système politique, mais je ne crois pas qu'il y aurait des élections présidentielles... ni de meetings... Les représentants qui parlent, le peuple qui attend une solution... je crois qu'on aimerait s'y prendre différemment.
3...2...1
HOP!
Hé!
Camarades! Le temps où nous nous laissions mener est révolu! Nous proclamons dès aujourd'hui la République indivisible ovidarienne!
HOURRA!
Il aaa très bien parléé
Moutons de tous les pays, unissez-vous!
Loustaracq, commune de 304 habitants
Bon, on va commencer par un tour de météo... on essaie de faire vite avant que la nuit tombe...
Dispo, bien dormi.
Ça va.
Content que l'assemblée ait lieu.
O.K, À l'ordre du jour : Propositions des membres de la commission "énergie", calendrier des moissons et des vendanges, gestion des pâturages communs, fête des 15 communes, déplacement des délégations à la fédération régionale puis nationale.
Je laisse la parole à la délégation de la commission "énergie".
Merci... bon, on a pas mal bossé, selon nos calculs il faut qu'on arrive à réduire notre consommation de pétrole de moitié sur 5 ans... on a élaboré plusieurs scénarios.
O.K.
On vous écoute...
Pour des raisons pratiques évidentes, il faudrait changer d'échelle, relocaliser, former les gens à la démocratie directe, développer l'esprit critique à l'école, combattre la peur et la démagogie. Pour les problématiques globales ou la redistribution, il existerait des commissions intercommunales plus ou moins larges, composées de porte-paroles des assemblées communales. En bref : inventer de nouveaux outils démocratiques pour éviter la concentration du pouvoir.

Merci à tous pour votre participation, pour ceux qui veulent, on enchaîne sur le banquet, c'est prix libre !
ALLONS ENFANTS DE LA PATRIIIE, LE JOUR DE GLOIRE EST ARRIVÉ !
?!!
CONTRE NOUS DE LA TYRANNIE, L'ÉTENDARD SANGLANT EST LEVÉ !
...
...ENTENDEZ-VOUS DANS LES CAMPAGNES ...
L'expression "démocratie représentative" est un oxymore. Faut-il boycotter ce simulacre de démocratie pour ne pas légitimer ce mode d'expression ?
J'irai voter quand même. Le résultat de l'élection n'est pas neutre et ne m'indiffère pas. Et il y a le fascisme qui rôde... J'irai voter en sachant que la démocratie ne se réduit pas à une délégation de pouvoir tous les cinq ans. C'est une lutte quotidienne.
Allez, bonne nuit. Et demain, espérons que l'on se réveille.

GOUROU

ALICE COFFIN, MI-ÉLUE, MI-LITANTE

L'activiste féministe, également conseillère du 12e arrondissement de Paris, veut réinstaurer de la confrontation dans le champ politique, qu'elle juge trop aseptisé. Et cela passe par une reconquête de la parole médiatique, pour celle qui s'impose déjà comme l'une des influenceuses de 2022. Portrait d'une briseuse de codes.

PAR
Marylou Magal

Cheveux courts et blonds, regard bleu perçant, visage souriant. Assise en tailleur dans un fauteuil, au milieu de son salon, Alice Coffin détonne avec l'image belliqueuse qui lui colle à la peau. Transparaît, au contraire, une force tranquille et déterminée. Son entrée en politique, pourtant, ne s'est pas faite dans l'apaisement. Aujourd'hui encore, lorsqu'on la rencontre chez elle, l'élue parisienne nous demande de « ne pas mentionner le lieu, ou donner des détails qui permettraient de localiser l'endroit ». Depuis près de deux ans, elle fait l'objet d'un harcèlement quasi quotidien sur les réseaux sociaux. Régulièrement, elle doit essuyer des avalanches d'insultes, parfois d'une violence inouïe. À tel point qu'elle a été placée sous protection policière au mois de juillet 2020.

24 juillet 2020. Le Conseil de Paris résonne d'un flot d'applaudissements. Un hommage rendu à Christophe Girard, adjoint à la maire (PS), qui a remis sa démission la veille, à la suite

Alice Coffin à Herblay (Val-d'Oise), septembre 2020.

Photo de Jacques Witt.

Sa ligne politique se veut largement inspirée des États-Unis, où elle a passé six mois qui ont participé à forger sa matrice idéologique.

de son audition en tant que témoin dans l'enquête portant sur Gabriel Matzneff pour viol sur mineur. « LA HONTE ! » crie soudain une élue, refusant de se joindre au mouvement. « La honte, la honte, la honte », continue-t-elle de scander, à moitié couverte par le bruit des mains qui s'entrechoquent. Cette élue s'appelle Alice Coffin. Activiste de la cause féministe et lesbienne revendiquée, elle milite depuis des années au sein de collectifs comme La Barbe, où elle mène des actions pour « dénoncer la domination masculine des lieux de pouvoir ». En 2020, encouragée par l'élu Europe Écologie Les Verts (EELV) de Paris David Belliard, elle enjambe le mur qui sépare le militantisme de l'action politique et se présente aux élections municipales, sur la liste de la majorité.

Quelques jours auparavant, elle faisait partie des manifestants, réunis sur le parvis de l'Hôtel de Ville pour réclamer la démission de Christophe Girard. « Mairie de Paris : bienvenue à Pédoland », pouvait-on lire sur l'une des pancartes. La violence du slogan a choqué, divisant les rangs de la majorité, opposant d'un côté la maire et des socialistes à Alice Coffin et plusieurs conseillers écologistes, pourtant élus sous la même bannière. Un mois à peine après son élection, Alice Coffin est déjà au cœur de nombreuses controverses, prise à partie par ses nouveaux collègues. « Vous n'êtes pas une élue, vous êtes une activiste », lui reprochent ces derniers. « S'agit-il de deux statuts indissociables ? » À cette question rhétorique, elle répond, bien sûr, par la négative. Car, pour elle, l'action politique relève avant tout du militantisme.

Un an et demi après l'affaire Girard, dans laquelle l'intéressé conteste l'ensemble des accusations portées contre lui et a porté plainte pour diffamation, Alice Coffin ne regrette rien. Assise en tailleur dans son fauteuil, elle détaille scrupuleusement sa vision de l'engagement politique, qu'elle voit comme une lutte sans merci destinée à réduire les inégalités. Et qui dit lutte dit action. « Cela me paraît absurde de reprocher à une élue de la République d'être militante, alors que le militantisme est la base même de l'engagement et de l'action politique », revendique-t-elle. Elle prend quant à elle le contrepied, et estime qu'aujourd'hui ce sont les élus eux-mêmes qui ont oublié le sens de leur engagement en mettant de côté l'activisme pour se soumettre à des carcans d'appareils ou d'organisations. Elle défend la stratégie de l'« *inside-outside* » portée par Alexandria Ocasio-Cortez, parlementaire américaine de la Chambre des représentants, qui théorise la complémentarité des actions militantes et politiques. Un pied dedans, un pied dehors. Alice Coffin est, en quelque sorte, infiltrée dans la politique.

Sa ligne politique se veut largement inspirée des États-Unis, où elle a passé, en 2018, six mois qui ont participé à forger sa matrice idéologique. En septembre 2021, elle publie *Le Génie lesbien* [1], son premier essai politique féministe, dans lequel elle expose son analyse sur le verrouillage du système médiatico-politique français, et l'impossibilité pour les femmes, notamment lesbiennes, d'accéder à la même visibilité que les hommes. L'ouvrage, volontairement radical, fait polémique. « Je ne lis plus les livres d'hommes, je ne regarde plus leurs films, je n'écoute plus leur musique. » « Il ne suffit pas de nous entraider, il faut, à notre tour, les éliminer (ndlr : les hommes). » Les extraits repris par la presse hystérisent tout l'échiquier politique. « Il y a eu un véritable travail de distorsion de mes propos, avec des papiers qui reprenaient uniquement la phrase "Il faut éliminer les hommes", comme si j'avais véritablement des envies meurtrières, regrette l'auteure. Ils ont réduit ma réflexion à 140 caractères, sortant les phrases de leur contexte, et ce n'est pas faire du bien à la parole publique. »

1 – Alice Coffin, *Le Génie lesbien*, Grasset 2020.

Celle qui a été journaliste au quotidien *20 minutes* pendant une dizaine d'années est aujourd'hui fâchée avec une partie de son ancienne profession, qui participe, selon elle, à perpétuer un système de domination masculin. « La fable de la neutralité est un vaste mensonge destiné à asseoir le pouvoir narratif de certains », écrit-elle. Depuis qu'elle a quitté la rédaction, elle tente donc de décrypter les voies d'accès à la parole publique, et profite, surtout, de chaque occasion de s'en saisir. Régulièrement, donc, elle débat avec le directeur de la rédaction de *Valeurs actuelles*, Geoffroy Lejeune, sur le plateau de BFMTV. « Je considère qu'il est important de pouvoir exister et rendre audible le discours féministe, quel que soit l'interlocuteur que l'on a face à soi. »

Longtemps éloignée du terrain électoral, elle l'envisage aujourd'hui comme un espace à occuper pour remporter la bataille idéologique. Y compris à l'occasion d'une campagne pour l'élection présidentielle. « Il faut actualiser dans le champ politique des idées et des batailles qui ont cours dans la société, revendique Alice Coffin. Ce doit être un espace perméable et non une enceinte fermée au monde. Aujourd'hui, le champ politique est beaucoup trop aseptisé. C'est une machine à vider les mots de leur sens. » L'élue l'assure : il faut se réapproprier cet espace, en le réinvestissant. En y réintroduisant, aussi, du conflit et de la radicalité, à l'image de ce qui traverse la société. Elle refuse la concession, préfère la confrontation au compromis, quitte à paraître plus radicale qu'elle ne l'est. Il y a un prix à payer, la militante l'accepte.

« Elle a une manière de mener son action politique, sans se soucier du regard des autres, qui est incroyable, et nécessaire. On a vu des militants changer de bord tellement la bataille était dure, mais Alice, malgré tous les paquets de mer, continue », commente Sandrine Rousseau. La candidate à la primaire écologiste fait aujourd'hui partie du cercle rapproché d'Alice Coffin, et vice versa, puisque cette dernière a été l'un des rouages essentiels de sa campagne. Les deux femmes se sont connues au moment de l'affaire Baupin. En mai 2016, France Inter et Mediapart publient les témoignages de plusieurs membres d'Europe Écologie Les Verts affirmant avoir été victimes d'agressions sexuelles de la part de Denis Baupin, alors vice-président de

Sandrine Rousseau et Alice Coffin dans le parc de Blossac pendant les Journées d'été des écologistes. Poitiers (Vienne), août 2021.

Photo de Raphaël Lafargue.

l'Assemblée nationale. Parmi elles, Sandrine Rousseau, qu'Alice Coffin soutiendra pendant son marathon juridique. Quelques années plus tard, elles se recroisent. À l'été, le match pour la primaire écologiste semble déjà installé autour d'un duel d'hommes : entre Éric Piolle et Yannick Jadot. Mais l'élue de Paris veut porter la parole d'une femme à la candidature de la présidence de la République. Alors elle se lance dans la bataille – pour Sandrine Rousseau. C'est elle qui travaille sur sa scénographie, ses interventions. Elle qui lui assure qu'elle doit faire son entrée dans les meetings, aux journées d'été des écologistes à Poitiers, sur la chanson féministe d'Angèle, *Balance ton quoi*, pour faire sens avec son histoire personnelle. Elle qui construit son récit médiatique et fait de Sandrine Rousseau l'outsider de la primaire écologiste, en mobilisant tout son réseau militant. « Avec le bon récit politique, on peut influer sur la construction du récit médiatique », assure-t-elle. Certains membres de la campagne vont jusqu'à dire que sans Alice Coffin, il n'y aurait pas eu Sandrine Rousseau. Dans l'ombre, l'élue parisienne pousse sa candidate à mener une campagne féministe, radicale, qui lui ressemble et dans laquelle se retrouvent une partie des électeurs écologistes.

Mais le récit et la mobilisation ne suffisent pas, et malgré la percée Rousseau, c'est bien Yannick Jadot qui remporte la primaire. En politique chevronné, il s'attend au soutien de la concurrente et de son camp. Seulement, Alice Coffin n'est pas une femme d'appareils, et l'idée de se plier aux us et coutumes des partis traditionnels la rebute. Elle joue donc la provocation et va jusqu'à asséner au leader écologiste que « dans la mesure où nous défendons un projet commun, qui milite pour l'égalité entre les hommes et les femmes, il y aurait un sens à ce qu'il laisse, en tant qu'homme, sa place à une femme ». Grincements de dents du côté du candidat investi. Chez EELV, on se méfie de l'élue. Elle n'a d'ailleurs jamais adhéré au parti, même si elle participe aux réunions stratégiques. Un pied dedans, un pied dehors, toujours.

Une position qui lui permet de défendre sa propre ligne, et de donner son opinion, pas toujours en phase avec celle du parti. Elle voudrait une position pure, radicale et tranchée, comme elle l'a mise en œuvre pendant la campagne de la primaire. « On n'est pas sur la même ligne de combat stratégique, reconnaît le secrétaire général d'EELV, Julien Bayou. Elle voudrait des Sonia Mabrouk de gauche… » « Il y a un enjeu dans la façon de dire les choses, assure Alice Coffin. Certains empêchent notre parole d'émerger, et c'est un rapport de force qu'il faut réussir à inverser. » C'est pour cela, notamment, qu'elle se positionne en faveur d'une primaire commune à la gauche proposée il y a quelques mois par Anne Hidalgo. « La direction d'EELV n'était pas contente, on m'a dit que je devais suivre la ligne, mais leur logique fait trop fi des enjeux médiatiques, ce qui compte, c'est la visibilité, et une primaire, ça assure de la visibilité », commente-t-elle.

Dans les couloirs, on chuchote. Alice Coffin serait en fait engagée auprès de Christiane Taubira, elle s'apprêterait à lâcher pour de bon les écologistes. Une rumeur immédiatement balayée par l'intéressée, qui s'esclaffe : « C'est n'importe quoi, je n'ai même jamais été en contact avec les membres de sa campagne. » Pour autant, elle a assuré à Yannick Jadot que cela n'aurait aucun sens qu'elle le soutienne publiquement. « Il faut une cohérence », justifie Alice Coffin. Idem côté mairie de Paris. Si elle fait partie de la majorité municipale, elle ne se reconnaît pas dans le courant représenté par Anne Hidalgo. « Je me sens plus proche de La France insoumise que du Parti socialiste », revendique-t-elle.

Le soutien d'Anne Hidalgo à Christophe Girard a durablement écorné l'image de la maire de Paris aux yeux de la militante féministe, de même que son refus de soutenir Audrey Pulvar pour ses propos sur les réunions non mixtes en mars 2021. « Anne Hidalgo est féministe, mais ses convictions militantes sont assujetties à un appareil », regrette-t-elle. Un autre détail, également, fait tiquer Alice Coffin. L'entourage d'Anne Hidalgo, qualifié par certains élus de gauche comme axé « printemps républicain ». Entre les lignes, trop à cheval sur les questions de laïcité, ou accroché à une « vieille gauche » dont l'idéologie serait éculée.

Car si Alice Coffin entend reteinter de conflit le champ politique, elle-même est l'incarnation d'un conflit, ou plutôt d'une rupture idéologique à gauche. Celle entre la gauche « universaliste », héritée des Lumières, qui conditionne sa quête de progrès social à des luttes collectives, face à une gauche « intersectionnelle » qui entend renverser des schémas de domination par des luttes

Elle n'a d'ailleurs jamais adhéré au parti, même si elle participe aux réunions stratégiques. Un pied dedans, un pied dehors, toujours.

plus individuelles ou communautaires. Un point de rupture entre deux gauches irréconciliables. « Elle semble défendre une société du morcellement, de mini-communautés, analyse un éminent membre du PS. Mais cette déconstruction de la République est extrêmement périlleuse. J'y vois un combat centré sur des identités, des catégories, et très égocentré finalement, alors qu'il faudrait aujourd'hui faire valoir le sentiment d'appartenance républicaine. » « Ce dont rêve Alice Coffin, c'est d'une société dominée par les femmes, mais cela revient finalement à déconstruire le patriarcat pour reconstruire une société tout aussi déséquilibrée », renchérit un élu parisien.

L'élu écologiste David Belliard voit, pour sa part, dans l'action d'Alice Coffin la traduction politique du mouvement #MeToo. « Si Alice est l'objet de tant de violence, c'est que son discours représente quelque chose de notre société. Elle est en train d'infléchir le champ politique avec un discours venu des luttes sociétales. » L'intéressée acquiesce. « Mon discours n'est pas moins universaliste que le leur, assure-t-elle. Lorsque vous luttez contre des normes établies qui assurent des droits à certains individus au détriment d'autres, vous luttez pour l'égalité des droits. Ce débat sur l'universalisme est en train de miner la gauche. » Pour autant, si la gauche a manifestement modelé les débats sociétaux au cours du dernier quinquennat, elle a rarement si peu pesé à quelques mois de l'élection présidentielle, et la militante, dont l'action relève presque de l'influenceuse, estime qu'elle a un rôle à jouer. Qu'importe les controverses idéologiques qui rongent son propre camp, Alice Coffin préfère, une fois de plus, passer outre les conflits d'appareils. Après le Conseil de Paris, c'est l'Assemblée nationale qu'elle souhaite investir, pour y diffuser ses idées. Candidate à l'investiture écologiste dans le 12e arrondissement, elle espère obtenir la circonscription, toujours dans la même visée : « Permettre à des représentantes féministes fortes d'investir les champs de pouvoir et de visibilité. » Elle a d'ailleurs soumis à Julien Bayou l'idée de nommer Sandrine Rousseau responsable des élections législatives dans le parti. Les dirigeants écologistes n'ont pas été convaincus. Elle devra mener son combat seule, mais compte bien s'en accommoder, persuadée que la politique est une chose trop grave pour la laisser à des responsables de partis. ■

Une revue éditée par les Éditions Robert Laffont

Rédactrice en chef
Sophie Charnavel

Secrétariat de rédaction et coordination graphique
Revue Zola

Design et direction artistique
Studio Voiture 14

Illustration de couverture
Eric Vanderhaegen

Diffusion
Diffusion librairie : Editis / Interforum
Diffusion presse : Prisma Media / MLP

Imprimeur
Maury Imprimeur

Photogravure
Apex Graphic

N° d'édition : 63434/01

Dépôt légal : Mars 2022.